教育部人文社会科学研究规划基金项目“金融经济周期、个体异质性与财政政策技术创新效应研究”（17YJAZH062）资助。

国家社会科学基金一般项目“区域风险、适度分权与地方金融体系改革研究”（14BJY192）资助。

陕西师范大学优秀著作出版基金资助出版

中国金融周期与宏观经济政策效应

苗文龙　著

中国社会科学出版社

图书在版编目（CIP）数据

中国金融周期与宏观经济政策效应／苗文龙著．—北京：中国社会科学出版社，2018.8

ISBN 978-7-5203-2215-7

Ⅰ.①中… Ⅱ.①苗… Ⅲ.①金融-经济周期分析-中国②中国经济-宏观经济管理-经济政策 Ⅳ.①F832②F123.16

中国版本图书馆 CIP 数据核字（2018）第 052698 号

出 版 人　赵剑英
责任编辑　谢欣露
责任校对　王纪慧
责任印制　王　超

出　　版　中国社会科学出版社
社　　址　北京鼓楼西大街甲 158 号
邮　　编　100720
网　　址　http：//www.csspw.cn
发 行 部　010-84083685
门 市 部　010-84029450
经　　销　新华书店及其他书店

印　　刷　北京君升印刷有限公司
装　　订　廊坊市广阳区广增装订厂
版　　次　2018 年 8 月第 1 版
印　　次　2018 年 8 月第 1 次印刷

开　　本　710×1000　1/16
印　　张　17.25
插　　页　2
字　　数　296 千字
定　　价　75.00 元

凡购买中国社会科学出版社图书，如有质量问题请与本社营销中心联系调换
电话：010-84083683

序

习近平总书记在中国共产党第十九次全国代表大会上的报告中指出："经过长期努力，中国特色社会主义进入了新时代，这是我国发展新的历史方位。"这是一个十分重大的战略判断。在新时代背景下，我国社会主要矛盾已经转化为人民日益增长的美好生活需要和不平衡不充分的发展之间的矛盾。很显然，人民美好生活需要也包括对金融服务的需求。因此，研究中国金融的运行规律、完善金融的公平机制、提升金融体系的包容性和普惠性，有助于满足人民的金融需求。与此同时，新时代中国特色社会主义思想对中华民族伟大复兴、推动中国经济社会可持续发展具有重要的指导作用。在这一背景下，基于中国国情摸索建立的中国特色社会主义金融理论是新时代中国特色社会主义思想必不可少的一部分。

本书基于作者 2005 年开始的系列研究论文，试图建立金融周期理论，阐述相关概念、规律、命题与实证，对把握中国金融规律、改善金融供给侧、发展中国特色社会主义金融理论体系具有重要的现实意义。

苗文龙博士在中国社会科学院做博士后期间，我作为他的合作导师，对书中的一些观点和思路与其进行了合作研究，特别是对金融分权与金融风险的内在逻辑关系进行了反复推敲，形成博士后出站报告"金融分权、金融风险与中国金融体系发展"，一些论点成为本书的雏形，并且为政府相关部门的决策提供了借鉴和参考。比如，在 2017 年第五次全国金融工作会议上，习近平总书记就强调"地方政府要在坚持金融管理主要是中央事权的前提下，按照中央统一规则，强化属地风险处置责任"，这显然是明确了金融分权下地方政府的金融风险担当责任。苗文龙博士在出站后的两年时间里，对前期十余年的思路和想法进行了系统化整理，将金融周期与金融风险有机统一起来，并以金融分权理论作为两者的理论基石，为建立和完善新时代中国特色社会主义金融理论作出了贡献。

有必要指出的是，书中的论点基于中国经济金融事实，而且进行了大量的实证分析，基本上形成了一个较为完整的理论框架。本书首先阐明了金融周期与经济周期的内在关系，认为金融周期内生于经济波动，经济体系内部不同集团经济实力的数量和结构调整导致了金融周期；进而揭示出中国金融制度近期表现为显性集权隐性分权结构特征，在此特征下民间金融的发展、地方金融的扩张和地方政府竞争国家金融资源共同推动了金融风险的积聚和爆发，并不断求助于国家的货币救助，从而形成“风险冲动—风险聚集—风险膨胀—风险化解……”的金融周期；金融周期表现在银行经营的周期性、金融市场的周期性、政治金融周期等方面；财政政策、货币政策对金融周期具有不同程度的调控作用；并通过实证发现，不同类型的市场经济国家都存在显著的“政治金融周期”；最后总结得出，宏观经济政策对金融周期具有显著影响，在短期内具有缓和金融危机的作用，但存在的风险承担公平性问题、强化机构冒险行为问题和增强通货膨胀预期问题，可能导致宏观经济政策在长期内加剧金融周期波动。这些研究和结论对总结中国金融运行规律具有较大的启示和参考作用。

当然，基于本书的主题，有些问题仍然还值得做进一步的深入论证和量化分析。比如，金融周期理论既是经济周期理论的必要补充，但又不完全归属于经济周期理论。金融周期主要描述金融机构、金融市场及相关金融变量在实际运行中不断重复出现的波动规律。金融作为经济体系的重要构成部分，金融周期在很大程度上影响甚至决定着经济周期，研究金融周期可以更好地把握经济周期。金融是人们根据经济交易而创造的风险管理工具，金融周期在很多时候不同于经济周期，表现在频率、振幅、形态等方面，研究金融周期可以更准确地总结经济周期规律和社会发展规律。再比如，金融周期理论无论是在发达国家的市场经济中还是在中国的市场经济中都成立，不能断然判定发达国家的金融周期对其社会福利的影响必然小于中国。两者所不同的是引发金融周期的金融制度和缓和金融震荡的救助政策。发达国家金融的开放程度和竞争程度高一些，金融周期更多是由微观主体规避监管、进行金融创新而引起；中国金融的限制程度高一些，金融周期更多是由金融隐性分权和国家隐性担保下各地金融竞争和金融膨胀依赖而引起。发达国家金融周期造成的风险损失多由具体违约金融交易的相关主体来承担，中国金融周期造成的风险损失多由中央政府来化解、由社会公众来承担。因此，前者的金融周期短期内可能造成的风险损失较大，后者的金融周期长期内可能造成的风险分担公平性较低。基于这一视角，就难以判断哪种金融制度绝对更优、哪种金融周期模式绝对更好，因此，也就不能断然认为中国金融制度比发达国家金融制度更加低效。

本书提出了金融周期理论，虽然尚未形成一个完整、系统、严密的框架体系，但仍然是有价值、有意义的。因为，金融周期理论对经济周期理论的完善和国家经济政策制定的价值都是不言而喻的，并且表现出强大的生命力。十多年前苗文龙博士在计算分析中国金融周期时，国内外关于金融周期的研究文献还极少见，而如今金融周期已经常见于监管文件和研究报告了。鉴于此，我希望有更多优秀的相关研究成果问世，为新时代中国特色社会主义金融理论的深化发展作出贡献。

中国社会科学院财经战略研究院院长

何德旭

2018 年 5 月 8 日

摘　要

金融周期可以更为真实准确地刻画经济周期及经济运行状况。为了分析金融变量波动的周期规律、分析宏观经济政策的影响作用、为人们进行经济决策和政策当局宏观调控提供参考，本书首先构建金融周期理论模型，尝试使用滤波法、谱密度分析法、非线性马尔可夫链区间转制平滑模型等多种线性和非线性方法测算中国金融周期规律特征，测算中国金融周期与行业技术周期的波动关系、中国信贷周期与发达国家信贷周期的数量关系，以及中国金融市场周期与发达国家金融市场周期的数量关系，再通过 Copula-GARCH 模型检验中国金融周期中的货币政策效应、财政政策效应及政治周期效应，初步得出如下结论：

（1）金融周期内生于经济波动，金融运行状况本质上反映了经济结构和总量的变化状况。金融稳态路径由经济稳态路径和长期金融制度决定，是经济稳态路径的反映。经济体系内部不同集团经济实力的数量和结构调整，导致了金融周期。

（2）中国金融制度近期表现为显性集权隐性分权结构特征。民间金融的发展、地方金融的扩张和地方政府竞争国家金融资源共同推动了金融风险的积聚和爆发，并不断求助于国家的货币救助，从而形成“风险冲动—风险聚集—风险膨胀—风险化解……”的金融周期。金融周期具体表现在银行经营的周期性、金融市场的周期性、政治金融周期等方面。财政政策、货币政策对金融周期具有不同程度的调控作用。

（3）银行经营不仅具有显著的周期性，而且与实体经济周期之间存在密切关系。这表现在：银行信贷具有顺物价波动周期特征；银行经营规模具有显著的顺通胀波动周期特征；随着体制转化、国际接轨，银行资本的逆物价波动周期特征逐渐显现。

（4）金融市场具有明显的周期性，而且国内不同类型的金融市场之间存在周期波动的传染性。金融市场的周期性及传染性还表现为国际上不同国家金融市场之间的波动与传染，使国际金融市场周期表现出一定的相关性或共振性。

（5）各金融变量的周期冲击影响不同行业的投资周期。在繁荣阶段，金融市场和银行对技术创新行业具有正向推动作用，但金融市场对高密度技术创新行业的推动作用更为显著，银行对低密度技术创新行业的推动作用更为显著；在收缩阶段，金融市场对高密度技术创新行业的紧缩效应更为显著，银行却对低密度技术创新行业的下行起到缓解作用。

（6）金融周期波动中的货币政策效应。中国的利率和货币供给量主要服务于产出增长，对货币稳定反应不足；对汇率比较关心，对股市、房地产等资产反应不足。货币政策对金融周期波动的冲击效应较低。

（7）金融周期波动中的财政政策效应。政府财政支出波动通过对基础货币变动、再贴现规模变动、公开市场拆借规模变动产生显著的冲击效应，进而对银行信贷、通货膨胀等产生显著影响。

（8）金融周期波动中的政治周期效应。在改革开放的前 30 年，中国在一定程度上存在政治金融周期，具体表现为：中央政府换届与金融周期之间存在较显著的正相关性；中央政府换届引致地方政府交流周期，经济政绩考核下的晋升机制促使地方政府产生纵向、横向上的竞争，并产生周期性的经济发展举措，进而加大经济周期振幅；在中央政治行为周期影响下，财政政策、货币政策具有一定的顺周期特征。

（9）国际上广泛存在的政治金融周期。不同类型的市场经济国家都存在显著的“政治金融周期”，政治周期是影响金融周期的重要因素。核心国货币政策会影响到其他有经济往来国家的金融周期，但效应小于各国国内的政治周期；国家之间金融周期存在一定的数量关系，未出现统一变化的周期性规律。

综合分析，宏观经济政策对金融周期具有显著影响，在短期内具有缓和金融危机的作用，但也存在三个问题——社会公众不公平地承担了高风险营利性机构的成本、强化了金融机构冒险行为、增强了通货膨胀预期，直至积累的金融风险由政策制定者化解。正是这些问题导致宏观经济政策在长期内可能加剧金融周期波动。

关键词：金融周期；宏观经济政策；政策效应

目　录

第一章

导　论

第一节　研究背景与意义

国际金融周期波动加剧，金融危机频率提高。金融危机是金融周期波动的重要标志，是金融周期中的低谷，研究金融危机的规律有助于分析金融周期的特征。在此，我们从两个方面概述国际金融危机发生的频率：一是1778—2013年美国金融危机的表征，二是1945—2013年国际上金融危机的表征。首先，美国是金融经济发展最为连续的国家之一，这种连续的金融条件为研究金融波动周期奠定了基础。在这235年中，美国发生比较严重的、对国家金融结构演进有重大影响的金融危机多达10余次，平均20年左右1次。如果连同对社会形成冲击的金融危机，则几乎10年左右爆发1次。美国主要金融危机时间、简况、时间间隔等，概括为表1-1。其次，“二战”结束后，国际整体经济形势稳定，观察这一段时间的国际金融危机可以总结国际金融周期频率。1945—2013年这68年时间，国际上爆发的严重的金融危机主要有美元危机及布雷顿森林体系崩溃、拉美金融危机、东南亚金融危机、美国次贷危机、欧洲债务危机5次，特别在美元危机后，几乎每10年左右就会爆发1次金融危机。通过比较国际金融危机的历史数据，可观察出金融周期波动加剧的规律。

表1-1　　1778—2013年美国主要金融危机

序号	时间	简况	时间间隔（年）
1	1792年	1789年汉密尔顿财政金融改革后，大量可交易证券突然出现，加上美利坚第一银行的货币扩张，导致股票价格泡沫，信贷市场恐慌	—
2	1819—1820年	英国经济危机，导致美国出口下降，农业人口失业，工业产品销售困难，引起通货紧缩及货币危机，依靠银行信贷进行投机的群体纷纷破产	27

续表

序号	时间	简况	时间间隔（年）
3	1837—1843年	美国领土扩张，蒸汽机、铁路、电报通信等技术发展，引起交通运输革命，在此背景下国民依靠银行贷款大规模投机、炒作土地，只要不进行黄金兑付，银行就无限扩大银行券。土地价格泡沫破灭，美利坚第二银行解散，货币紧缩、价格萎缩	17
4	1857年	西部金矿的发现推动美国黄金产量5年内增长了80倍左右，以此支撑银行货币量的膨胀和铁路的繁荣，这些繁荣引发股市过度投资。以1857年俄亥俄人寿和信托公司破产为导火索，大量欺诈行为显现，大部分银行停止兑付黄金	14
5	1873—1878年	南北战争后，美国进入前联邦储备时代，实现农业经济向工业经济的转化。《国民银行法》创造了分层的银行结构，顶层的中心储备银行为了应对过高的资本储备要求，将短期资金投入股市。经济下滑，货币季节性短缺，最著名投机者凯恩—考克斯公司破产，库克银行破产，倒闭事件发生47000多起	16
6	1893—1897年	费城和雷丁公司破产，美国绳索公司破产，股市崩溃，西部和南部银行倒闭，纽约银行对硬币部分中止支付	15
		20世纪前，金融危机平均间隔时间	17.8
7	1907—1908年	几家大型信托公司暴露问题，第二大信托公司尼克伯克信托公司中止支付，纽约部分银行停止支付，其他地区银行纷纷效仿。1913年《联邦储备法》颁布，美国进入联邦储备体系时代	10
8	1929—1933年	1929年9月至1932年6月，美国股市暴跌85%，30种工业股票价格从平均365美元下跌到28美元；1933年7月，美国股市价值相当于危机前的1/6，大批银行破产，禁止黄金出口，银行券停止兑换黄金；1933年《银行法》建立联邦存款保险制度；1935年《证券交易法》扩大规范证券交易的信息披露要求	（1918年“一战”结束）21
9	1960年	“二战”后建立布雷顿森林货币体系，1960年发生第一次美元危机，国际金融市场抛售美元、抢购黄金	23（不包括1942—1945年）
10	1968年	“二战”后发生第二次美元危机，半个多月损失黄金14亿美元，美国迫使英国关闭黄金市场	8
11	1971年	“二战”后发生第三次美元危机，美元与黄金脱钩，布雷顿森林体系瓦解	3
12	1979—1990年	储蓄贷款协会与银行危机，2912家银行和储蓄贷款协会接受援助，占同期这两类机构总数的14%，倒闭机构资产总额达9236亿美元，占这两类机构总资产的20.5%	8
13	2000年	互联网泡沫崩溃，纳斯达克一年跌幅达39.3%，近150家网络公司倒闭，362家网络公司价值从11420亿美元下跌到4150亿美元，2000年2月到2002年10月，纳斯卡达克下跌78%	10

续表

序号	时间	简况	时间间隔（年）
14	2007 年	2007 年 3 月，美国第二大抵押贷款机构——新世纪金融公司因次贷坏账申请破产；2008 年 3 月，美国第 5 大投行贝尔斯登资产管理公司破产，JP 摩根大通银行接管；2008 年 7 月，房地美、房利美两大房贷公司陷入困境；2008 年 9 月，雷曼兄弟申请破产保护，美林被迫售予美国银行	7
20 世纪后，金融危机平均间隔时间			11. 25

资料来源：恩格尔曼、高尔曼主编：《剑桥美国经济史》，中国人民大学出版社 2008 年版；杰拉德尔·冈德森：《美国经济史新编》，商务印书馆 1994 年版；中国人民银行西安分行：《结构变革与金融危机》，经济科学出版社 2009 年版。

国内金融周期波动加剧，金融风险冲击显著。研究国内金融风险一般从银行信贷、股市波动等角度出发，本书从股指波动角度简要描述国内金融周期波动的剧烈程度。1991 年开始发展股票市场，1996 年就发生了证券市场危机，距离 1993 年发展成型，只有 3 年时间。1998 年，受东南亚金融危机影响，股指波动幅度加剧，一直持续到 2000 年左右，距离 1998 年只有 2 年时间。2001—2004 年，股指月度波动率在 -14%—-13%；2005 年之后，这一波动区间扩张为-20%—30%，剧烈程度几乎扩大了 1 倍；2008 年开始，10 个月时间股指从 5260 多点跌到 1600 多点。同国际横向比较，我国近年来股市震荡的剧烈程度远高于发达国家的较成熟股市。美、日、德、英、法、澳等国家 2001—2007 年股指季度波动率一般稳定在 10%以内，即便是美国 2007 年发生了次贷危机，股指波动率也只有 -0. 36%—8. 22%；2008 年第一季度，世界股市普遍下挫，美、日、德、英、法五国的股指跌幅分别为 13. 35%、9. 1%、16. 98%、14. 28%、15. 59%。而中国 2007 年第一季度股指波动率最高达 51. 3%，2008 年第一季度跌幅达 68. 2%，同俄罗斯、印度股市波动的剧烈程度相似。2006 年 9 月开始，俄罗斯、印度等国的股市开始下跌，跌幅超过 40%；2007 年 3 月又有大的回升，涨幅达 80%。纵观 1993—2013 年股市变动，中国股指波动详细数据见图 1-1。

本书将金融作为经济体系有机的组成部分，通过研究金融周期和政策效应，总结或预测经济周期和政策效应。当前，人们研究金融运行规律时总是习惯于将其与经济割裂开来，不论是学者还是决策当局，认为金融在经济市场上应该是一个理想的工具。本书认为，金融是经济体系中不可分

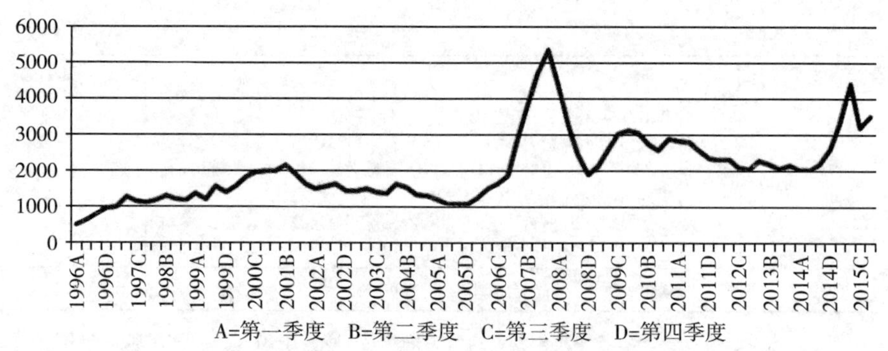

图 1-1 中国上证指数季度数据

割的一部分，它的运行状况由整体经济运行状况决定，它的运行状况是整体经济运行状况的反映。有人认为，国际上发达国家创新的金融衍生品可以使金融规模摆脱实体经济依赖，进行独立的、无限的膨胀。观察日益频繁的金融危机，其中一个共同原因就在于金融规模严重脱离了当前实体经济的规模，甚至金融发展脱离了自身稳定的发展路径。历史企图通过残酷的教训不断唤醒迷茫的人们，并约束少数集团对利益的贪婪，但时间的冲洗使人们很快忘记曾经的教训。政策当局、处于垄断地位的金融家，甚至利用市场地位试图在金融领域开拓一片新天地的企业家，无不一再地主观臆断，“金融应该是支配市场的舵盘，通过金融创新可以永无止境地满足利益追求”。本书将金融周期作为研究对象、设计金融变量、分析宏观经济政策效应，出发点并不是认为金融独立于实体经济而存在，相反，我们认为金融是经济体系密不可分的、有机的一部分，通过刻画金融变量的变动规律可以总结出或反映出整个经济体系或实体经济体系的运行规律。此外，从金融变量角度描述经济体系比从国民经济统计指标角度描述经济体系拥有许多优势。本书认为，金融市场运行指标一般是系统实际交易数据，较少出现因统计错误、失误以及政治压力出现统计数据与真实数据不符的情况，能够反映经济实际运行情况。因此，本书在金融经济的政策制定和理论研究方面具有重要的意义。

第二节 文献综述

一 金融周期界定及成因

人们通过几十年的观察研究，发现经济变量在不同的阶段表现出不同的性质特征，并且这些性质特征可能重复出现，即经济具有周期性。Burns 和 Mitchell（1946）对经济周期作了一个公认的经典定义，并用于测定美国的商业周期模式。此后，该方面的研究演化为两个分支：一是研究分离增长趋势、生成平稳周期数据的方法，侧重刻画经济周期轨迹特征，其中以 Hodrick 和 Prescott（1997）提出的滤波法最为著名；二是对经济周期的成因进行剖析，以拉姆齐模型和迭代模型为基础，解释经济周期波动的成因，主要代表者及论文有 Friedman 和 Schwartz（1963a，1963b）、Nelson 和 Plosser（1982）、Kyaland 和 Prescott（1982）。但明确提出金融周期、对金融周期进行研究，却是近期的事情。

金融周期主要描述金融变量围绕长期趋势周期性上下波动，国际上与这一领域研究密切相关的主要是基于金融经济周期的概念。信贷周期理论是金融经济周期理论体系中最重要的理论之一，债务—通货紧缩理论提出，信息不对称下的金融市场缺陷导致经济繁荣阶段经济部门的"过度负债"与经济萧条阶段银行的"债务清算"及"困境抛售"，生成信贷周期。资产泡沫理论认为，由于金融市场中道德风险的存在，资产价格通常都与其基本价值脱节，从而产生泡沫和金融冲击，金融冲击通过金融市场的内生机制而被放大，从而影响企业的融资条件和投资水平，导致经济剧烈波动。这些思想孕育了初期的金融经济周期理论。

Bernanke 等在 20 世纪 90 年代对货币、证券等金融变量的"中性论"进行了批判，并奠定了金融经济周期理论的基石，其含义主要是指金融经济活动在内外部冲击下，通过金融体系传导而形成的持续性波动和周期性变化。金融经济周期是与经济长期均衡水平密切相关的金融变量度量的经济实质性、持续性波动。此后，学者分别从银行信贷渠道和资产负债表渠道研究金融经济周期。因此，他们认为信贷市场缺陷、信贷配给和资产价格波动等现象之间存在内在联系，并形成了金融经济周期的运行规律，金融经济周期实际上反映了经济波动与金融因素之间的关系，体现了金融变量对真实经济周期的重要影响（宋玉华、李泽祥，2007）。

本书中界定的金融周期仅指银行信贷、股市指数等金融变量围绕自身发展趋势上下波动的行为特征，由于金融体系本身就是经济体系的核心构成部分，金融变量本身就是经济的核心变量，因此金融周期波动本身就是刻画经济周期波动的核心标志。至于金融周期与经济周期的关系及冲击影响，是第二层面的研究问题，例如金融的顺周期性实质上是金融在整个经济体系波动中表现出的波动相关性或共振问题，而金融对经济的影响实质上是经济体系中局部对整体的影响关系问题。

二　金融周期特征

（一）金融周期

金融实质上是经济体系的一部分，具有内生性。金融波动本身就是经济波动的一部分，研究金融波动的目的是总结经济波动的规律，而不在于主观上令金融运行具有逆经济周期性。否则，经济体的任何一部分都应该逆周期运行，经济体系将仍然表现出周期波动性，振幅、频率、波长都未必有变化。

国内明确出现“金融周期”概念有十多年时间，但在 2014 年后相关研究文献才丰富起来。李成（2004）通过对 1949 年以来 50 多年的主要金融数据和政策进行了整理归纳，发现我国计划经济和转轨经济体制中存在比较有规律的金融周期，并得出“金融周期从波谷到波谷形成一个周期，从低谷到高峰时间一般较短、平抑金融过热时间较长，从单纯银行信贷影响向货币供应量、商业银行信贷、金融机构增减等多因素转化，从主要依靠直接性行政命令强行制动逐渐过渡到间接性经济引导手段等特征”。苗文龙（2005）利用 1992—2003 年数据，在 H-P 滤波法和时间趋势分解法下分析了我国当前金融周期的振幅、波长及其非对称性等特征。该研究一定程度上遵循了研究经济周期的思路——特征刻画和成因剖析。赵会玉、苗文龙（2008）建立金融周期变量与货币政策工具变量的 VAR 模型，采用 1953—2006 年的数据，实证检验中国金融周期中的货币政策效应。研究发现，金融周期具有较为显著的货币政策调控效应；实际利率调控广义货币供给、银行贷款、保险市场和股票市场都较为有效，而基础货币供给只对调节银行贷款效果显著；随着公众理财理性水平的提升，实际利率虽然没有实现市场化，但在调控金融和经济上仍不失为一个较为有效的工具；而货币制度、经济体制和支付偏好等因素的变迁使货币供应量调控正在丧失其功效。Claessens 等（2012）分析了金融变量的周期性表现，发现金融周期和经济周期具有较强的同步性，金融周期对经济衰退和复苏的时间和强度产生重要影响。但 Borio（2014）研究认为，金融周期的频率远远低于传统的经济周期，这意味着金融周期与经济周期并非同步，而且金融周期存在自身的周期规律，并对经济周期产生重要影响。

（二）银行顺周期

经济周期循环过程中，银行体系变量表现出顺周期特征。“过去几十年中，金融市场唯一最显著的发展也许就是信贷与资产价格的‘繁荣萧条周期’的增强，这往往伴随着实际固定资产投资的高速增长”（White，2006）。金融体系各构成成分也具有顺周期特征。国外实证研究认为，银行盈利水平、贷款质量（贷款违约率）、贷款损失拨备以及从外部筹集新资本等表现出顺周期性。受资本监管的影响，银行信贷随经济周期波动而紧缩或扩张。温信祥（2006）经过实证分析认为，资本监管改变了银行的行为，特别是新资本协议的特点决定了它具有顺周期性质，经济周期、信贷周期、银行资本周期、银行风险周期之间具有明显的联系。孙连友（2005）通过对 Basel Ⅱ 框架下资本金计算方法的分析，指出 Basel Ⅱ 会通过资本金渠道加剧商业银行的顺周期性，反而可能会危及金融体系和宏观经济的稳定。滑静、肖庆宪（2007）利用多元 GARCH 模型的研究表明，我国商业银行的信贷行为具有十分明显的顺周期特征，两者的当期波动状况不但受其自身前期波动的影响，还受各自前期波动的交叉影响。马勇等（2016）构建由房地产价格、股票价格、银行利差、金融杠杆、风险溢价、资本流动、货币供应量和社会融资规模等金融变量组成的金融状况指数，分析金融周期、货币周期和信贷周期在经济周期中的不同影响和作用机制，认为与传统的货币周期和信贷周期相比，金融周期变化不仅是货币周期、信贷周期和经济周期的关键驱动因素，而且是宏观经济波动的重要来源。

（三）金融市场周期

对金融市场周期的研究，主要在于通过研究金融市场上交易行为及统计指标的波动特征，防范金融不稳定风险。美国金融危机、欧洲债务危机等金融风险在国际间的冲击与传染引起经济学家和政策制定者的关注，一国发生系统性金融风险后如何产生溢出效应和互扰效应并加剧全球系统性金融风险成为人们研究的焦点。前期多数文献主要以欧美股市为研究对象（Eun and Shim，1989；Koutmos and Booth，1995；Barberis et al.，2001）。2007 年美国次贷危机爆发后，人们利用动态非线性方法将这一问题继续推进。Dimitris 等（2011）利用多变量转换机制高斯—柯普拉模型（MRSGC）和非对称一般动态条件相关分析模型（AG-DCC），在金融市场数据非线性条件下，检验各国金融风险传染效应。金融全球化背景下，如果国际金融风险传染效应显著，则不同国家金融市场之间应表现出联动性。

随着经济开放深化，我国金融市场受到国际金融风险传染的显著程度增加，必然使我国金融市场表现出与国际金融市场的联动关系。针对这些问题，朱宏泉等（2001）、石建勋和吴平（2008）、李晓广（2008）等进行了研究，结果表明，我国股票市场正逐渐受到国际冲击的影响。张兵等（2010）实证得出：中国股市与美国股市不存在长期的均衡关系，在价格和波动溢出方面，中国股市对美国股市的引导作用很弱。在 QDII 实施之后，美国股市对中国股市的开盘价和收盘价均有显著的引导作用，美国股市对中国股市的波动溢出呈现不断增强之势。李红权等（2011）利用信息溢出检验体系考察并比较了我国 A 股市场与美股、港股在美国金融危机前后的互动关系，结果表明：美股处于主导地位，并且对港股、A 股市场具有金融传染效应；A 股市场不仅能够反映美股、港股等外围市场的重要信息，而且已具有影响外围市场的能力；A 股与美股、港股之间的互动关系体现在均值溢出、波动率溢出、极端风险溢出等多个层面”。苗文龙、周潮（2012）选择美、中等 6 个大国相关金融变量，通过谱密度分析法计算了各国金融市场的关联性和传染性，发现美国金融市场波动周期多领先于其他国家，同时也面临着其他国家的金融波动冲击反馈。因此，在金融全球化背景下，金融传染使各国金融周期波动趋于联动，而金融周期同步又便利了金融传染。金融周期联动与金融传染相互交织，加剧了世界性金融市场共振和系统性金融风险。这一结论在 Rey（2015）计算全球金融周期特征时得到进一步的印证。

（四）金融周期对宏观经济的冲击效应

一些文献估算金融变量同宏观经济变量之间的关系。这一领域的研究一般主张将金融变量视为相对独立于宏观经济的可控变量，通过研究金融周期对宏观经济波动的冲击和影响，试图通过调控金融运行达到熨平经济波动的目的，代表性文献如 Kindleberger（1978）、Bernanke 等（1999）、Christensen 和 Dib（2008）、何德旭和张捷（2010）、陈雨露等（2016）等，逐渐形成了金融经济周期理论（Financial Business Cycle Theory）。特别是在 2008 年国际金融危机之后，人们发现原来的真实经济周期（RBC）模型忽略了不容忽视的金融冲击因素，在解释经济周期和经济发展方面具有重大缺陷，因此在动态随机一般均衡中纳入金融摩擦、金融冲击等因素，研究金融周期对经济波动的冲击。Christiano 等（2010）在标准的货币均衡模型中加入金融摩擦，得出金融冲击是造成美国和欧元区经济波动的重要原因。Hafstead 和 Smith（2012）根据 BGG 金融加速器模型（Bernanke，Gertler and Gilchrist，2007）的思想，将银行部门引入 DSGE 模型，模拟分析发现，金融冲击均会导致宏观经济的重大波动，货币政策对投资者的重大投资行为具有显著影响。Caldara 等（2014）发现，20 世纪 80 年代中期以来，金融冲击已经成为经济周期性波动的主要原因之一。Iacoviello（2015）在 DSGE 模型下分析了银行挤兑引发的金融危机对经济系统的影响，大萧条时期由金融冲击所引起的损失累计达到了总产出损失的 2/3左右。国内这一方面比较具有代表性的研究是马勇等（2017）在新凯恩斯三方程模型的基础上，引入金融周期方程、汇率方程和国外变量(国外的产出、通胀和利率)，构建开放条件下的八方程模型，分析金融周期和内生性的金融不稳定对宏观经济波动的影响，得出结论：金融周期波动成为影响宏观经济波动的重要来源，包含金融稳定因素的货币政策有助于在正常时期维护实体经济和金融的“双稳定”。

第三节　研究思路与框架

一　研究目的与思路

本书研究金融周期的目的在于捕捉金融变量波动的周期规律，分析宏观经济政策的影响作用，为人们进行经济决策和政策当局开展宏观调控提供参考。同时，鉴于目前对于金融周期的研究尚未形成系统的理论架构，本书研究思路为：首先构建金融周期理论模型，选择刻画金融周期的变量；其次研究中国金融周期特征；再次分别检验中国金融周期中的货币政策效应、财政政策效应、政治经济效应；最后根据研究结论提出投资决策、金融稳定和经济稳定的建议参考。

二　研究内容与框架

本书主要内容分为以下四个方面：

（一）金融周期理论与模型

这一部分主要从三个方面阐述金融周期波动的内在经济机理。

1. 经济竞争与金融周期

经济体系内部不同集团经济实力的变化影响金融周期。金融周期内生于经济波动，金融运行状况本质上反映了经济结构和总量的变化状况。由于占支配地位的群体力量的惯性和利益格局的调整，不同群体发展的速度不一致，群体力量格局发生周期变化，从而使金融资源也发生周期变化。

2. 经济分权、地方竞争与金融周期

根据金融分权程度划分，中国金融制度应归于显性集权、隐性分权的类型，即审批、监管、救助具有显著的集权性，但实际运行却又有隐性分权特征。现实中的金融分权没有明晰的法律界定和划分，地方政府因此可以竞争扩张，在保证自己区域金融资源的基础上，争夺国家金融资源，而且不承担相应的风险化解和救助责任。

3. 金融部门博弈策略与金融周期

面对政府的权力和决策，各部门长期的优先选择是服从政令、满足需求、保障现实利益。金融部门博弈策略选择的综合效应表现为：政府行为对金融周期波动产生至关重要的影响，随着银行风险积累与消除发生周期性波动；金融变量也发生周期性波动，使金融周期具有显著的宏观经济政策效应。

（二）中国金融周期测算与特征

这一部分主要从以下四个方面分别计算和刻画中国金融周期特征。

1. 银行周期特征

主要利用线性和非线性计量方法测算中国的银行周期特征，包括信贷周期、资本充足率周期、经营规模周期等；进而分析银行周期与宏观经济周期的数量关系。

2. 金融市场周期特征

主要利用线性和非线性计量方法测算中国货币市场、资本市场、外汇市场的周期特征。

3. 各类型金融市场周期间数量关系

测算和估计国内的货币市场、资本市场、外汇市场间的周期关系；进一步分析中国不同类型金融市场与国际发达国家各类金融市场间的周期关系；归纳全球金融周期与中国金融周期之间的数量关系。

4. 金融周期与实体经济的行业周期

测算主要行业的投资周期和经营周期，分析不同金融变量波动对行业周期的影响。

（三）宏观经济政策效应分析

这一部分主要通过计量实证和数值模拟分析宏观经济政策对中国金融周期的影响效应。

1. 中国金融周期的货币政策效应

通过构建理论模型和计量模型，研究货币政策调整对银行存款、股票价格、货币供给等金融变量波动的冲击效应。

2. 中国金融周期的财政政策效应

通过分析财政政策对金融运行的冲击机理，实证研究政府财政支出波动对基础货币变动、再贴现规模变动、公开市场拆借规模变动的冲击效应，及其对银行信贷、通货膨胀等产生的影响。

3. 中国金融周期的政治经济周期效应

在梳理政治经济周期理论的基础上，比较中西方国家该理论前提、内在逻辑的差异，实证研究政府换届与货币政策、财政政策及金融周期之间的相关性。

（四）国际金融周期下中国金融稳定与经济发展

这一部分主要计算比较不同国家的政治金融周期，结合本书测算的中国金融周期规律，分析中国在国际金融周期冲击下如何对本国宏观经济政策进行设计和完善，在保证金融安全的条件下推动经济发展。

本书的基本框架如图 1-2 所示。

三　研究方法

（一）数理模型分析方法

为推理论述宏观经济政策与金融周期的影响关系，采用数理模型分析方法，更直观、准确地刻画其内在机制。为比较准确地论述转型期政策偏好及特征对金融周期的经济解释，根据新古典综合派、新货币主义、信息经济学等理论分别建立理论模型，刻画因素之间的内在逻辑关系，使论述更为准确和可信。

（二）金融周期的刻画方法

研究金融周期主要分析金融时间序列变量的周期性和趋势性，通过计算波长、频率、振幅、波对称性等参数值描述波动的周期规律，通过计算

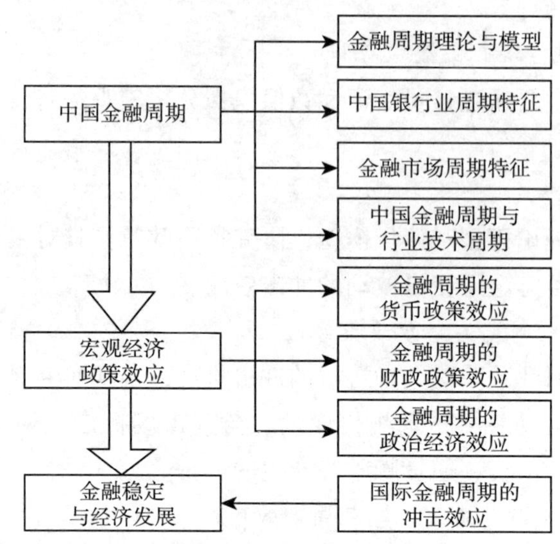

图 1-2　中国金融周期与宏观经济政策效应

趋势值描述金融发展的中长期态势。在此基础上，可计算实际值与潜在值和趋势值的偏离程度，描述波动状况及未来变化。本书主要采用了滤波分析法和谱密度分析法描述金融周期。

（三）宏观政策效应的刻画方法

研究宏观经济政策对金融周期的影响，主要在于分析宏观经济政策工具指标是否按照预定政策目标熨平金融经济波动，是否表现出逆周期性。同时，描述宏观经济政策工具变量和金融周期变量使用的都是时间序列数据，主要采用普通最小二乘法 OLS、广义矩估计 GMM、Copula-GARCH 等方法。

第四节　主要创新和学术价值

本书力图从以下四个方面丰富现有研究文献：

（一）比较系统地提出金融周期理论

笔者在十多年前尝试性提出金融周期概念，并从数量角度测算银行信贷周期、股指波动周期和保险经营周期。本书以此为基础，系统提出金融稳态路径、政治金融周期等命题，支撑和论证金融周期理论，进而系统化和深化了经济周期理论。

（二）测算和挖掘金融周期规律

本书尝试使用滤波法、谱密度分析法、非线性马尔可夫链区间转制平滑模型等多种线性和非线性方法测算中国金融周期，提高计算的准确性，挖掘中国金融波动的波长、振幅等周期性特征，并用于判断当前金融经济形式，预判金融经济走势；采用交叉谱分析、多元 Copula 模型、TVP-VAR 等方法多角度测算了中国金融周期与经济周期、行业技术周期的波动关系，中国银行信贷周期与国际发达国家信贷周期的数量关系，中国金融市场周期与国际发达国家金融市场周期的数量关系，并通过国内金融周期与不同行业技术周期的异步性来优化调整经济结构，通过国内国际金融周期的异步性和干扰性来研究我国独立性宏观经济政策。

（三）测算宏观经济政策对金融周期的调整效应

从市场力量的结构角度分析，政府体系占主导地位，政府在经济稳态路径上，具有突破式扩张的冲动，具备了支配企业、银行等部门市场行为的力量。政府行为最直接、最综合体现的经济指标就是财政政策、货币政策和政治换届。因此，本书从宏观经济政策的角度研究金融周期和经济波动，推理、实证宏观经济政策对金融经济体系运行的冲击传导路径。通过货币变量、财政变量、金融变量的单变量谱分析和交叉谱分析，比较计算宏观经济政策变量和金融变量的变动周期特征，分析其联动性和冲击传染性。为避免线性约束，本书通过建立 Copula-GARCH 模型检验宏观经济政策变量对金融体系的冲击效应，并比较经济平稳期和经济危机期冲击效应的不同，判断宏观经济政策是加剧了金融周期波动还是熨平了金融周期波动，为制定金融稳定发展政策、经济创新发展政策提供一定的参考。

（四）比较不同类型的市场经济（社会主义市场经济与资本主义市场经济）是否都存在金融周期和政治金融周期

本书在测算不同类型市场经济国家和不同金融结构国家的金融周期和政治金融周期的基础上，比较两者的作用机制和社会福利效应，测算不同国家的金融市场波动周期是否相似或同步，以及对国际间系统性金融风险传染和膨胀的影响，进而推证全球金融周期是否趋同，研究全球金融周期下“二元悖论”的应对策略，为我国宏观经济政策的制定和执行提供参考。

第二章

理论基础

金融周期是经济体系内部不同群体之间利益竞争的结果。由于计算能力和规则约束，现有的财政、货币等宏观经济调控政策不一定能熨平金融周期波动，甚至在群体利益竞争与矛盾缓解的情况下，加剧了金融周期。

第一节　经济竞争与金融周期内在原理

一　金融的二元性特征：金融风险角度

（一）风险是金融的内在天然属性

金融风险是与金融有关的风险，如金融市场风险、金融产品风险、金融机构风险等。无论是单个金融机构的流动性危机，还是问题金融机构对其他金融机构或对整个金融体系稳健运行的威胁，金融危机最终都表现为信用偿付危机。金融产生的基本条件是货币和信用联系在一起，以货币为内容的信用必然有一定的违约概率，而这种违约概率就意味着金融风险。因此，值得人们注意的一点是，风险与金融自然相关。经验事实表明，金融体系自身蕴含的不稳定性，往往是金融风险及金融危机的始作俑者，而其他主体可能只是一个外部助推因素。金融机构为规避监管不断进行金融创新，也在不断制造新的金融风险。万杰、苗文龙（2005）根据操作风险事件案例实证得出，商业银行的内部欺诈风险是占比最高的操作风险。何德旭、郑联盛（2009）研究表明，影子银行的主要发展方式，例如高杠杆率、过度创新、业务跨界、规避监管等，造成了新的金融风险，对经济体系的威胁不容忽视。金融机构不断地创新复杂的金融衍生产品，金融体系从中介为主转向市场为主。投资者面对这种复杂的金融衍生品，难以扮演“理性投资者”角色，因为无法收集到产品的风险信息，无法利用风险信息和知识技能进行定价分析，无法做出理性的价值投资决策。金融体系在自身信息优势和投资者盲从条件下，可以扩展营销攻势，加剧信息不对称，促使金融风险急剧膨胀。苗文龙、冯涛（2010）进一步推理论证了金融衍生产品可能造成金融风险呈几何级数式和立体式膨胀。所以，金融风险内生于金融体系，金融体系具有制造风险的天然属性，随着金融创新速度提升，金融机构不一定是简单的信息生产者，反而更可能成为复杂化信息、有意或无意隐藏信息、扩张风险的始作俑者。

（二）金融具有风险管理功能

风险管理与金融也是自然相关的，金融就是为了管理一定的风险。博迪和莫顿（2000）概括出金融的六大功能，其中，风险管理是金融的核心功能，如果没有风险管理，则其他功能都可能只是泡影。例如，支付风险控制不了就无法保障支付功能，信用风险控制不了就无法实现跨时空资源配置功能，信息风险控制不了就无法实现信息管理功能。在开拓金融业务、创新金融产品时，金融本身的性质要求金融体系必须具有相应的风险管理功能，金融机构就是通过自身的风险管理优势获取金融利润的。基于道德风险的 L-P 模型、信息经纪人联盟模型、基于逆向选择的金融中介模型等纷纷对金融中介的风险管理功能进行了论证。因此，金融机构具有制造新金融风险的冲动，亦有管理风险的功能。

（三）金融风险制造与金融风险管理相互交替，形成金融周期

风险和风险管理都是金融的天然属性，这两个看似矛盾的功能属性同时存在于金融体系中。因此，金融具有产生风险的二元性：一方面在管控风险，另一方面又在制造风险。两者的平衡点就是金融机构的利润最大化，而这个平衡类似于刀刃上的平衡。双方力量随着金融经济形势的变化而变化，金融机构总是有可能游离于平衡轨道之外。如果自身能返回均衡就意味着控制了风险，如果依赖外力才能返回均衡就意味着爆发了金融风险。金融风险制造和风险管理双方力量结构的变化调整体现在微观和宏观两个层面。

一是微观层面，存在风险发生的必然性。从金融机构个体而言，每个金融机构都在与风险进行交易，每个金融机构都存在一定的金融风险，每个金融机构都会有一定的违约客户，金融风险是必然的；从金融机构群体而言，总有金融机构因难以解决自身的金融风险而陷入危机。但这样的金融风险不会影响到金融安全，只有大规模的金融机构或一些具有系统重要性的金融机构发生金融危机时，才会影响到金融安全。Borio（2014）研

究证明，金融周期的峰值与金融危机密切相关；金融周期有助于提前探知金融危机；利用金融周期可以预测金融危机。

二是宏观层面，存在风险发生的周期性。单个金融机构的风险由外来力量化解而不用自身承担时，或者经济基本面发生大的动荡时，爆发金融风险的机构的比重会陡然上升，从而形成金融危机。国家采取最后贷款、注资、救助等手段，使金融体系回归稳态。金融风险从形成到膨胀，再到破裂，进而到被救助回归稳态，具有显著的周期性。而经验证明，这种周期具有显著的重复性。债务—通货紧缩理论就提出，信息不对称下的金融市场缺陷导致经济繁荣阶段经济部门的“过度负债”与经济萧条阶段银行的“债务清算”及“困境抛售”，从而生成信贷周期。更多的文献研究了金融的顺周期性特征，例如 Bernanke（1983）、Montagnoli（2005），等。这也在一定程度上表明，金融具有周期性规律。因此，金融风险周期与发生金融风险的微观个体比例的变化有关，是宏观层面的规律。这一规律延伸到国际上，便体现为显著的国际金融周期（Rey，2015）。

国家决策层提出“深化金融改革，完善金融体系，推进金融业公司治理改革……推动金融机构切实承担起风险管理责任”的原因就在于此，目的是控制金融机构不承担风险责任而肆意制造自己控制不了的金融风险的行为，控制高风险金融机构的数量，预防金融机构群体性风险事件，保障金融安全。

二　经济体系内部不同集团经济势力的变化与金融周期

（一）货币金融扩张的矛盾——微观个体理性与宏观群体危机

个体持有货币金融数量增加所得到的效用与社会从货币金融总规模膨胀中得到的效用之间存在矛盾，即个体理性与群体非理性的矛盾，而这个矛盾成为金融周期的内生性根源。从个体理性的角度分析，劳动付出或其他成本支出一定的情况下，个体追求货币数量最大化、金融资源最大化，并达到个体效用最大化是理性行为。而这种理性行为致使整个社会货币金融的规模趋于无限制的扩张，必然引发恶性通货膨胀，金融资产规模无限制的膨胀必然引发金融泡沫和金融危机，从群体角度分析，是非理性行为。但假如部分个体并未追求在一定成本支出下的货币金融数量最大化，而其他个体实现了货币金融规模扩张并引发货币金融泡沫，此时前者要承担后者引发的通货膨胀成本和金融风险成本，甚至还要承担救助后者的成本。所以，市场中各类利益主体竞相追逐个人理性支配的货币金融欲望需求，导致金融规模大于稳态路径的正向缺口不断扩大。个体这种货币金融竞争行为不仅局限于商业银行等金融机构的风险扩张和“游说”救助竞争（苗文龙，2007），同时也体现为“政治关联企业”的银行信贷竞争、上市资源竞争，以及地方政府的货币金融资源竞争。关于这一矛盾，可以从蒋硕杰（1969）、张杰（2017）的研究文献中进一步得到论证。蒋硕杰（1969）提出“货币供给合成谬误”命题，认为以弗里德曼为代表的货币数量理论，尽管从微观需求的视角推理出了宏观货币需求模型，但存在致命缺陷——“整个社会从货币总供给中得到的总效用，仅仅是各个货币余额持有者从其拥有的财产中预期可能得到的效用综合”，“一旦满足每个人的货币余额需要，社会福利就会增加”。而现实情况是，如果各个人的真实余额单独增加，社会货币总量一同增加，对经济体系将产生相当大的不经济影响，这种不经济影响通常会破坏价格体系的稳定和损害金融市场引导储蓄用于投资的效率。张杰（2017）分析得出，“金融危机是一个有机过程，它起初掩藏了人们介入市场过程之后难以抑制地追逐回报增长的货币冲动，这种冲动会在市场逻辑的自动作用下迅速完成加总，进而凝结成一股异常强劲的金融冲击力量，直扑特定经济体制按照常规风险设防的预算约束机制”。

（二）个体竞争、金融经济力量结构调整与金融周期

除货币金融扩张的个体理性与集体非理性矛盾外，金融经济体系天然具有突破金融稳态结构的内在不稳定性。金融周期内生于经济波动，金融运行状况本质上反映了经济结构和总量的变化，金融稳态路径由经济稳态路径和长期延续的金融制度决定，金融稳态路径是经济稳态路径的反映。如果经济平稳发展，金融亦遵循稳态路径平稳发展。凯恩斯等经济学家从边际消费倾向递减、边际投资收益递减、动物精神等角度分析得出：不稳定性是市场经济所固有的。特别是明斯基提出，投机性融资、对冲性融资和庞氏融资的结构变化及后者比例上升，成为金融不稳定的根源。笔者认为，经济稳态路径是经济体系内不同群体相互作用下合力的结果，体现了经济体系运行过程中内生的自我维护能力。在经济运行和发展过程中，体系内部不同群体为了自身利益，竞争势力此起彼伏，不同群体的力量也此消彼长。因此，总有一些群体有打破稳态的冲动，否则经济难以持续发展。这可用熊彼特（Schumpeter）的破坏式创新理论进行解释，下文对此

做进一步介绍。

随着冲动群体主导经济偏离稳态路径程度的加剧，更多群体的稳定状态被改变，被剥夺的利益增加，反对偏离稳态的力量迅速变大，经济体系回归稳态的作用力迅速增大。当回归稳态的作用力大于偏离稳态的冲动力时，偏离速度开始降低，变为零，然后加速回归稳态。由于占支配地位的群体力量的惯性和利益格局的调整，产生了类似于震荡波上质点运动的惯性和势能的转化。经济回归稳态但并未停留在稳态路径上，而是在金融惯性规律下朝着反方向运动，此时新的回归稳态的力量又开始出现并加速增大。在利益争夺、行为短期化等因素导致的稳态偏离冲动与反冲动过程中，群体的冲动偏好被慢慢损耗，使经济渐渐回归稳态和暂时的均衡。当经济运行发展了一定时期后，不同群体发展的速度不一致，导致群体力量格局又发生变化，新的一轮波动又开始。这类似于皮筋弹动的过程，金融内部能量结构调整导致两个方向上力量对比变化并偏离稳态路径（见图 2-1）。

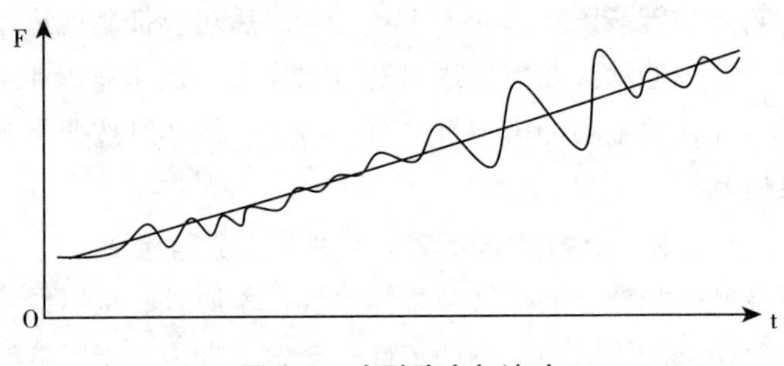

图 2-1　金融稳态与波动

三　金融周期与经济周期：内生与反作用

从上面的金融周期产生机理分析可知，金融周期与经济周期应当存在密切关系，从金融周期的角度来研究经济周期规律不失为一个值得尝试的方法。那么金融周期是否就等价于经济周期呢？我们从以下方面进行分析，同时分析中国金融安全的相关问题。

（一）金融周期内生于企业破坏式创新周期，实质上反映了实体经济周期

经济周期产生的主要原因是企业具有破坏式创新周期（Schumpeter, 1942），金融信贷与企业创新周期存在内在联系。具体表现为：随着一批

新兴企业发展成熟并成为主体企业，银行对此类企业的信贷比例增加，随着此类企业的衰退，此类企业的后期信贷风险加剧，银行不良资产增加，信贷管理趋于谨慎。同时，萧条期企业抵押商品的价值可能明显下降，进一步助推了银行顺周期行为，一些风险较低、能够获利的正净现值的项目也可能被拒之门外，此时银行的顺周期行为会导致经济形势进一步恶化。温信祥（2006）实证得出，经济周期、信贷周期、银行资本周期、银行风险周期之间具有明显的联系。滑静、肖庆宪（2007）研究证明，我国商业银行的信贷行为具有十分明显的顺经济周期特征，而且具有惯性效应。金融市场具有类似周期性，而且在预期因素作用下振幅可能更大。随着一批新兴企业发展成熟，此类企业在资本市场上的表现更加优秀，而原来的成熟企业开始衰退，在新一批创新企业未产生之前，投资收益必然无法达到投资者的期望，引发资产价格崩溃。因此，“金融周期内生于企业破坏式创新周期，实质上反映了实体经济周期”的证据就是金融顺周期特征，特别是银行相关变量的顺周期性和资本市场的经济晴雨表特征。

（二）金融周期反作用于实体经济周期，金融虚拟泡沫的崩裂必然冲击实体经济

金融周期除了受实体经济影响，还有自身虚拟膨胀的部分。因此，金融周期波动幅度，特别是金融资产市场的价格波动幅度，要比实体经济波动剧烈。那些被投资者放大的虚拟成分在超过自身弹性限度时，就会像泡沫一样破裂，引发资本市场雪崩式过激反应。从这两个视角来看，研究金融周期比单纯研究经济周期更具有风险管理意义。

（三）中国当前的去杠杆率，问题在企业，但主要影响在国家金融安全和经济安全

去杠杆问题的实质是经济结构调整和企业创新更替，在于培育国有企业创新能力并发展一批更具有创新技术的私营企业。培育国有企业创新能力的关键在于企业内部激励约束机制（用人机制、成果认定机制、奖惩机制）的改进，使有创新能力的人能够创新出成果。从这个角度分析，国企改革重点不仅是产权结构问题，更关键的是经营机制问题，而且产权改革的目的也是改善经营机制。发展一批更具有创新技术的私营企业的关键在于营造公平的市场环境，简化行政审批，保护创新技术的合理利润；构建多层次的资本市场，为企业市场融资提供规范的便利途径，同时依法惩治不法行为。前者与国企深层次改革密切相关，后者与多层次金融市场

密切相关。为控制金融风险，促进金融市场和实体经济发展，国家决策层提出：采取措施处置风险点，着力控制增量，积极处置存量，打击逃废债行为，控制好杠杆率。并进一步提出：疏通金融进入实体经济的渠道，积极规范发展多层次资本市场，扩大直接融资，加强信贷政策指引，鼓励金融机构加大对先进制造业等领域的资金支持。

四 金融绝对稳态运行需要的条件

金融绝对稳态运行需要满足如下条件：

一是金融主体长期内不符合经济人特征，即使在市场上有更大的话语权，也不具有为了自身利益打破整体稳态的冲动。现实市场上，经济主体具有趋利性和自身利益最大化取向，就像植物具有向光性规律一样。这样，经济主体才能在市场上从效用最大化、利润最大化等角度出发优化决策，进而优化资源配置。金融市场更是如此，信贷市场的借贷双方、证券市场的买卖双方、保险市场的投保人与保险公司，无不是从自身利益最大化角度出发实现决策最优化。当金融市场上一方强势时，市场利益必然倾向于这一方。因此，金融主体理性是金融周期的内因。

二是金融体系或经济体系建立了一套各群体必须遵守的规则，而且这个规则没有缺陷和突破口。如果经济体系具备了一套各群体都必须遵守的规则，那么规则会约束具有显著冲动性群体的行为，在该群体没有找到规则的缺陷或突破口时，经济在稳态路径上运行，其内在的金融指标也处在稳态路径上。在运行过程中，逐渐变强的群体总是在寻找经济体系的突破口，打破现有的利益格局，使整体格局朝自身利益一方运动倾斜。金融创新的实质就是回避、突破金融监管规则，实现创新就是找到了规则缺口，绕过了规则。

三是如果上面两个条件都不能满足，此时金融绝对稳态运行需要经济体系的主导者能够准确计算经济稳态路径，并且能够精确调控经济体系内各群体行为，使之在稳态路径上运行。经验表明，人们很难准确估算经济稳态路径，更难精确调控各群体行为，只能在一定条件下得出经济状态的参考值，而这种参考值往往由市场主导方根据自身利益决定，成为利益倾向和稳态偏离的借口。

不具有理性特征的经济主体、长期有效且无漏洞的规则、准确估算经济稳态路径的主导者等条件，在现实中都难以得到满足。因此，经济波动成为一种常态，金融作为经济的核心部分，其周期波动也在所难免。

第二节　经济分权、金融周期与宏观经济政策

不同国家都存在金融周期，但原生动力有所不同，主要是市场经济主体力量结构存在差别。例如，美国以华尔街投行为代表的金融集团在市场上的力量举足轻重；德国以商业银行为代表的金融机构在市场上力量就相对弱一些，而与大企业建立关系成为双赢的重要方式；中国政府主导市场改革进程，因此政府行为就成为研究中国金融周期乃至经济周期和经济发展的关键因素。本节将从金融分权结构入手，从理论上分析中国金融周期的内在机理，从而在上一节金融周期普遍性原理的基础上补充中国特定的规律。

一　分权理论

（一）行政分权

一个国家的疆土、人口扩张到一定程度，行政管理必须进行适度分权，以改善信息对称程度，提高经济效率。分权理论主要源于联邦制。联邦制是一种由来已久的国家组织原则，至今仍未出现一个被广为接受的权威说法。从制度本身的功能看，各国选择联邦制主要有以下几个目的：①借助权力分立与平衡在联邦与成员国之间划分国家权力；②通过领土单位自治来保护少数；③整合异质社会，特别是在保持领土单位社会文化多样性的同时实现整个国家在经济、政治和军事上的整合；④通过功能性的分工（分层负责）圆满履行国家的职责。钱颖一等（1995）认为，“保护市场的联邦主义”的根本特征就是中央政府对地方政府的政治性分权，该理论更重要的意义在于推导出多个地方政府权力中心之间会以争夺流动要素所有者为形式展开直接的竞争。Buchanan（1998）认为，联邦制区别于单一制的关键在于前者能够复制市场竞争机制。这种竞争促使政府提供更加友好的商业环境，从而有利于企业发展和经济增长。“保护市场的联邦主义”的贡献在于，提醒我们在设计政府间财政安排（比如政府间转移支付）时要考虑到硬化地方财政预算，并嵌入一些正式和非正式的制度安排来激励公共决策者，而不是仅仅考虑如何将财政功能在各级政府

之间恰当分配（Oates，1999）。中国金融制度安排是制度变革过程中不同等级的政府之间和政府与其他市场主体之间长期利益博弈和妥协的结果，中央与地方的分权则是其中的主要影响因素，围绕金融分权的利益博弈勾勒出中国金融制度变迁的基本线索，成为观察金融运行规律、分析金融风险的主要视角。

（二）财政分权

研究分权对经济运行影响的文献主要集中在财政分权方面。“中国特色的联邦主义”（Federalism Chinese Style）假说（Montinola et al.，1995；Qian and Roland，1998；Jin et al.，2005）认为，20 世纪 80 年代初开始的行政分权加强了地方政府的经济决策权，同时进行的财政分权使地方政府可以名正言顺地与中央分享财政收入，这两点成为地方政府激励机制的重要源泉。在此基础上，一些学者从政府官员晋升激励的角度研究中国政府内部治理的特征，并分析其对经济运行的影响（Maskin et al.，2000；Blanchard and Shleifer，2001）。周黎安（2004）据此进一步提出“地方官员的晋升锦标赛模式”，并成功解释中国经济增长的奇迹，同时指出，晋升锦标赛模式由于自身存在一些缺陷，尤其是其激励官员的目标与政府职能的合理设计之间存在严重冲突，目前正面临着重要的转型。

在财政分权、晋升锦标赛模式成功解释经济增长的同时，也引发我们深思：金融风险是否与此有关？是分权使然抑或有关资源分权没有配套实施？联邦制使联邦和州分担了不同的权力，从而相互制约、平衡，是大国治理的一个重要思路。分权治理在一定程度上沿袭了这一思路。从中央与地方关系的演化来看，1979 年到 1992 年邓小平南方谈话期间的纵向权力调整，在很大程度上延续了行政性分权的做法；1992 年之后，随着中国发展市场经济的目标逐步确立，政府与企业之间的经济性分权得以被推动。地方政府行为自主性的增强，使得地方政府在财政压力和政绩需求驱动下，在组织和管理地方经济的过程中发挥了空前的积极性和主动性。但随着地方利益竞争的激化，地方财政风险的金融货币化解依赖暴露无遗。因此，分权理论成为我们研究防范区域性金融风险和系统性金融风险机制的基础，并且将金融分权理论作为主线，贯穿于风险生成、风险防范、风险管理、风险救助等环节，从而明确地方政府的金融监管权限和风险承担责任。

（三）金融分权

尽管为数众多的文献对财政分权进行了厘清和应用，但对金融分权的界定仍十分稀少。傅勇（2016）提出，“在不同的经济体制下，金融体制安排存在较大的差异，政府对金融资源，尤其是信贷资源分配具有一定控制力，政府在这些权力中的地位不同，可笼统称之为金融分权”。进而，他认为，金融分权包括两个相互区别又相互联系的层面：一是政府和市场在金融资源配置和货币信用创造中的作用边界划分，如利率汇率决定权、信贷分配权等；二是政府不同部门、中央与地方政府在金融资源配置和货币信用创造中的作用划分，如信贷分配权、货币发行权、基础货币管理权、货币政策决定权等。洪正、胡勇锋（2017）将金融分权定义为，“为推动一国经济长期增长，激励地方发展经济，在不同层级政府之间以及政府与市场之间就金融资源配置权和控制权进行划定与分配的一系列显性和隐性的制度安排。具体可分为两个层次：中央政府向地方政府的分权（金融分权Ⅰ）、（地方）政府向民间的分权（金融分权Ⅱ）即金融民营化或市场化”。其在注释中进一步解释：“从形式上看，金融民营化是中央政府的重要决策，但实际上由于以下原因其更多地由地方政府的行为所决定：首先，金融民营化多发生在地方，因此很多金融民营化改革虽然由中央政府发动，但最终还是由地方政府积极争取、组织实施和创新试验的；其次，地方政府通过选择是否控制地方金融机构，如城商行，实际上决定了金融民营化的进展；最后，地方政府拥有部分金融机构和金融市场的监督管理权限，因此地方政府的行为在很大程度上决定了金融民营化的进程。”从这一解释可以归纳其要义是：地方政府控制着民营金融的发展，看似是政府向市场放权，实质上各项权力仍在政府掌控之中。

上述两篇经典文献都提到政府向市场的分权，但本书认为，金融分权[①]就是中央与地方在金融资源控制和监管权上的划分，包括金融准入权（即发展金融机构、市场和基础设施的权利）、金融控制权（包括所有权控制、经营控制和人事控制）、金融监管权（包括日常监管）、金融稳定权、金融配置权（资金配置和调拨）。有两个原因：一是这一问题的出发点——财政分权背景下地方政府对金融资源的争夺与金融风险的制造，实

① 有学者主张将金融分权细分为金融纵向分权和金融横向分权，前者指中央与地方之间的金融权力结构划分，后者指同级层面上金融权力结构划分，例如中央层面的“一行三会”对全国金融监管权的划分。本书中金融分权与财政分权的口径具有一致性，仅指金融纵向分权。

质上体现为中央与地方在金融资源权限方面的划定。二是这一问题的关键内容——金融准入权、金融控制权、金融监管权、金融稳定权，以及由此决定的金融配置权，是政府对金融机构和市场主体进行监督规范的内容。因此，我们将其界定在中央—地方的权限内。金融集权指中央政府掌握主要的金融准入权、金融控制权、金融监管权、金融稳定权和金融配置权，在现实中的主要表现是：金融市场层次的单一性、金融市场准入审批的集权性、金融机构经营监管的集权性、金融风险救助的单一性等。金融市场层次单一性主要指全国范围内只有一个层次的金融市场。中国金融市场就是典型的单一层次金融市场。中国股票市场都是全国层面的，各区域企业要么就在全国性的股票市场上市，要么就不能公开发行股份，缺少省、市层面的股权市场。金融市场准入审批的集权性主要指机构从事金融业务必须经过中央部门审批，进入全国性或区域性金融市场。中国金融市场具有准入审批的集权性[①]。金融机构经营监管的集权性主要指由全国统一的监管机构、按照统一的监管规则进行监管。金融风险救助的单一性主要表现为：银行等金融机构出现流动性等经营风险时，无论是国家银行还是地方性银行，通过地方政府、国有银行（包括所谓的股份制银行）等社会压力，倒逼中央统一救助，进而形成国家担保或政府担保。社会公众将政府视为一个体系，即使是地方政府担保，也会被认为是中央政府担保。因此，各地的银行也会得到中央的保护。金融分权及集权的基本表现可简单归纳为表 2-1。

表 2-1　金融分权及集权的基本表现

	地方政府权限与分权性	中央政府权限与集权性	金融权力结构特征
金融准入权	对小贷公司、担保公司具有审批权；对地方政府融资平台具有建立权；对地方性股权市场具有建立权	对全国性银行和地方性银行及其他正规金融机构具有绝对的审批权；对资本市场设立和准入具有绝对审批权	主要体现为金融准入的集权特征
金融监管权	对小贷公司、担保公司具有监管权；对地方性股权市场、产权市场具有管理权	对正规金融机构具有绝对监管权；对全国性金融市场具有管理权	与金融准入权相对应，主要表现为集权特征

① 机构申请开办金融业务进入金融市场必须经过银监会、证监会、保监会等中央金融监管部门的审批，企业发行股份必须经过中国证监会审批，企业发行票据融资必须经过中国人民银行的审批，地方政府发行债券必须经过国家发改委的审批。

续表

	地方政府权限与分权性	中央政府权限与集权性	金融权力结构特征
金融配置权	通过地方行政干预，地方融资平台，控股地方金融机构，协助、纵容、默许本辖区企业逃废银行贷款等方式获取金融资源及其配置权	通过准入，调整利率、存款准备金率，借贷便利，窗口指导等货币政策，宏观调控全国的和行业的金融资源配置；金融机构总部具有资源配置的绝对权	从金融机构管理形式和金融调控覆盖面上，表现为显性集权特征；从直接影响地方银行的资金配置或通过融资平台获取银行分支机构资金的角度，表现为隐性分权特征
金融控制权	在本地农信社、城商行等地方性银行的人事、经营、权益上具有控制权	在全国性金融机构的人事、权益上具有控制权；对其经营不具有控制权	主要表现为集权特征，同时具有一定的分权特征
金融稳定权	缺少金融稳定的手段、工具和权力	具有最后贷款人、存款保险、资本充足率等多种金融稳定工具和权力	表现为集权特征

（四）中国金融制度演化的显性集权与隐性分权特征

不同于有关研究文献的是，本书将中国金融制度界定为显性集权、隐性分权。这里我们将从简要梳理中国金融制度演化的角度，对这一争议进行澄清。明确、系统地从地方金融分权角度分析中国金融制度演变进程的是巴曙松等（2005）、何德旭和苗文龙（2016）、傅勇（2016）、洪正（2017）。巴曙松等（2005）将中国国有银行体系的变革大致分为两个阶段：第一阶段是 1978—1997 年“地方金融分权阶段”，第二阶段是 1998 年至今的“中央金融集权阶段”。在第一阶段，地方政府对本辖区的各种银行都具有较为直接的控制力，可以通过行政手段介入银行系统，获得大量金融资源。并且，这一时期，银行系统的政策性功能较强，导致银行预算软约束问题严重，这也为地方政府通过行政手段从地方银行直接获取大量金融资源创造了条件。在第二阶段，国有银行体系进行垂直化管理体制的改革，中央政府通过设立大区行、取消地方分行的放款权、上收地方分行的信贷审批权等方式限制各地分行的贷款权限与可用资金，剥夺分行贷款发放与资金调拨的自主权，地方政府直接从国有银行体系夺取资源的能力下降，逐渐形成中央金融集权的局面。洪正（2017）将改革开放以来金融分权演变划分为三个阶段：1978—1993 年为第一阶段，为配合经济领域放权让利的改革发展目标，金融领域打破“大一统”的银行体系，地方金融开始发展，为经济发展提供资金支持，金融开始分权。1994—2001 年为第二阶段，金融风险累积威胁经济安全，中央上收地方权限，整顿地方金融，强调金融风险的化解与防范，金融重新集权。2002 年至今是第三阶段，金融发展与风险防范并重，金融适度分权。这一阶段又可根据存量和增量改革的不同分为两个子阶段：2002—2006 年为现有商业银行的股份制改造和上市；2007 年至今是以新型农村金融机构改革为标志的地方金融快速发展。其将第三阶段界定为金融适度分权阶段，但问题是“适度”的标准尚不清晰，无法判定这一阶段是否符合适度分权。同时，这一阶段的金融风险未体现出与前两阶段的实质性不同，所举的农信社等例子恰恰是金融风险的重点之一；小贷公司、担保公司按照法规[①]界定是特定的非金融机构，并不属于严格金融范畴。

根据上述的集权与分权的五条标准，我国第一阶段并不能算严格意义上的金融分权，因为地方政府并不具有地方银行及其他金融机构的准入权，也并不为地方金融机构倒闭及地方金融风险承担责任，而是将其转嫁给中央，由中央统一救助。在第二阶段，虽然地方政府以行政命令等方式直接介入银行经营的机会减少，但地方政府对银行的影响仍显而易见。有学者称，地方融资平台是地方政府干预银行力量减弱的表征，但实质上地方政府是在争夺银行信贷之后的基础上“另辟蹊径”，而且地方债务这个“蹊径”大都由各地银行购买，是地方金融争夺的另一形式。所以，第二阶段并非严格意义上的金融集权，因为银行信贷规模仍与各方地政府行为密切相关。因此，本书分析得出，改革开放以来中国金融制度演进可以简单分为三个阶段：1978—1997 年，金融分权地位凸显阶段；1998—2011 年，金融显性集权、隐性分权阶段；2012 年至今，金融分权力量趋于强化，总体上仍是金融显性集权、隐性分权。第三阶段的突破性事件是：各地金融办纷纷独立，并开始强化当地金融监管功能和金融资源配置话语权；具有金融功能的互联网金融涌现，金融办监管的小贷公司、担保公司借互联网金融之名扩展金融业务，实质上是发展地方金融机构，而这些地方金融机构是由地方政府发牌照，而不是由“一行三会”发牌照，如表 2-2 所示。

---

① 《中华人民共和国反洗钱法》《金融机构大额交易和可疑交易报告管理办法》等法律法规。

表 2-2 **财政金融机制的集权—分权改革**

时期	财政集权—分权改革	金融集权—分权改革
1949 年到 20 世纪 50 年代中期	中央实行全国统一的财政收支管理体制。人、财、物和产、供、销由中央部委统一管理，体现为财政集权机制	实行单一的、高度集中的“大一统”银行体制。中国人民银行一统天下，与财政部保持密切业务联系，体现为金融集权机制
20 世纪 50 年代末到 60 年代末	除了少数中央直接管理的企业收入，其他财政收入全部划归地方。1958 年“大跃进”，计划失控，1959 年 3 月开始，中央又将下放的权力上收。在此期间，表现为财政分权机制	1958 年“大跃进”，银行实行“两放、三统、一包”新体制。在农村，规定银行机构和人员全部下放人民公社，与农村信用社合并。1959 年 6 月，收回下放的营业场所重归银行管理，与人民公社信用部分开。这一时期总体上体现为金融分权机制
20 世纪 70 年代	1971—1973 年，中央对地方实行收支包干的体制。1976 年又重新集中。1977 年开始，江苏、四川开始实行包干分成制。体现为财政分权机制	1967 年，中国人民银行总行和财政部合署办公。1971 年开始将省和省以下银行机构与财政分开恢复原来系统。1977 年，中国人民银行总行与财政部分开，实行垂直领导。这一时期总体上体现为金融集权机制
20 世纪 80 年代到 90 年代中期	中央实行“收支划分、分级包干”的财政管理体制，从原来的“大锅饭”过渡到“分灶吃饭”的新体制。除了推行财政包干制以外，中央大规模下放了经济管理权限，“条条为主”逐渐过渡为“块块为主”。体现为财政分权机制	成立中、农、工、建四大银行，分支行高管的任命权掌握在地方政府手中。1986 年后，成立了一批总行设置在地方的全国性股份制商业银行，人事任命权也主要掌握在地方政府手中。这一时期总体上体现为金融显性集权、隐性分权机制
20 世纪 90 年代末	实行分税制改革。划分中央与地方的事权和支出，同时以税种划分中央和地方的财政收入，税收实行分级管理，成立国税局，彻底改变了过去所有税收主要依靠地方征税机关征收的做法。体现为财政分权机制	1997 年对中央银行和四大银行实行垂直管理，中央将商业银行的资金融通权基本上收到中国人民银行总行，由总行集中办理再贷款业务。专门成立金融工委实行垂直领导。1998 年中国人民银行撤销省级分行，设置九大区行。这一时期总体上体现为金融显性集权、隐性分权机制
21 世纪后	体现为财政分权机制	城市商业银行、村镇银行、小贷公司、担保公司、典当行、融资租赁公司等地方性金融机构获得快速发展；同时，地方政府搭建地方融资平台，通过发行债券、商业银行购买，间接从银行获取资金。体现为金融显性集权、隐性分权机制，地方分权倾向更为显著

资料来源：丁骋骋、傅勇：《地方政府行为、财政—金融关联与中国宏观经济波动——基于中国式分权背景的分析》。笔者有所补充归纳整理。

根据金融分权程度标准，中国金融制度应归于显性集权、隐性分权的类型，即审批、监管、救助具有显著的集权性，但实际经营却又有隐性分权特征。所以，现实中存在一定的金融分权，但没有明晰的法律界定和划分，地方政府因此可以竞争扩张，在保证自己区域金融机构资源的基础上，争夺国家金融资源，又由于责任划分不明确，而不承担相应的风险，造成区域性风险积累和系统性风险暗涌。

二 金融显性集权、隐性分权下的风险冲动与金融周期

为便于分析，本部分在金融显性集权隐性分析理论前提下，通过构建财政分权制度下地方政府理性行为选择模型，进而求解银行机构的最优行为与冒险倾向，并综合研究金融风险积累机制。

（一）地方政府行为

地方政府具有双重理性，既要满足官员个人理性，又要满足政府公职理性（苗文龙，2013）。所以，地方政府在决策政府支出规模与结构时，既要满足社会效益最大化，又要满足个人效用最大化。设政府支出为 g ，政府支出需要配套的银行贷款为 $L(g)$ ，政府支出越高、需要的配套银行贷款越多，即 $L'_g > 0$。苗文龙（2013）实证得出，“政府以权力为核心、以便利度为半径，通过财政投资，顺延银行信贷、资本市场，层层扩张，筹集资金，最终体现为货币供给的倒逼增加”，验证了政府支出与银行贷款的内在因果关系。因此，政府支出的社会效用表现为地区经济产出增加 $y(L(g),\ g)$ 。同时，地方政府在推动投资、促进增长的过程中，个人的效用满足表示为 $\gamma \times y(L(g),\ g)$ 。$0 < \gamma < 1$ 表示地方政府个人效用与社会效用的比率，即产出增加的决策和实施过程中个人从中获取的效用比率。地方政府的行为目标函数可设计为：

$$\max_g G = (1 + \gamma) \times y(L(g),\ g) \tag{2-1}$$

求解效用 G 关于政府支出 g 的导数得出：

$$\frac{\partial G}{\partial g} = (1 + \gamma)[y'_L L'_g + y'_g] \tag{2-2}$$

根据式（2-2）可知，尽管存在贷款产出的边际递减效应和政府支出产出的边际递减效应，但显然满足 $y'_L > 0$ 和 $y'_g > 0$，即产出随着贷款和政府支出的增加而增加，但产出增长幅度越来越低。因此，$\partial G/\partial g > 0$。这意味着地方政府最优选择是满足双重目的，必须最大化政府支出 g^* ，并不断寻求银行信贷、融资平台等途径。单纯从式（2-1）自身来看，为求解其最大值，理论上最优政府支出 $g^* \to +\infty$ ，但结合经济实际，g^* 达到 G 的一定比例后，不可能再大，否则将引起社会动荡。

（二）商业银行风险决策

国内银行主要收入表现为利息收入①，即贷款规模 L 乘以利率 i 。贷款利率一定程度上取决于贷款规模，贷款规模越大，贷款利率越低，即 $i'_L < 0$ 。银行贷款规模一是受项目风险变量 r 影响，$0 \leqslant r \leqslant 1$；二是受政府支出规模影响。$L$ 与 r 的关系取决于救助政策下银行的风险态度，即风险偏好、风险厌恶抑或风险中性，银行风险最后体现为发生坏账损失。因此，风险对银行的影响可表示为政策救助冲销后的坏账对经营利润的抵销。救助率为 s（救助规模/坏账规模），则考虑项目风险的银行收入为 $i[L(r, g)] \times L(r, g) \times [1 - r(1 - s)]$ 。同时，我们主要考虑政府支出 g 对银行经营的影响，不论政府支出是否最优都是影响银行经营的重要变量，所以未将最优政府支出 g^* 引入银行经营函数。政府支出对银行经营的影响渠道主要表现为政府直接控股金融机构、行政权力干预金融资源配置、通过政府融资平台获取金融资源、发行地方政府债券获取银行分支机构信贷等。银行成本 C 和薪酬 W 都主要取决于信贷规模 L 。此时，银行机构经营目标表示为：

$$\max_r \pi = i[L(r, g)] \times L(r, g) \times [1 - r(1 - s)] - C[L(r, g)] - W[L(r, g)] \tag{2-3}$$

如果 $r = 0$，则银行贷款没有任何风险，银行最优决策只与政府支出 g 有关，当政府支出 g^* 达到最优时，银行贷款亦达到最优 L^* 。政府支出包括中央和地方两个部分。从地方政府的角度看，政府支出具有“饥渴型”增加特征，地方产出和政府个人效用随着政府支出递增而增加，随着地方产出趋于某一极限值，政府支出趋于无穷大。如果 $r = 1$，表明银行贷款全部为坏账，银行收入完全取决于政府救助规模，成本和薪酬变动则取决于政府支出影响的贷款规模。在满足 $s \geqslant C + W$ 的条件下，银行贷款变为另一种形式的政府支出，同时还要“养活”银行，弥补经营支出。现实中，两种情形都极少出现，我们着重研究 $1 < r < 0$ 的情况。

此外，银行经营还需满足条件：

① 根据2011年、2012年中国各主要银行财务报表披露数据，中国工商银行、中国银行、中国建设银行、中国农业银行、交通银行、招商银行、中信银行、兴业银行、民生银行、浦发银行等利息收入和占营业收入的比重多为80%—90%。

$$i[L(r,\ g)] \times L(r,\ g) \times [1 - r(1 - s)] \geqslant W[L(r,\ g)] \quad (2-4)$$

式（2-4）表明，银行贷款收入只要能满足薪酬支出就能经营，以前期固定成本的损耗殆尽为终结期限。因此，银行可以通过提高薪酬收入降低税前利润。

为考察风险变量对银行利润的影响，首先对函数模型式（2-3）求解 r 的导数得出：

$$\frac{\partial \pi}{\partial r} = [i'_L L'_r L + iL'_r]\ [1 - r(1 - s)] - iL(1 - s) - C'_L L'_r - W'_L L'_r = 0 \quad (2-5)$$

式（2-5）的经济含义为：在银行取得最大利润之前，总是通过提高贷款项目风险、增加贷款收入和救助收入，冲销高额的经营成本和薪酬成本；随着贷款风险增加，救助抵销后的坏账损失提升，银行利润逐渐趋于最大值。

为考察政府支出对银行经营利润的影响，求解模型式（2-3）关于 g 的导数得出：

$$\frac{\partial \pi}{\partial g} = [i'_L L'_g L + iL'_g]\ [1 - r(1 - s)] - iL(1 - s)\,r'_g - C'_L L'_g - W'_L L'_g = 0 \quad (2-6)$$

根据式（2-5）、式（2-6）求解得出：

$$r_1^* = \frac{i'_L L'_r L + iL'_r - iL(1 - s) - C'_L L'_r - W'_L L'_r}{(i'_L L'_r L + iL'_r)(1 - s)} \quad (2-7)$$

$$r_2^* = \frac{i'_L L'_g L + iL'_g - iL(1 - s)\,r'_g - C'_L L'_g - W'_L L'_g}{(i'_L L'_g L + iL'_g)(1 - s)} \quad (2-8)$$

为简化分析，可对式（2-7）和式（2-8）进行形式转化。令 $\varepsilon_{iL} = \frac{i'_L}{i}L$，表示银行贷款的利率弹性，即在一定经济状况和金融市场下银行贷款利率变动对贷款变动的反应程度，它主要衡量了贷款规模对利率的影响，显然，ε_{iL} 主要由市场资金供求外在决定。$\varepsilon_{rL} = \frac{L'_r}{L}r$，表示项目风险的贷款弹性，即在一定经济环境下贷款规模变动对贷款项目风险状况变动的反应程度，主要衡量贷款风险对贷款规模的影响，显然，ε_{rL} 主要由政治影响、救助政策和管理技术决定。$m = \frac{i - C'_L - W'_L}{i}$ 表示贷款市场垄断程度，反映银行对市场贷款规模和定价能力的影响程度，m 主要由长期经济制度决定。$\varepsilon_{Lg}=\frac{L'_g}{L}g$ 表示政府支出的银行贷款弹性，反映政府支出变动对银行贷款变动的影响。此时，式（2-7）、式（2-8）可分别演化为：

$$r_1^*=\frac{\varepsilon_{iL}\varepsilon_{rL}+m\varepsilon_{rL}}{(\varepsilon_{iL}\varepsilon_{rL}+\varepsilon_{rL}+1)\times(1-s)} \tag{2-9}$$

$$r_2^*=\frac{\varepsilon_{iL}\varepsilon_{Lg}+m\varepsilon_{Lg}}{(\varepsilon_{iL}\varepsilon_{Lg}+\varepsilon_{Lg}+\varepsilon_{rg})\times(1-s)} \tag{2-10}$$

r_1^* 是商业银行从风险最小化角度考虑的利润最大化时的风险决策值，此时可能并非是兼顾政府支出的最大利润；r_2^* 是商业银行根据政府支出水平决定的利润最大化时的风险值，此时并非意味着风险最小。因此，这两者取值可能并不一致。如果要商业银行在满足一定政府支出水平上的风险最小，必须满足条件：

$$\frac{\varepsilon_{iL}\varepsilon_{rL}+m\varepsilon_{rL}}{(\varepsilon_{iL}\varepsilon_{rL}+\varepsilon_{rL}+1)\times(1-s)}=\frac{\varepsilon_{iL}\varepsilon_{Lg}+m\varepsilon_{Lg}}{(\varepsilon_{iL}\varepsilon_{Lg}+\varepsilon_{Lg}+\varepsilon_{rg})\times(1-s)}$$

从而使 $r^*=r_1{}^*=r_2^*$，同时需要 $\varepsilon_{Lg}=\varepsilon_{rg}\varepsilon_{rL}$。即使如此，这仍非实际意义上的商业银行风险最小，而是在一定政府支出水平上的风险最小，此时的银行最小风险随着政府支出水平的变化而变化，只有政府出于银行风险最小做出政府支出决策 g^*，银行才能取得实质上风险最小的最大利润。r^* 表示银行均衡风险状况。$\varepsilon_{Lg}=\varepsilon_{rg}\varepsilon_{rL}$ 的经济含义为政府支出的贷款弹性等于政府支出的风险弹性与银行贷款的风险弹性的乘积，即政府支出波动必然传染银行贷款波动，进而引致银行金融风险的振幅加剧，表现为银行坏账率与银行贷款波动率的同幅波动。

命题 2-1：政府支出波动必然引起银行贷款规模波动，而银行贷款规模的波动对银行风险水平具有显著影响。因此，政府支出波动将引致银行风险水平的变化。

证明：条件 $\varepsilon_{rL}\neq 0$、$\varepsilon_{Lg}\neq 0$、$\varepsilon_{iL}\neq 0$ 成立。$\varepsilon_{iL}\neq 0$ 表明，银行贷款规模变动对利率水平变动具有显著影响，揭示出银行信贷对市场资金需求至关重要。$\varepsilon_{Lg}\neq 0$ 表明，政府支出变动对银行信贷规模变动具有显著影响。$\varepsilon_{rL}\neq 0$ 表明，银行贷款规模的波动与其风险水平和坏账率变动密切相关。三个不等式同时成立意味着，当政府偏好营利性投资扩张时，如果政府仅依靠其他方式的融资平台，政府支出配套资金很难满足，这势必造成利率水平畸高和政府支出成本剧升。银行贷款对政府支出的积极配合，无疑缓解了政府支出的利息成本，拓宽了政府融资渠道。而这也必然激励政府力图动用政治权力干预银行信贷，使各地形成金融争夺的局面，伴随这一过程的是银行风险或显性或隐性的急剧攀升。因此，周小川（2004）统计推测，“国有商业银行的不良贷款中，约有30%不良贷款是由于受到各级政府，包括中央和地方政府的干预形成的；约有10%的不良贷款是由于国内法律环境不到位、法制观念薄弱以及一些地区执法力度较弱所导致的；约有10%的不良贷款是政府通过关停并转部分企业进行产业结构调整所形成的；约有20%的不良贷款是由于国有银行自身信贷经营不善所造成的”。“从中可以看出，除了30%的直接行政干预性不良贷款外，还有50%是由准政府的国有企业、司法部门和国家经济决策（产业结构调整）部门造成的。因此，直接以及间接的行政干预造成了80%的国有银行不良贷款”（杨洁，2010）。

命题2-2：信贷市场垄断程度越高，垄断银行的风险水平越高。

证明：求解 r^* 关于 m 的导数，得出：

$$r^{*\prime}_m = \frac{\varepsilon_{rL}}{(\varepsilon_{iL}\varepsilon_{rL} + \varepsilon_{rL} + 1) \times (1 - s)} = \frac{\varepsilon_{Lg}}{(\varepsilon_{iL}\varepsilon_{Lg} + \varepsilon_{Lg} + \varepsilon_{rg}) \times (1 - s)} > 0$$

其经济含义为：银行垄断程度高低与银行风险水平之间存在显著的正相关关系。其原因在于：一是垄断性银行无破产威胁的后顾之忧。垄断性银行一般来自于金融集权下的政府行政许可垄断，这样的银行都有国家声誉作为担保，这势必在无形中激励他们减少对风险的关注，同时可能增加将经营风险混入政策性风险的机会主义行为（杨小凯，2000）。即使国有银行改革，国家声誉淡出（周好文，2003），但其金融市场垄断地位仍会延续，只是换个称谓，实质上仍是系统重要性金融机构，其自身难以化解的风险仍然由国家进行注销。正是这个无须博弈的“大而不倒”的预期结果，解决了垄断性银行的后顾之忧。二是垄断性租金促进了“柠檬效应”。在信贷市场上具有垄断地位的银行，虽然仍遵守利率规定，但决策层可根据垄断权收取租金。因此，信贷利率可能较低，但信贷的各种“门槛费”“打点费”却可能很高。因此，算上“鞋底成本”和租金成本（张杰，1998）的银行贷款利率与民间借贷利率可能相差无几。较高的信贷利率无形中挤出了还款信用高、投资收益正常或较高的项目的信贷需求，选择了还款信用低、给付较高租金的项目。这种垄断造成的“柠檬效应”加剧了银行信贷的逆向选择和道德风险。三是银行信贷垄断权与相关利益的交换满足了决策层利益最大化，但背离了机构整体收益与风险的最优化。信贷垄断使地方政府可以集中精力进行干预，这不但便利了地方政府和垄断银行干涉、合谋，而且激励地方政府积极争取银行信贷，从全国银行信贷资金盘子中分到更多的份额。垄断性银行分支行的最优选择就是，根据当地政府政策，极力争取份额信贷规模，将经营失误归因于政策干预，联合地方政府获取政策救助。所以，垄断程度越高，垄断银行的风险水平越高。

命题 2-3：考虑到垄断因素后，利率的贷款规模弹性越高，银行风险越高。

证明：求解 r^* 关于 ε_{iL} 的导数，得出：

$$r^{*\prime}_{\varepsilon_{iL}} = \frac{(\varepsilon_{rL} + 1 - m\varepsilon_{rL})\varepsilon_{rL}}{(\varepsilon_{iL}\varepsilon_{rL} + \varepsilon_{rL} + 1)^2 \times (1-s)} = \frac{(\varepsilon_{Lg} + \varepsilon_{rg} - m\varepsilon_{Lg})\varepsilon_{Lg}}{(\varepsilon_{iL}\varepsilon_{Lg} + \varepsilon_{Lg} + \varepsilon_{rg})^2 \times (1-s)} > 0$$

其经济含义为：银行贷款利率波动对银行贷款规模变化非常敏感，银行贷款规模加速增加，引起银行贷款利率以更高的加速度增加，贷款利率包含了风险因素，暗示利率中的风险状况加速恶化，贷款的风险弹性上升将推动银行风险水平上升。其原因在于：银行垄断提高了银行利率的信贷弹性，银行信贷规模的风吹草动都会引发利率的显著变化。此时，银行有意愿将利率提高到最优垄断利率以获取最高的垄断利润。伴随信贷利率的提高，在市场经济中，“信贷配给规则”将对控制信贷风险发挥作用，将利率锁定在“好”（诚实守信、准备还款）的贷款者和“坏”（信用低、不打算还款）的贷款者共同决定的平均信用质量贷款利率上，并结合它们拥有的资产质量作为信贷配给依据（Guttentag and Herring，1984）。相对于提高利率的“市场出清”，信贷配给的均衡更能满足优质贷款者需求、减少逆向选择风险，更为符合经济效率。而有政策救助保障的垄断银行则可以提高信贷利率水平，显然也提高了逆向选择风险。同时，若银行提升贷款利率，高的利率导致贷款者承担更多的银行不能监督的风险（道德风险），违约的可能性也会上升。Stiglitz 和 Weiss（2009）等研究表明，利率上升使银行取走贷款者更多的利息，贷款者的预期收益降低，因而常常通过冒更大的风险来改善自己的情况，结果是违约的可能性增加，银行预期损失提高。这与命题 2-3 之间存在呼应关系。

命题 2-4：考虑到垄断因素和救助因素后，银行风险的贷款规模弹性越高，银行贷款的风险水平越高。

证明：求解 r_1^* 关于 ε_{rL} 的导数，得出：

$$r_1^{*}{}'_{\varepsilon_{rL}} = \frac{\varepsilon_{iL} + m}{(\varepsilon_{iL}\varepsilon_{rL} + \varepsilon_{rL} + 1)^2 \times (1 - s)} > 0$$

其经济含义为：银行风险的贷款弹性越高，意味着银行项目风险对贷款规模越敏感，经济中贷款项目多为高风险项目，银行贷款规模增长率的稍微调整，都会引起银行风险状况的显著波动。银行贷款规模波动率提高，则银行风险变动率显著提高；银行贷款波动率降低，则银行风险变动率也显著降低。在银行信贷的顺周期（Guttentag and Herring，1984；Rajan，1994）和非对称性增长行为特征下，银行风险的信贷弹性使银行信贷规模的持续扩大提高了银行风险水平，却很少出现因信贷增长幅度降低而降低信贷风险水平的情况。

命题 2-5：对银行风险的政策性救助概率越高，银行的风险水平越高。

证明：求解 r_2^* 关于 s 的导数，可得出：

$$r_2^{*}{}'_{s} = \frac{\varepsilon_{iL} + m}{(\varepsilon_{iL} + 1) \times (1 - s)^2} > 0$$

其经济含义为：对银行风险的政策性救助概率越高，银行越是有政府财政为担保，银行高管所承担的风险责任就越低，风险意识越淡薄，风险偏好越强烈，行为短期化越显著。这一系列的连锁反应，造成银行的信用风险上升。其逻辑在于：银行发生流动性困难，国家必然及时提供救助贷款或接管，政策救助成为风险衍生、泛滥时代下银行的又一项高概率收益。一旦金融中介自身经营积累的风险有国家救助作为保障，金融中介就不会再把高风险项目引发的流动性困境视为持续经营威胁，而是作为一项潜在的高概率收益来对待，必然引发道德风险，加剧金融体系风险。近年来，银行坏账风险又有明显上升就是一个证明。

命题 2-6：政府支出的银行信贷弹性越高，银行的风险水平越高。

证明：求解 r_2^* 关于 ε_{Lg} 的导数，得出：

$$r_2^{*}{}'_{\varepsilon_{Lg}} = \frac{\varepsilon_{rg}(\varepsilon_{iL} + m)}{(\varepsilon_{iL}\varepsilon_{Lg} + \varepsilon_{Lg} + \varepsilon_{rg})^2 \times (1 - s)} > 0$$

其经济含义为：银行贷款规模对政府支出反应灵敏，则政府支出规模波动率的稍微调整，都会引起银行贷款规模波动率的显著变化。这意味着政府支出加速增加，银行贷款规模会以更高的加速度增加，并引起银行风险水平的剧烈恶化；银行支出加速减少，银行贷款规模会以更高的加速度降低，并引起银行风险水平的明显改良。其原因在于：政府支出波动引发银行信贷波动的程度越高，政府对银行经营干预作用越显著。在经济赶超阶段，政府出于泛利性和自利性偏好，都具有"投资饥渴"的特征，政府投资成为推动经济增长的第一动力，使经济逐渐产生政府投资依赖。在政府干预下，银行难以选择贷款项目，或者更愿意选择政府类项目。贷款的政策化、集中化加剧了期限错配等风险，加上上文论述的道德风险、垄断风险等因素，政府支出成为推动银行风险上升的一个征兆性指标。

上述推理证明，在金融显性集权、隐性分权制度下，地方政府为满足双重目的不断扩张政府支出，这必然引起银行贷款规模的加速增加，社会风险低的贷款项目减少，银行风险的贷款弹性上升，使银行风险状况急剧恶化。这也从金融资源分配的视角证明了地方发展型政府的行为逻辑及制度基础①。同时，国内信贷市场具有显著的行政垄断特征，而这将促使银行与地方政府联合，在中央救助充分保障的情况下，无形中增加高风险投资项目（何德旭等，2013）。这也从侧面证明了救助率越高银行风险越高的内在逻辑。

第三节　金融风险、政府行为与金融周期

一　动态博弈中金融机构的长期最优

在政府权力博弈下，金融机构长期经营策略分为两种：拒绝政府、自主经营，听从政令、联合政府（见图 2-2）。

如果将政府、金融机构（商业银行）、中央银行、监管机构放入长期博弈中，面对强大的政府影响，商业银行决策者从自利性角度的占优选择是听从政令，在总行机构授权范围内尽力满足当地政府的融资需求和贷款摊派。这种选择既"讲了政治"，又规避了贷款项目选择失误风险，即使形成坏账，也可以联合政府（特别是当地政府），获取政策救助，并且可以将自身经营失误的风险损失一股脑地转嫁给社会，这种策略选择从金融

① 郁建兴、高翔：《地方发展型政府的行为逻辑及制度基础》，《中国社会科学》2012 年第 5 期。

机构（银行）单位角度来说得到了业务开展、当地政府配套便利等利益，从管理者角度来说可以打下人脉关系，增加现实收益和预期收益。

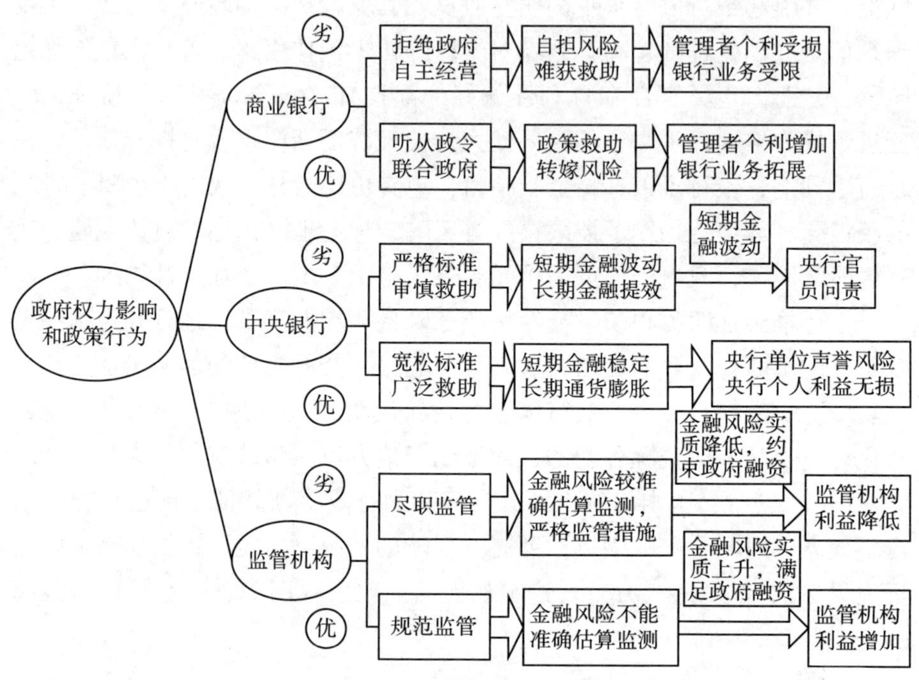

图 2-2 政府权力与多部门长期博弈均衡

如果从金融系统长期效率与稳定角度分析，商业银行的占优选择是拒绝满足当地政府融资扩张、自主根据项目风险进行贷款审批，这可以从整体上提高金融系统的经营效率、降低经营风险，但这种选择使银行自己承担了经营失误风险，获取最后贷款和政策救助的难度大大提升，同时管理者个人利益及预期都受到影响，银行在当地的便利程度降低、业务拓展受限。显然，满足理性人条件下的经营者长期占优策略是前者，现实的选择是符合这一假设的。

谭劲松等（2012）“以国内某国有商业银行 1988—2005 年的全部剥离不良资产数据为初始样本进行研究发现，政府干预是银行不良贷款产生的主要原因”。进而推理得出，“政治晋升锦标赛的激励、地方分权和财政分成制的改革构成了政府干预的动机和能力，这种干预由于企业产权和地区市场化程度的不同而在不良贷款形成中有所差异，具体来说国有企业比非国有企业有着更高的不良贷款、更长的贷款期限和更低的担保系数；

企业所在地区市场化程度越高，不良贷款越少，贷款期限越短，担保系数越高，而地区法制环境好坏在其中起着最为重要的作用，而且国有企业性质的存在会削弱地区法制管制对不良贷款产生的抑制效果”。因此，面对政府权力，金融机构的选择就是依政府所好行事。钱先航、曹廷求、李维安（2011）以城商行样本数据进行实证研究表明，地方晋升压力和市委书记任期会增加中长期贷款、房地产行业贷款，同时提高贷款集中度、关联贷款和不良贷款率。

二　动态博弈中监管机构的长期最优

政府权力博弈下，监管机构长期策略分为两种：尽职监管、规范监管。

监管机构面对政府权力影响，长期内的占优选择是根据法规、规范监管。由于监管规定不可能面面俱到，而且金融创新层出不穷，“由此而造成的信息约束、信息处理严重影响了监管效率。雪上加霜的是，监管当局信息挖掘的能力无法跟上金融创新的步伐，风险积累态势不能得到准确监控，几乎坐以待‘危’”（苗文龙，2010）。即使是《巴塞尔协议》，也主要靠监管当局尽职监管和银行的主动防控风险，这样监管机构的占优选择是既可以出色完成法定职责，又可以延缓金融风险爆发，还能够打下人脉关系，而符合这些占优选择的方法就是根据法规、规范监管。监管机构的占优选择纵容银行满足当地政府贷款融资，对金融风险难以准确估算，而且也不允许准确估算，无形中助推了系统性金融风险上升，但监管机构现实利益却可以不受损害，甚至实现潜在收益或预期收益上升。

从国家利益和金融体系效率来讲，监管机构占优选择是尽职监管，不仅是依据法规认真进行监管，而且要寻找现有监管规定的缺陷，根据风险隐患改进监管方法，这可能会约束或影响当地政府融资需求满足程度，降低监管机构在当地的便利度和预期收益，但却在一定程度上降低了潜在风险。并且，金融风险与监管机构无直接责任关系，因此也不必为金融风险操劳费心。

三　动态博弈中中央银行的长期最优

政府权力博弈下，中央银行长期稳定策略分为两种：严格标准、审慎救助，宽松标准、广泛救助。

在政府、银行、监管等部门的占优选择下，面对金融风险积累与传染，中央银行的长期占优选择是宽松救助标准、广泛实施救助。这种占优选择短期内保证了金融稳定，长期却造成了通货膨胀，受损的是央行声誉，央行管理者利益却丝毫不损。如果严格标准、审慎救助，提高救助的门槛，促使银行机构审慎选择项目、主动降低风险，经营失误则风险自担，对一些机构不实施救助，这些机构必然经营动荡，短期内将影响到金融稳定。虽然长期有利于金融效率提升和风险降低，但政府的维稳偏好可能不会等央行管理措施长期显效，就对央行官员进行问责，再加上银行与当地政府联合游说可以从上层给央行施加压力。一个想要最大化社会福利的中央政府有意愿对陷入财政金融危机的地区施以援助之手。因此，中央银行作为中央政府的一个隶属行政部门，其占优选择是宽泛救助。

根据上述分析，面对政府的权力和决策，各部门的长期占优选择是服从政令、满足需求、保障现实利益。如果地方政府与中央政府政策发生冲突，中央银行、金融机构、监管机构等部门的分支机构占优选择是既要满足当地政府需求，又要执行中央规定，在中央与地方之间寻找平衡点。

上述金融部门博弈策略选择的综合效应表现为：政府行为变量对金融周期波动会产生至关重要的影响，银行风险积累与消除的周期波动表现为现实中金融变量的周期波动，使金融周期具有显著宏观经济政策效应。

第四节　金融变量的选择

研究金融周期比较常用的一个方法是根据金融变量与宏观经济变量之间的关系密切程度寻找主要金融变量，进而构建金融状况指数（Financial Condition Index，FCI）（Dudley and Hatzius，2000；Goodhart and Hofmann，2001；Montagnoli et al.，2005；Swiston，2008；李成等，2010；苗文龙、严复雷，2012；邓创、徐曼，2014；等等）。但本书不再通过构建金融状况指数来研究金融周期，而是直接观察金融市场的核心变量，原因主要有以下三点：

一是本书研究目的在于观察核心金融变量波动规律及其对各行业经济波动的影响，不同的金融变量在不同行业发挥的作用不同，如果一概而论地构建金融综合指标，虽然有利于判断金融整体对各行业的冲击，但不利于后期细分、精确引导各金融变量对行业的正向作用，也不利于利用金融工具推动经济结构优化。

二是金融状况指数的构成变量之间没有成熟清晰的理论逻辑关系，将资金收益率（利率）、货币兑换比例（汇率）、价格波动情况（房产价格指数）、规模增长情况（信贷增长率）等计算口径不一的指标放在一起，理论依据不足。

三是变量选取的多寡不一、意见纷呈，例如 English 等（2005）构建的金融状况指数包含了 20 多项指标，Vonen（2011）构建的金融状况指数只包含了 13 项指标，Claessens 等（2012）只用了 3 个指标来描述金融周期。本书则根据文献验证效果和实际运行情况选择解释变量。

根据研究文献，本书描述金融状况的主要变量有：价格类金融变量和数量类金融变量。本书通过这些金融变量，观察金融周期规律特征，为经济决策和政策决策提供参考（见表 2-3）。

表 2-3　主要金融指标

类型	变量	指标
价格类金融变量	银行间同业拆借利率	隔夜同业拆借利率 7 天同业拆借利率 1 个月同业拆借利率 3 个月同业拆借利率 1 年同业拆借利率
	存款利率	3 个月存款利率 6 个月存款利率 1 年期存款利率 3 年期存款利率 5 年期存款利率
	贷款利率	3 个月贷款利率 6 个月贷款利率 1 年期贷款利率 3 年期贷款利率 5 年期贷款利率
	股票指数	上海 A 股综合收盘指数 上海 B 股综合收盘指数 深圳 A 股综合收盘指数 深圳 B 股综合收盘指数

续表

类型	变量	指标
数量类金融变量	货币量	M_0，M_1，M_2
	存款规模	储蓄存款、企业存款、政府存款
	贷款规模	活期贷款、定期贷款
	债券规模	1 年期债券、5 年期债券、10 年期债券
	股票流动市值	月度末沪深股市流动股市值

本章小结

金融周期内生于经济波动，金融运行状况本质上反映了经济结构和总量的变化状况，金融稳态路径由经济稳态路径和长期延续的金融制度决定，是经济稳态路径的反映，而经济体系内部不同集团经济势力的此消彼长导致了金融周期，类似于皮筋弹动的势能变化。如果经济保持在稳态路径上运行，需要经济主体不具有经济人理性、长期有效且无漏洞的规则、准确估算经济稳态路径参数等条件，这些条件在现实中都难以满足。因此，经济波动成为一种常态，金融作为经济的核心部分，波动也在所难免。

中国金融制度应归于显性集权、隐性分权的类型，现实中存在一定的金融分权，但没有明晰的法律界定和划分。地方政府可以竞争扩张，在保证自己区域金融机构资源的基础上争夺国家金融资源，且由于责任划分不明确，可不承担相应的风险责任，造成区域性风险积累和系统性风险暗涌，国家进行最终救助，合力形成风险冲动—风险聚集—风险膨胀—风险化解的金融周期。

理论推理证明，金融显性集权、隐性分权情况下，地方政府为满足双重目的不断扩张政府支出，这必然引起银行贷款规模的加速扩大，投资风险低的贷款项目减少，银行风险的贷款弹性上升，引发银行风险状况急剧恶化。同时，国内信贷市场具有显著的行政垄断特征，促使银行与地方政府联合，在中央救助充分保障的情况下，无形中增加了高风险投资项目。这也从侧面证明了救助率越高、银行风险越高的内在逻辑。

长期博弈策略均衡结果表明，面对政府的权力和决策，各部门的长期占优选择是服从政令、满足需求、保障现实利益。如果地方政府与中央政府政策发生冲突，中央银行、金融机构、监管机构等部门的分支机构占优选择是既要满足当地政府需求，又要执行中央规定，在中央与地方之间寻找平衡点。综合效应表现为：政府行为变量对金融周期波动产生至关重要的影响，银行风险积累与消除的周期波动表现为现实中金融变量的周期波动，使金融周期具有显著宏观经济政策效应。

第三章

中国的银行周期特征

银行经营周期与通货膨胀、经济增长等经济周期是内在统一的，因此必然具有顺周期性；银行周期加剧经济周期波动恰恰是银行理性的表现，符合经济波动规律；现有的银行监管体系在一定程度上强化了银行的周期性特征。所以，利用银行行为周期改进监管制度和监管方法才是根本，《巴塞尔协议Ⅲ》等美国次贷危机之后的制度革新都体现了这一点。

第一节　银行周期的经济内生性

一　银行负债的经济内生性

在经济繁荣期，企业生产效益好，利润增加显著，资金充裕，因此企业存款增加，进而个人收入增加，储蓄存款增长。同时，由于企业效益好，在自动调节器作用下，政府税收增加更为迅速，逆周期风向行事时，政府支出增加较慢，财政盈余增加，政府存款更为可观。因此，在经济繁荣期，银行更容易吸收社会公众存款资金。但在经济萧条期则截然相反：企业效益日渐下降，利润不断下滑，企业存款急剧下降，进而个人薪酬被削减，个人消费却未能及时调整，储蓄存款由此显著降低；政府不但税收急剧下滑，而且还要增加公共支出，保障转移支出的救助功能，弥补市场投资缺口，财政盈余甚至为负，政府存款降低。经济的波动周期决定了银行的负债周期，银行负债波动依赖于经济波动，银行负债具有经济内生性。

二　银行资产的经济内生性

在经济繁荣期，银行负债增加、资金充裕，此时企业资金加速周转，企业投资需求扩张，对银行的短期贷款和中长期贷款需求也水涨船高，因此银行的贷款规模与日俱增。企业产销两旺、效益改善，市场预期乐观，货币市场、资本市场也非常活跃，银行有更多的环境利于拓展理财、信托、金融投资等中间业务或表外业务，进一步推动银行资产规模膨胀。在经济萧条期，银行负债减少、可用资金紧缩，此时企业周转资金需求量降低，对银行贷款需求减少。即使有强烈的贷款需求，也主要用于走出经营困境，财务预期不容乐观，银行难以按照条件发放贷款。货币市场上企业债券发行困难，资本市场上股票收益惨淡，银行也难以找到更多的预期收益较好的投资项目，金融投资及表外业务大为受限。经济波动周期决定了银行的资产变动周期，银行资产波动依赖于经济状况，因此，银行资产也具有经济内生性。

三　银行利润的经济内生性

银行利息来自实体经济的利润，因此银行利润也取决于实体经济利润状况。在经济繁荣期，实体经济的投资收益率较高，即使存贷款的利率差不变，随着银行资产负债规模膨胀，利息和利润也必然增加；同时，银行的直接投资和金融投资的收益率都随着经济繁荣而上升。在经济萧条期，实体经济的利润率降低，银行资产负债规模缩小，此时银行的利息收入随之下降；同时，银行的直接投资和金融投资，无论是规模还是收益率，都大幅下降，这都使银行利润雪上加霜。银行的利润也具有经济内生性，来源于实体经济，银行的经营状况取决于经济环境条件，经济环境的波动影响银行经营状况的波动，银行周期因此也内生于经济周期。

第二节　银行行为波动的顺周期性

由于银行周期的内生性，银行行为波动表现出强烈的顺周期性，改变这种特性必须借助宏观政策调控和引导。

一　《巴塞尔新资本协议》、资本监管行为与银行资本充足率顺周期性

《巴塞尔新资本协议》改变《巴塞尔协议Ⅰ》对商业贷款采用同一权重的做法，要求采用信用评级方法对不同信用等级的贷款给予不同的风险权重。而信贷等级迁移与经济周期密切相关，在经济周期衰退期信贷等级下降很快。因此对信贷评级敏感机构的资本要求增加了资本监管的顺经济

周期波动特征。

（一）标准法

在《巴塞尔资本协议Ⅱ》框架内的标准法下，银行根据风险暴露（Exposures）的类型，如公司贷款或住房抵押贷款，采用外部信用评级（External Rating）结果将信用风险暴露划分到监管当局规定的几类档次上。按照标准法的要求，每一监管当局规定的档次对应一个固定的风险权重，商业银行最终结合风险暴露划分结果与对应的风险权重来计算所需的监管资本，与《巴塞尔资本协议Ⅰ》框架内的监管资本计算方法相比，明显地提高了监管资本要求的风险敏感性。虽然外部评级机构力图对借款人的信用等级作出“跨周期”（Through the Cycle）的评估，但相关的实证研究表明，这种做法并不是很成功，评级结果下降的可能性在衰退时期增大，而在扩张时期评级结果上升的可能性增大。所以，当采用标准法对信贷资产根据风险大小进行分类，并且据此计算监管资本要求的时候，风险权重将最终取决于外部评级机构提供的信用评级，由于外部评级结果会随着宏观经济的周期性波动而变化。因而，风险权重不再是固定不变的，它的变动会导致最低资本金要求的变化。所以，在标准法下，经济扩张时期最低资本金要求将降低，衰退时期将会增加，最终通过资本金渠道作用于银行信贷，从而加剧宏观经济的周期性波动。

（二）内部评级法

《巴塞尔资本协议Ⅱ》最主要创新之一就是提出了监管资本的 IRB 法（Internal Ratings-Based Approaches）。该方法包括两种形式，第一种是 IRB 初级法，第二种是 IRB 高级法。内部评级法与标准法的根本不同表现在：银行将重大风险因素（Risk Divers）的内部估计值作为计算监管资本的主要参数。IRB 法对风险变化会更为敏感，因而监管者也更加重视这种方法的运用。近年来，“风险为本”成为多数银行的经营理念，内部评级法也就受到越来越多的银行追捧。根据这些评级体系可以将贷款根据风险的大小进行分类，从而决定贷款定价、资本配置和损失准备计提等。毋庸讳言，目前绝大多数内部评级体系是“时点”（Point-in-Time）估计。然而，信用评级的周期不足 1 年①，意味着这些利用评级体系所得到的违约

① 选择评级周期为 1 年是出于多种原因，包括数据的可获得性、银行内部的核算周期、配置新资本和计提损失缓冲所需时间等。

率只是未来 1 年内的违约可能性。内部评级体系的这种特征表明，银行信贷资本组合的平均评级很可能会随着经济的周期性波动而变化。当经济向好的时候，平均信用评级将会改善，未来 1 年内的违约率会下降；相反，当经济不景气的时候，平均信用评级将会恶化，未来 1 年内的违约率会增加。所以，根据内部评级体系所计量的风险大小，在经济扩张时期将会减小，在经济衰退时期会增加。不难看出，采用内部评级法会显著地增大最低资本金要求的周期性波动，强化商业银行的周期性行为。

而且，银行为应对冲击或者为了向市场和监管部门发出满足监管标准的信号，将持有一定的超额资本。监管资本要求随信用评级恶化而上升时，银行将主动选择（或市场将要求）在经济状况尚好时持有更多的资本。同时，新资本协议加强监管部门监管约束，将要求银行在经济景气时增加超额资本，将资本要素与信用等级联系的做法可能放大宏观经济波动。因此，中国银行业自 2006 年开始全面执行《巴塞尔新资本协议》，资本规模（资本充足率）波动表现出逆周期特征（与价格之间存在负相关关系）。

二　经济波动与银行信贷行为的顺周期性

国外金融理论研究和实践表明，银行信贷行为具有很强的顺周期特性：在经济衰退期，银行不良资产增加，银行信贷政策趋于保守，许多没有风险、能够获利的正净现值的项目也难以获得融资，此时银行的顺周期行为会导致危机进一步恶化；在经济景气时期，因为对未来的宏观经济发展趋势、微观投资项目偿债能力、贷款利息及其他收入补偿过度乐观，银行倾向于放宽信贷政策、降低信贷标准、降低抵押物品的要求，许多负净现值的项目获得融资，因此承担了极大的信贷风险。并且，在经济上升时期，银行接受的抵押品价值显著上升，而在萧条时这些抵押商品的价值可能明显下降，这极大地助长了银行的顺周期行为。银行风险偏好的增加同样也反映在贷款价格的变化上：在经济高涨时期，一个典型的现象就是，银行通过降低贷款价格来维持或增加市场份额。因此，银行信贷政策态度在本质上有助于加强景气周期（包括周期性的景气或萧条），因而具有很强的顺周期性。

这一现象引起学者和当局的广泛关注，并试图从不同角度进行分析。Guttentag 和 Herring（1984）认为，银行信贷顺周期是灾难近视（Disaster Myopia）导致的。银行信贷规模与未来事件发生的概率有关，而未来事件一般是经济体系变动、监管模式变动、人为或自然灾害的结果，如果银行决策者不能够充分预计到未来不利事件的影响，则倾向于信贷扩张，而当事件发生后，又倾向于大规模削减贷款。Rajan（1994）认为，银行之所以在经济扩张时期向净现值为负的项目贷款，原因在于银行的羊群效应（Herd Behavior）：如果整个行业都犯同样错误，错误信贷决策往往得到宽容；如果银行不断丧失市场份额，与竞争对手相比收入增长不理想，银行经理可能遭到解聘。因此，银行信贷经理有很强的意愿模仿竞争对手行为，从而在总量上放大了贷款扩张和收缩行为。对自身声誉的考虑和短期目标的行为盛行可以解释上述两类信贷错误。

银行股东与经理之间的委托—代理关系可以解释贷款增长率过度波动。银行经理层在为股东创造回报的同时，也可能从事与银行价值最大化无关但可以带来私人好处的活动，其中一项活动便是通过过度信贷增长提高银行和经理的社会地位，扩大经理在一个持续膨胀的机构中的权力。如果经理的报酬更多地与快速增长挂钩而偏离盈利目标，那么“速度情节”和“规模偏好”将更加明显。记忆惯性假说（Institutional Memory）认为，在不良贷款高峰期后，随着时间推移，信贷审批人员避免向高风险借款人放贷的技能越来越弱，这主要由以下两个因素决定：一是随着老员工不断退休或离开，银行不断补充新的年轻员工，经历过以前不良资产高峰的信贷审批人员比例下降，从而导致经验丧失。二是一些信贷审批人员可能淡忘以前不良资产高峰的教训，而且时间越长，忘记越多。再加上资本监管压力，银行的“理性选择”就是在经济紧缩期配置更多的资本，而在经济上升期配置较少的资本，这种行为导致经济紧缩期的信贷更加紧缩，经济上升期的信贷更加宽松，进一步强化了经济周期波动，而不是缓和或平抑经济周期波动。因此，中国的银行信贷规模及波动具有顺周期特征。

三　银行坏账拨付的顺周期性

银行在贷款收益高于预期时将增加坏账准备，在收益低于预期时减少坏账准备，从而使经济周期修匀收益。然而，在信息不充分条件下，金融机构的决策是主观的，具有不确定性——金融机构不能正确区分基础性因素冲击和随机性因素冲击。信息成本使所有借款人的信用评估成本对银行而言均过高，建立全部的贷款回报可能性分布是不现实的，银行只能使用有限信息对贷款组合作一个主观的评价，也就不可能建立丝毫不差的坏账准备。因此，银行无法区分随机性错误和系统性错误，导致最终的收益分布不确定，可能出现资本金不足和坏账准备不充分。Guttentag 和 Herring (1986) 分析认为，银行在经济周期中存在灾难近视（Disaster Myopia）和认知不一致（Cognitive Dissonance）行为，进而导致坏账拨付的顺周期性。银行管理者一般使用记忆中已有事件来估计各种可能性的概率，有证据显示，人更容易记起经常性事件而非偶然性事件；而且银行管理者非常注重效率，如果某种特殊后果的可能性很小，往往被忽略不计。以上两点叠加，使银行往往低估风险，导致坏账准备不足，即产生灾难近视。银行面对的是一个不确定的世界，信息不充分增加了判断错误的可能性和对出错信息指示的反应滞后，即认知不一致。显然，准备金计提本身就成为信贷周期的一部分。信贷周期理论指出，无效市场前提下，银行的贷款准备金操作不仅不会逆周期修匀收益，反而会顺周期变化：在经济过热时扩大信贷，而在经济收缩时削减信贷，加剧宏观经济的膨胀或紧缩。因此，中国的银行坏账准备金拨付规模具有顺周期特征。

第三节　计量模型

一　H-P 滤波法——趋势与周期的简单刻画

H-P 滤波是一种时间序列在状态空间中的分解方法（Hodrick and Prescott，1997），相当于极小化波动方差的线性滤波。对于时间序列 Y_t（$t=1, 2, \cdots, T$）而言，H-P 滤波是选择满足下式的趋势成分 Y_t^T：

$$\min\left\{\sum (Y_t - Y_t^T)^2 + \lambda \sum [(Y_{t+1}^T - Y_t^T) - (Y_t^T - Y_{t-1}^T)]^2\right\},\ t = 1, \cdots, T \tag{3-1}$$

其中，λ 是对趋势当中变化程度给予的权重，它的最优选择是 $\lambda = \frac{\sigma_1^2}{\sigma_2^2}$，$\sigma_1^2$、$\sigma_2^2$ 分别是时间序列当中趋势成分和周期成分的标准差。那么周期成分为：$CY_t = Y_t - Y_t^T$。

二　谱分析——周期同步比较

（一）单变量谱分析

研究时间序列周期结构的另外一个可行方法是谱分析技术，其基本思想为：任意一个平稳随机序列 X_t 的功率谱密度函数的自协方差函数 $\gamma(\tau)$，

$(\tau=0, \pm 1, \pm 2, \cdots)$，其傅里叶变换为 $f_x(\omega)=\frac{1}{2}\sum_{\tau=-\infty}^{+\infty}\gamma(\tau)e^{-i\omega\tau}$，$\omega\in[-\pi, +\pi]$，同时有 $\gamma(\tau)=\int_{-\pi}^{+\pi}f(\omega)e^{-i\omega\tau}d_\omega$。当 $\tau=0$ 时，意味着序列方差大小等于覆盖于功率谱密度曲线下的全部面积，即：

$$\delta_x^2=\gamma(0)=\int_{-\pi}^{+\pi}f(\omega)d_\omega \tag{3-2}$$

定义两时间序列 X_t、Y_t 的交叉谱为 $f_{xy}(\omega)=\sum_{r=-\infty}^{\infty}\gamma_{XY}(\tau)e^{-i\omega\tau}$，其中，$\gamma_{XY}(\tau)=\mathrm{cov}(X_t, Y_{t-\tau})$ 为两序列的协方差函数。

通常应用最大熵原理（Maximum Entropy Principle）来估计序列的谱密度函数，即：

$$\hat{f}_x(\omega)=\frac{1}{2\pi}\frac{\hat{\delta}_x^2}{|1+\sum_{j=1}^{p}\alpha_j e^{-i\omega j}|} \tag{3-3}$$

其中，α_1，…，α_p 表示 p 阶 AR 模型的参数，阶数 p 根据 AIC 准则确定，$\hat{\delta}_x^2$ 为模型残差的方差。谱分析要求经济时间序列平稳，采用上文所述 H-P 滤波来分解序列的平稳成分。

$$HP(L)=\frac{\lambda(1-L)^2(1-L^{-1})^2}{1+\lambda(1-L)^2(1-L^{-1})^2}$$

其中，L 为后移算子，且 $L^n y_t=y_{t-n}$，$n\neq 0$；λ 为参数，设 $\lambda=5$（Pedersen，2001）。

（二）交叉谱分析

类似于单变量谱分析，定义任意两时间序列 X_t 和 Y_t 的交叉谱为 $f_{xy}(\omega)=\sum_{r=-\infty}^{\infty}\gamma_{XY}(\tau)e^{-i\omega\tau}$，$\gamma_{XY}(\tau)=\mathrm{cov}(X_t, Y_{t-\tau})$ 为两序列的协方差函数。通常 $\gamma_{XY}(\tau)=\gamma_{XY}(-\tau)$，因此 $f_{xy}(\omega)$ 为复值函数。双变量谱估计（A' Hearn and Woitek，2001）为：

$$\hat{F}(\omega)=\frac{1}{2\pi}A^{-1}(\omega)\sum[A^{-1}(\omega)]^*$$

其中，$\hat{F}(\omega)=\begin{pmatrix}f_{xx}(\omega) & f_{xy}(\omega)\\ f_{xy}(\omega) & f_{yy}(\omega)\end{pmatrix}$，$f_{xx}(\omega)$、$f_{yy}(\omega)$ 称为自谱（Auto-spectrum），$f_{xy}(\omega)$、$f_{yx}(\omega)$ 为交叉谱（Cross-spectrum），通常具有复数形式 $f_{jk}(\omega)=c_{jk}(\omega)-iq_{jk}(\omega)$，$(j, k=X, Y)$；$\sum$ 为二阶估计双变量 VAR

模型的方差—协方差误差矩阵；$A^{-1}(\omega)$ 为 $A(L)=I+A_1L+A_2L^2$；上标“*”表示复共轭转置。

VAR参数由Vieira-Morf方法估计（Brockwell，Dahlhaus，Trindade，2005）。定义 $sc_{jk}(\omega)=\frac{|f_{jk}(\omega)|^2}{f_{jj}(\omega)f_{kk}(\omega)}$ 为平方相关（Squared Coherence）函数，表示两个序列在任意频率 ω 处的最大可能相关程度，有 $0\leqslant sc_{jk}(\omega)\leqslant 1$。对两个时间序列来说，如果在 ω 处 $sc_{jk}(\omega)$ 的值接近1，则认为两序列相对应的成分是相关的。$\varphi_{jk}(\omega)=-\arctan[q_{jk}(\omega)]/c_{jk}(\omega)$ 称为相（Phase）函数，定义 $d(\omega)=-\frac{\mathrm{d}\varphi_{jk}(\omega)}{\mathrm{d}\omega}$，为包络延迟（Envelope Delay），表示两个时间序列相应成分之间在频率处的时间延迟。若对所有的 ω 来说，$d(\omega)$ 的值很小，则意味着整个经济周期成分的时间位移是一致的。

将序列 j 的方差在频域中分解（A'Hearn and Woitek，2001）为：

$$\underbrace{\int_{-\pi}^{\pi} f_{jj}(\omega)\mathrm{d}\omega}_{\gamma_0}=\underbrace{\int_{-\pi}^{\pi} sc_{jk}(\omega)f_{jj}(\omega)\mathrm{d}\omega}_{\text{解释变量}}+\underbrace{\int_{-\pi}^{\pi} f_u(\omega)\mathrm{d}\omega}_{\sigma_u^2}$$

其中，u 表示白噪声。等式在频域范围 $[\omega_1,\ \omega_2]$ 均成立。

三　SWARCH模型——周期关联性分析

基于汉密尔顿（Hamilton，1989）的马尔可夫转移（Markov Switching，MS）模型和Ramchand和Susmel（1998）的向量SWARCH（Switching ARCH）模型，本章在滤波分析、谱密度曲线分析的基础上，进一步构建检验通货膨胀周期与银行行为周期波动“整体关联性”和“区制关联性”的两种模型——“常相关系数模型”和“状态相关系数模型”，以更全面地刻画两者的共振关系。

（一）基于ARCH模型“整体关联性”检验的常相关系数模型

本章采取如下模型度量经济增长率与银行经营指标波动率在整个样本区间内的波动关联强度。

$$\begin{pmatrix} p_t \\ f_t \end{pmatrix}=\begin{pmatrix} \mu \\ \delta_0 \end{pmatrix}+\begin{pmatrix} \varphi & 0 \\ 0 & \delta_1 \end{pmatrix}\begin{pmatrix} p_{t-1} \\ f_{t-1} \end{pmatrix}+\begin{pmatrix} u_t \\ v_t \end{pmatrix},\quad \begin{pmatrix} u_t \\ v_t \end{pmatrix}\sim N(0,\ H_t) \tag{3-4}$$

其中，$H_t=\begin{pmatrix} h_{1t} & \rho\sqrt{h_{1t}h_{2t}} \\ \rho\sqrt{h_{1t}h_{2t}} & h_{2t} \end{pmatrix}$，$h_{1t}=\delta^2$，$h_{2t}=\alpha_0+\alpha_1 v_{t-1}^2$ 常相关系

数 ρ 度量了经济周期波动与银行经营指标波动率波动的整体相关程度；p_t 和 f_t 分别为通货膨胀率和银行经营指标波动率。

（二）基于向量 SWARCH 模型“区制关联性”检验的状态相关系数模型

通过联立具有“区制转移”性质的经济周期模型与银行经营指标波动 ARCH 模型，并引入隐变量 f_t^* 和状态相关系数 $\rho_{f_t^*}$，本章所建立的二元向量 SWARCH 模型结构如下：

$$\begin{pmatrix} p_t \\ f_t \end{pmatrix} = \begin{pmatrix} \mu_{f_t^*} \\ \delta_0 \end{pmatrix} + \begin{pmatrix} u_t \\ v_t \end{pmatrix}, \quad \begin{pmatrix} u_t \\ v_t \end{pmatrix} \sim N(0,\ H_t) \tag{3-5}$$

其中，$H_t = \begin{pmatrix} h_{1t} & \rho_{f_t^*}\sqrt{h_{1t}h_{2t}} \\ \rho_{f_t^*}\sqrt{h_{1t}h_{2t}} & h_{2t} \end{pmatrix}$，$h_{1t} = \sigma^2$，$h_{2t} = \alpha_0 f_t^* + \alpha_1 f_t^* v_{t-1}^2$。

假设：①当 $f_t^* = 1$ 时，经济处于衰退期，银行经营指标低波动；②当 $f_t^* = 2$ 时，经济处于衰退期，银行经营指标高波动；③当 $f_t^* = 3$ 时，经济处于扩张期，银行经营指标低波动；④当 $f_t^* = 4$ 时，经济处于扩张期，银行经营指标高波动。上述模型中 f^* 服从一个 4 状态的马尔可夫转移过程，它的转移概率为 $\pi_{ij} = R(f_t^* = j \mid f_{t-1}^* = i)$，$(i,\ j = 1,\ 2,\ 3,\ 4)$，其中，$\pi_{ij}$ 表示隐变量 f^* 由状态 i 转换到状态 j 的概率。

假设经济周期对银行经营具有单向“溢出作用”，采用如下三种形式的向量 SWARCH 模型转移概率矩阵：

$$\pi_0 = \begin{pmatrix} \pi & 1-\theta \\ 1-\pi & \theta \end{pmatrix}$$

$$\pi_1 = \begin{pmatrix} \pi & \pi & 0 & 0 \\ 0 & 0 & 1-\theta & 1-\theta \\ 1-\pi & 1-\pi & 0 & 0 \\ 0 & 0 & \theta & \theta \end{pmatrix}$$

$$\pi_2 = \begin{pmatrix} \pi^2+(1-\pi)(1-\theta) & \pi^2+(1-\pi)(1-\theta) & 0 & 0 \\ 0 & 0 & (1-\theta)\pi+(1-\theta)\theta & (1-\theta)\pi+(1-\theta)\theta \\ (1-\pi)\theta+(1-\pi)\pi & (1-\pi)\theta+(1-\pi)\pi & 0 & 0 \\ 0 & 0 & \theta^2+(1-\pi)(1-\theta) & \theta^2+(1-\pi)(1-\theta) \end{pmatrix}$$

π_0 表示经济周期与银行同期的转移概率矩阵；π_1 表示经济周期领先银行 1 期的转移概率矩阵；π_2 表示经济周期领先银行 2 期的转移概率矩

阵。在此基础上可扩展至领先 n 期的转移概率矩阵。由此，模型的相关系数就简化为 ρ_1 和 ρ_2，分别为经济周期处于衰退期和扩张期时与银行波动状态的相关系数。在上述假设条件下，向量 SWARCH 模型的待估参数空间简化为 $\zeta_{12}=\{\mu_1,\mu_2,\delta_0,\sigma^2,\alpha_{01},\alpha_{02},\alpha_{11},\alpha_{12},\rho_1,\rho_2,\pi,\theta\}$。根据 Hamilton（1989）的滤波技术，并使用 EM 估计方法，可以给出模型参数极大似然估计，并根据滤子概率、平滑概率和稳态概率等计算公式计算出相应概率，判断不同时点隐变量 f_t^* 的取值。

第四节　实证分析

一　指标与数据

（一）银行行为指标与数据

根据一般公司的财务分析指标体系，银行行为指标有流动能力、经营能力、盈利能力等五组共 18 个指标。为简化分析，本书选择代表银行主要业务的指标——银行贷款规模（BD）、银行存款规模（BC），代表银行股东投资行为的主要指标——银行资本水平（CB）。银行存款和贷款指标的数据来源于《中国统计年鉴》和中经信息网；银行资本水平指标采用中国工商银行、中国银行、建设银行 3 家银行资本充足率的简单平均数（PJ）和 6 家上市商业银行资本充足率的简单平均数（SP）表示，根据历年《中国金融年鉴》和财务报告得出。在此基础上，计算银行贷款缺口（BDI）和银行存款缺口（BCI），即 BCI =（实际 BC－趋势 BC）÷趋势 BC×100，BDI =（实际 BD－趋势 BD）÷趋势 BD×100。

（二）经济变动指标与数据

研究文献一般用产出缺口（y）和通货膨胀指数反映经济波动。国际上计算通货膨胀的指标主要有消费者物价指数、生产者物价指数、GDP 折算指数。鉴于数据的可得性、完整性，本书采用历年《中国统计年鉴》中的物价波动指标——商品零售物价指数（RPI）。同时，用产出缺口表示经济状况，产出缺口 =（实际 GDP－实际 GDP 趋势值）÷实际 GDP 趋势值×100。相关指标数据来源于历年《中国统计年鉴》和中经信息网。

二 银行周期特征的初步判定

利用 H-P 滤波法分离各变量的趋势成分与周期成分，结果如图 3-1 所示。分析发现，虽然商品零售物价指数与产出缺口的振幅略有不同，但周期长度、周期频率、抵达周期波谷波峰的时间都非常相似。产出缺口、物价指数缺口同银行行为指标——存款缺口、贷款缺口和资本充足率之间存在周期协同现象，即银行业具有顺周期特征。

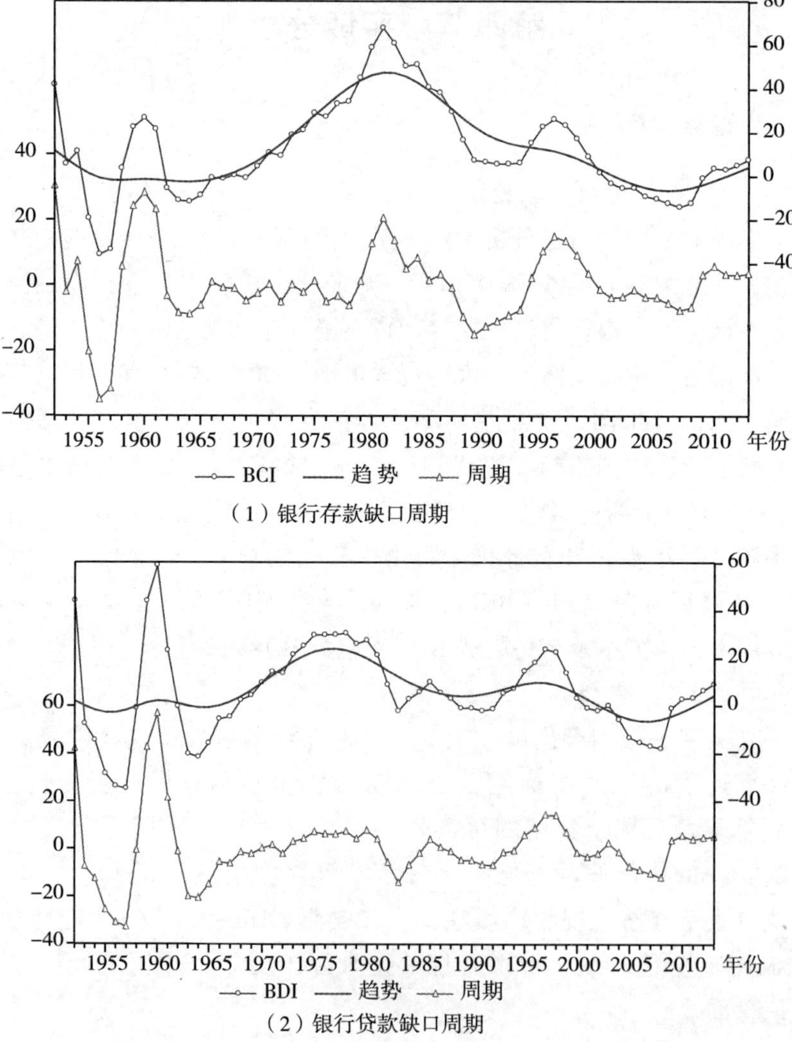

（1）银行存款缺口周期

（2）银行贷款缺口周期

图 3-1 银行行为周期、通货膨胀周期的 H-P 滤波分析（λ=100）

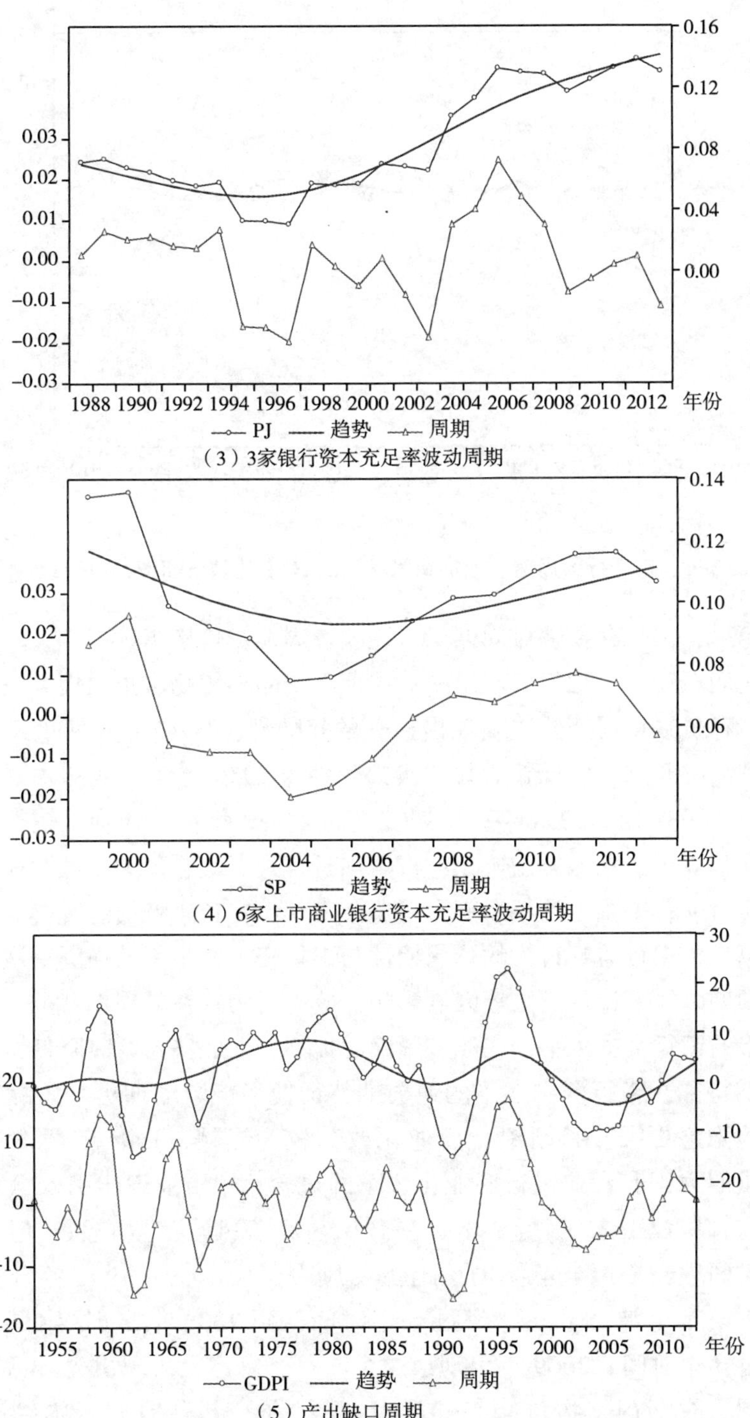

（3）3家银行资本充足率波动周期

（4）6家上市商业银行资本充足率波动周期

（5）产出缺口周期

图 3-1　银行行为周期、通货膨胀周期的 H-P 滤波分析（λ=100）（续）

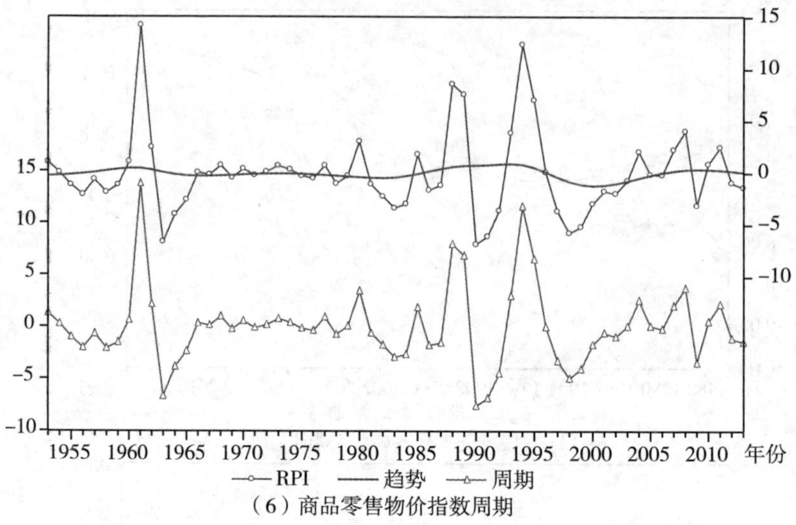

（6）商品零售物价指数周期

图 3-1 银行行为周期、通货膨胀周期的 H-P 滤波分析（λ=100）（续）

第一，银行存款缺口周期、贷款缺口周期与价格指数周期、产出缺口周期之间振动频率相似。产出缺口周期、商品零售物价指数周期波动轨迹与银行存贷缺口周期轨迹表现出显著的相似性：从 1956 年两项经济指标都达到波谷开始，出现谷值共 5 次，分别为 1956 年、1963 年左右、1983 年左右、1989 年、2008 年；周期长度为 4—10 年；上升阶段较长，在非常时期都表现出剧烈震荡迹象；将峰顶折合到谷底，顶大于底，表现出深度扩张特征；振幅近两年有变大趋势，表现出左长尾特征。

第二，银行监管行为的顺周期性与银行资本充足率的逆周期波动。受监管预期、风险计量方法等因素影响，监管行为存在顺周期特征。顺周期监管下的银行资本水平，在经济紧缩时提高，在经济繁荣时降低，表现出逆周期特征。银行资本水平的逆周期特征使经济紧缩期更加紧缩，繁荣期风险隐患更大。我国银行商业化改革较为迟缓，1994 年学术界才开始提出四大国有专业银行商业化改革的概念，银行业逐步引入《巴塞尔资本监管协议 I》，银行资本水平开始与经营风险产生联系，但在相当长的时间内国家声誉担保仍承担主要风险。从 1996—1998 年资本充足率出现第 1 个波谷开始，经过 5 年时间，到 2003 年出现第 2 个波谷，再经过 6 年时间，2009 年出现第 3 个波谷。总体上表现出先升后降的态势。同一时期内，物价指数也经历了大约 1 个多周期，波谷区域为 1998—2001 年，与银行资本变动基本相反，表现出先降后升的态势。

三　谱分析与银行业顺周期性比较

（一）单变量谱分析

物价指数与银行行为指标的单变量谱密度曲线刻画为图 3-2。首先，毋庸置疑的是，物价指数谱密度曲线显示了不同通货膨胀指标长期的同步化趋势。尽管振幅不同，但振波的频率、方向相似。其次，银行信贷变量、银行存款变量的谱密度曲线与物价指数谱密度曲线相似，进一步证实了银行顺周期特征的存在。最后，银行资本变量谱密度曲线与众不同的是，可能由于 2003 年前后国家声誉担保从显性向隐性转化等因素，出现

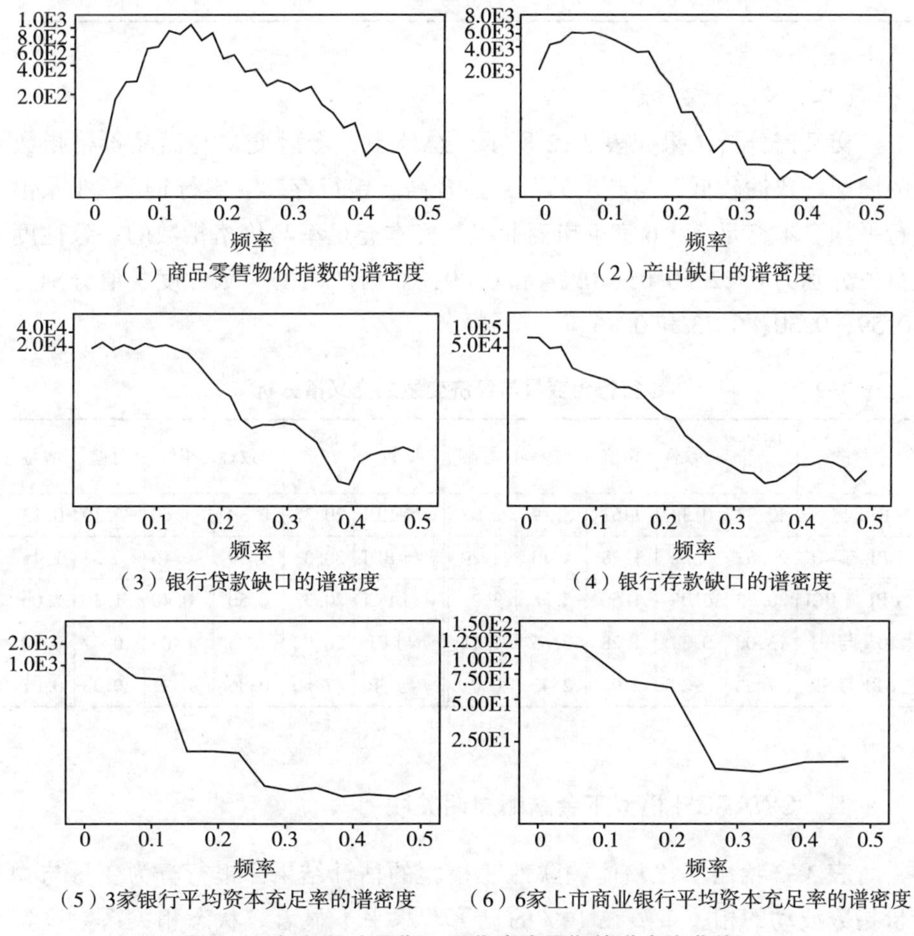

（1）商品零售物价指数的谱密度　（2）产出缺口的谱密度

（3）银行贷款缺口的谱密度　（4）银行存款缺口的谱密度

（5）3家银行平均资本充足率的谱密度　（6）6家上市商业银行平均资本充足率的谱密度

图 3-2　银行行为周期、通货膨胀周期的谱密度曲线

（窗口：Tukey-Hamming（5））

两个比较高的波峰，但从长期角度分析，表现出与前者逆向同步波动趋势。单变量谱分析结果如表 3-1 所示。

表 3-1 银行行为变量的单谱分析

变量	主周期（年）	谱密度	次周期（年）	谱密度
RPI	31. 52	132. 41	21. 27	127. 84
y	13. 76	52. 89	9. 67	59. 44
BDI	4. 11	1064. 32	3. 06	597. 51
BCI	8. 57	2742. 95	2. 95	1504. 02
PJ	2. 25	4433. 77	1. 19	4084. 56
SP	19. 87	88. 33	6. 40	99. 16

（二）交叉谱分析

交叉谱分析结果如表 3-2 所示。总体上，金融变量与商品价格指数的周期一致性较低，与产出的一致性较高。银行存款、银行贷款、3 家银行平均资本充足率、6 家上市商业银行资本充足率与价格指数的一致性度量值分别为 0. 22、0. 05、0. 34 和 0. 29，而与产出的一致性度量值分别为 0. 59、0. 50、0. 73 和 0. 86。

表 3-2 银行行为变量与经济变量的交叉谱分析

变量	周期（年）	一致性	相位	时差	增益	变量	周期（年）	一致性	相位	时差	增益
RPI 与 y	20. 33	0. 38	1. 61	5. 19	2. 98	y 与 RPI	20. 33	0. 39	−1. 60	−5. 19	0. 13
RPI 与 BDI	20. 33	0. 22	1. 28	4. 13	4. 20	y 与 BDI	20. 33	0. 59	0. 16	0. 53	1. 45
RPI 与 BCI	20. 33	0. 05	1. 66	5. 38	3. 27	y 与 BCI	20. 33	0. 50	0. 40	1. 30	2. 06
RPI 与 PJ	13. 00	0. 34	1. 28	2. 65	1. 12	y 与 PJ	26. 00	0. 73	0. 09	0. 37	0. 70
RPI 与 SP	7. 50	0. 29	2. 03	2. 43	0. 01	y 与 SP	7. 50	0. 86	0. 27	0. 33	0. 01

四 SWARCH 模型下金融顺周期关联

表 3-3 给出了“整体关联性”检验的估计结果，银行行为变量与物价指数波动的相关系数在 10%的显著性水平下显著。状态相关系数度量了证券市场收益率与经济周期之间的整体波动相关性，所以估计结果说明，银行行为周期与物价波动之间的整体相关性比较微弱。

表 3-3 区制关联性及滞后期长度敏感性估计结果

参数	BDI 与 RPI		BCI 与 RPI		PJ 与 RPI		SP 与 RPI	
	估计值	标准差	估计值	标准差	估计值	标准差	估计值	标准差
μ	0.9879	0.0201	1.0136	0.0284	0.9836	0.0251	1.0141	0.0065
φ	0.9048	0.0601	0.7641	0.1178	0.9693	0.0121	0.5587	0.1445
δ_0	1.0128	0.1323	0.3828	0.1911	0.4398	0.1482	0.3125	0.1152
δ_1	0.6858	0.3234	0.5671	0.3284	0.4645	0.1412	0.4644	0.1412
σ	0.0268	0.0253	0.0061	0.0044	0.0022	0.0025	0.0323	0.0288
α_0	0.3784	0.2548	0.4861	0.1221	0.36120	0.2767	0.8516	0.4133
α_1	0.4005	0.1133	0.4645	0.14125	0.5671	0.3284	0.5671	0.3285
ρ	0.3591	0.3225	-0.2381	0.1469	-0.1007	0.1411	0.1521	0.1163
T 值	1.1140		-1.6201		-0.7145		1.3081	
P 值	0.2701		0.1105		0.4778		0.1961	

为了检验银行行为与物价指数之间的“区制关联性”及其对于滞后期长度的敏感性，以及前者对后者依赖的“门限效应”，本章分别基于不同的转移概率矩阵 π_0、π_1、π_2，对式（3-5）进行了估计，所得估计结果包括参数估计值、P 值、似然值、Hamilton 滤子概率、Kim 平滑概率，部分结果列示在表 3-4 中。

表 3-4 中的形式Ⅰ、形式Ⅱ、形式Ⅲ的状态相关系数的估计结果，分别度量了银行行为变量分别与同期、滞后 1 期、滞后 2 期的物价指数之间的“区制相关性”。形式Ⅰ、形式Ⅱ估计结果表明，银行贷款、银行存款与通货膨胀指标同期或滞后 1 期状态相关系数的极大似然估计值均为正值，并且在 1%的显著性水平下显著，说明不管同期或滞后 1 期，经济是扩张还是衰退，银行贷款波动与通货膨胀波动都存在正相关关系；银行资本波动与通胀波动存在负相关关系，显著性水平为 5%。形式Ⅲ估计结果表明，银行贷款、银行存款与通货膨胀指标滞后 2 期状态相关系数的极大似然估计值均为负值，并且在 10%的显著性水平下显著，说明银行贷款、银行资本与通货膨胀波动之间存在比较显著的高阶滞后的“区制相关性”。扩张期银行行为变量与通货膨胀变量相关关系的显著水平略高于衰退期，说明两者之间在一定程度上存在“门槛效应”（Threshold Effect）和“非对称效应”（Asymmetric Effect）。

表 3-4 银行行为变量与物价指数的二元向量 SWARCH 模型估计结果

参数	BDI 与 RPI			BCI 与 RPI			PJ 与 RPI			SP 与 RPI		
	Ⅰ	Ⅱ	Ⅲ	Ⅰ	Ⅱ	Ⅲ	Ⅰ	Ⅱ	Ⅲ	Ⅰ	Ⅱ	Ⅲ
μ_1	0.0888	0.0888	0.0888	0.1359	0.1359	0.1359	0.0560	0.0560	0.0560	0.0007	0.0007	0.0007
μ_2	0.9882	0.9865	0.9874	0.9743	0.9743	0.9743	0.9784	0.9784	0.9784	0.0665	0.0665	0.0665
δ_0	0.0005	0.0006	0.0006	0.0001	0.0002	0.0001	0.0004	0.0004	0.0005	0.0006	0.0006	0.0007
δ^2	0.1501	0.1502	0.1506	0.1501	0.1502	0.1506	0.1501	0.1502	0.1506	0.1501	0.1502	0.1506
α_{01}	0.8965	0.8974	0.9006	0.8965	0.8974	0.9006	0.8965	0.8974	0.9006	0.8965	0.8974	0.9006
α_{02}	0.0002	0.0001	0.0002	0.0008	0.0007	0.0009	0.0001	0.0004	0.0005	0.0006	0.0007	0.0008
α_{11}	0.0001	0.0003	0.0003	0.0002	0.0004	0.0004	0.0002	0.0006	0.0008	0.0001	0.0004	0.0003
α_{12}	0.0003	0.0001	0.0002	0.0001	0.0002	0.0003	0.0003	0.0007	0.0004	0.0005	0.0001	0.0005
ρ_1	0.0818	0.0268	0.0061	0.0617	0.0529	0.0124	0.0783	0.059	0.0525	0.0609	0.1677	0.1152
ρ_2	0.0807	0.1266	0.1874	0.1250	0.0338	0.0753	0.0567	0.0767	0.1116	0.0520	0.1726	0.1402
π	0.6305	0.8695	0.8526	0.5702	0.6871	0.6962	0.7799	0.8015	0.8884	0.9982	0.9889	0.9875
θ	0.3617	0.0964	0.1474	0.4298	0.3129	0.3038	0.2201	0.1985	0.1116	0.0002	0.0003	0.0001
似然值	-199.15	-193.02	-183.14	-167.75	-162.12	-161.84	-133.79	-125.18	-123.97	28.55	42.78	29.51

注：ρ_1 为经济扩张期通货膨胀与银行行为的相关系数，ρ_2 为经济衰退期通货膨胀与银行行为的相关系数；Ⅰ、Ⅱ、Ⅲ分别表示转移概率矩阵为 π_0、π_1、π_2 时模型估计。

第五节　对检验结果的进一步分析

一　银行信贷规模顺周期特征显著

根据相关资料，从“一五”开始，银行信贷规模就表现出顺周期特征。1949 年以后第 1 轮经济周期从 1953 年开始，全国进入全面发展阶段，银行信贷资金实行“统收统支，集中管理”和“统一领导，统一计划，划分职权，分级管理”的办法，年度信贷计划编制与审批实行“双线”管理，在保持信贷收支平衡的前提下，实现了经济健康增长和物价水平平稳。商品零售物价指数从 1953 年的 103.4%开始，在短期内有所回落。1957 年下半年开始的“赶英超美”思想，导致了 1958 年的“大跃进”运动。银行信贷陷入“要多少给多少，什么时候要什么时候给”的盲目冲动，信贷计划管理实行“存贷下放，差额管理，统一调度”的管理办法，导致“放卫星”“指山买矿，指塘买鱼”的资金大敞口，信贷规模管理严重失控，从 1953 年的 134.6 亿元开始爬升，1960 年达到峰值 969.2 亿元；商品零售物价指数从 1956 年的 100%上升到 1960 年的 103.1%（不包括隐性通胀）。中共中央从 1959 年下半年起开始采取措施控制经济金融中的盲目冲动，1960 年提出“调整、巩固、充实、提高”八字方针对国民经济实行全面调整。1961 年 4 月，中国人民银行发出《关于改变信贷管理体制的通知》，改变“差额包干”管理办法，加强季度计划管理。各省、市分行要按年、按季编制信贷计划，报中国人民银行总行核定并按总行批准的季度计划放款，各项放款指标不得相互流用且超计划要由中国人民银行总行批准。但由于天灾人祸等因素（自然灾害和苏联单方面毁约撤走专家），物价达到峰值（116.2%）。此后商品零售物价指数开始回落，1963 年到达谷底 94.1%。银行信贷相应地从 1960 年的 969.2 亿元回落到 1963 年谷值 568 亿元。经过近 20 年的小幅震荡后，1978 年 12 月的中共十一届三中全会提出，实行经济“调整、改革、整顿、提高”八字方针，银行贷款增速从 1979 年开始回落。1979 年 3 月，陈云同志提出了“计划调节与市场调节相结合”的思想，开始了利用市场的探索。1979 年粮食统购价上调 20%，超购部分再加价 50%，其他农产品收购价也相应调整，平均收购价上升 22.1%（包括加价因素上升 25.7%）。此后开始回落，1988 年出现第一次较严重的通货膨胀，商品零售物价指数为 118.5%。其间，银行信贷规模一直处于上升态势，1989 年信贷增长率达峰值 36.09%。信贷增长率、商品零售物价指数分别在 1995 年、1994 年又达到第二次峰值 26.43%和 121.7%。1999 年商口零售物价指数达谷值 97%，信贷波动率于 2000 年达谷值 6%。此后，截至 2007 年，两者皆处于上升阶段。

二　银行资本规模顺周期特征逐渐显现

我国银行资本充足情况可基本分为三个阶段：一是 1997 年之前，市场对中国商业银行资本充足率的预期要显著地低于 8%的基准线；二是 1997—2002 年，银行总体的资本充足率的预期一直徘徊在 8%的基准线左右；三是 2002 年之后，这一指标水平持续高于 8%的水平。这一变化情况除了归因于银行行为周期特征，还主要归因于国家体制转轨的重要政策举措。

我国《商业银行资本充足率管理办法》是于 2004 年 3 月颁布实施的。在此之前，虽然 1995 年的《商业银行法》和 1996 年的《商业银行资产负债比例管理监控、监测指标和考核办法》原则上规定了商业银行的资本充足率不得低于 8%以及相应的计算方法，但是实践中在诸多方面放宽了标准，对于资本充足率偏低的银行，也没有规定明确的监管措施，资本充足率监管并未得到严格执行，监管当局在对商业银行尤其是国有商业银行的资本监管上选择了监管宽容，在商业银行的资本监管上存在软约束（孙健夫、王海燕，1997）。同时，由于长期以来我国商业银行的资本补充渠道较为单一、盈利水平较低等，缺少提高资本充足程度的约束和激励，导致部分商业银行特别是国有商业银行资本充足率偏低（张丽华，2004）。由于我国商业银行产权结构的特殊性，资本不足的银行主要是国有商业银行和地方政府直接控制的银行（吴栋、周建平，2006），这决定了银行监管机构完全遵循国际监管经验而采取限制经营业务领域、征收较高的存款保险费、关闭或者被其他银行兼并等严厉惩罚措施时存在着不同寻常的各种阻力。中国的存款保险制度经历了 15 年的研究才开始实质性实施。因此，上文的计量检验中银行资本波动的谱密度曲线与众不同地存在两个峰波，在关联检验中显著性水平较低。

随着我国银行的商业化、国际化发展，银行业也在推进商业化改革和产权制度变革，商业银行逐渐成为自主经营、自负盈亏的市场主体，更加重视利润和收益等绩效指标，通过扩大资产规模和提高贷款等盈利资产的占比，达到提高收益的目的（高洪星、杨大勇，2000）。国际上较为通用的银行监管协议——《巴塞尔协议》对监管行为及银行经营的影响日益显著，特别是我国银行业面临2006年全面开放、完全执行《巴塞尔新资本协议》的要求，资本充足率问题的解决迫在眉睫。我国在2003年之后实施了一系列有力的救助①，对提高银行资本水平、改善资本结构起到了显著作用（苗文龙，2007）；同时，经济形式的好转、银行经营利润的剧增使资本水平显著提升，而且超过了资本协议的监管标准线。图3-3、图3-4刻画了我国银行业资本充足率变动情况。以风险为基础的监管逆经济周期行为导致银行资本的逆周期波动的效果逐渐显现。

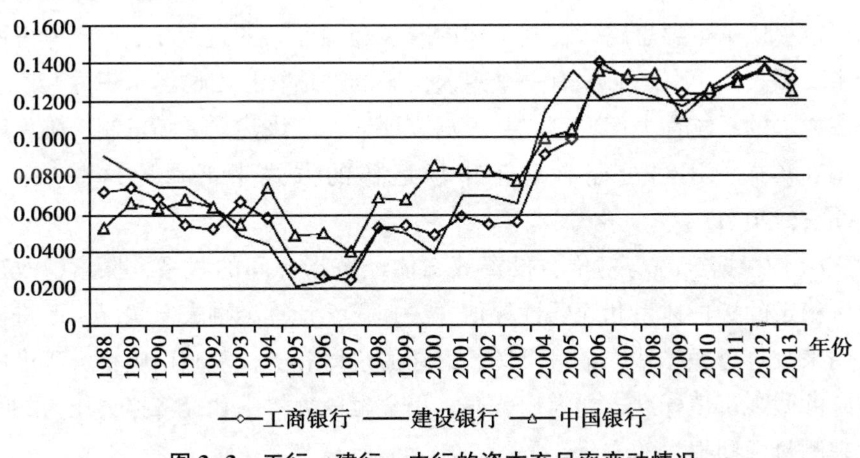

图3-3 工行、建行、中行的资本充足率变动情况

① 1998年财政部发行2700亿元特种国债，补充四大国有商业银行的资本金；1999年，成立了四大资产管理公司，剥离四大国有商业银行的1.4万亿元不良资产；2004年1月7日，国务院决定动用450亿美元国家外汇储备，补充中国银行和中国建设银行实施股份制改造所需的资本金。

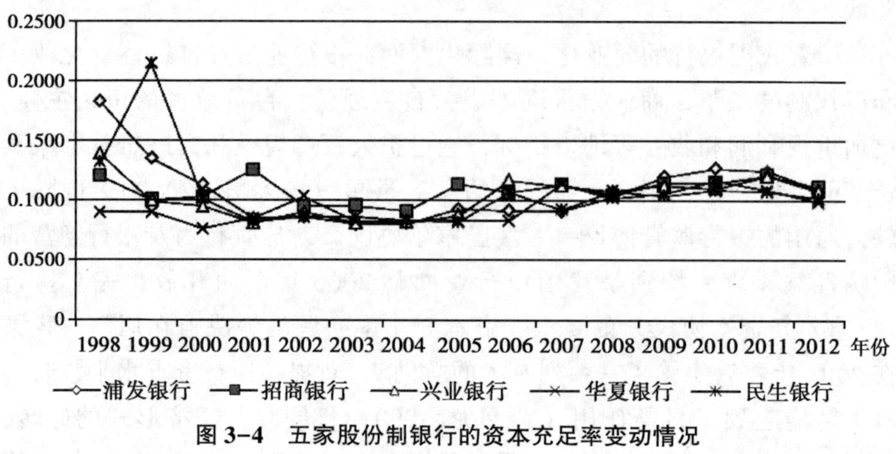

图 3-4 五家股份制银行的资本充足率变动情况

第六节 初步建议

银行表现出的顺周期特征为我们在统一政策框架下治理金融稳定与货币稳定提供了重要思路。在制定国内宏观金融框架的过程中，“要考虑两个主要因素：第一，必须有一个令人信服的评估，指出已经出现并会产生经济成本的系统性失衡；第二，根据该评估，应该建立激励机制，确保政策得到实施，用尽可能有利于市场运作的方式来抵消掉这些风险”（White，2006）。

（1）根据金融与物价、投资等实体经济指标间的联系，探索、改进金融稳定的指标体系和脆弱性评估方法，科学计算金融失衡状况。改进以前用来改善金融体系、金融市场、潜在的法律和支付基础设施稳健程度的传统的微观审慎标准，如人们普遍采用金融压力概率和经济损失压力的乘积来测量预期损失的变化。

（2）在整个经济周期中，应该以更为对称的方式实施货币政策和监管政策，使治理通胀的货币政策和治理失衡的稳定政策并行不悖。在经济上升期，应该积累更多的资本。这样，不仅有助于抑制信贷过剩，还可以在经济形势不好的时候降低资本要求，使经济避免受到信贷紧缩的冲击。在信贷增长过快时采取从紧的货币政策可以缓解信贷过剩的压力，将来也没有必要突然实施可能导致“流动性陷阱”问题的扩张性货币政策。

在实际操作中，可以通过多种方式实施更为对称的监管政策。如果监管者经科学分析论证认为，对系统性风险即将上升到危机水平的预测十分准确，那么他们所采取的行动的随意性就比较大。现金储备比率、流动性比率、贷款价值比率、监管资本的风险权重、抵押品、保证金和还款期限要求都要从严。与此相反，如果监管当局对压力事件的预测不太确定，那么他们会更加依赖简单的规则，采取更审慎的行动。Goodhart 和 Hafmann（2001）建议把审慎准则与贷款或资产价格的增长率联系起来。这些审慎标准将影响风险定价、损失拨备（针对预期损失）或资本积累（针对非预期损失）。即使假设将来的损失与过去的损失类似，但是按照整个经济周期来度量的话，也必须按照贷款水平提高拨备。

（3）金融领域的利益相关机构应该在金融稳定问题上加强合作。首先，确定协调机制主体，可分为两个层次：一是国家发改委、财政部、中国人民银行等部门建立健全协调机制，各司其职，互相配合，发挥国家发展规划、计划、产业政策在宏观调控中的导向作用，综合运用财税、货币政策，形成更加完善的宏观调控体系，提高宏观调控水平；二是在国务院领导下，央行会同银监会、证监会、保监会建立金融监管协调机制，以部际联席会议制度的形式，加强货币政策与监管政策之间以及监管政策、法规之间的协调，建立金融信息共享制度，防范、化解金融风险，维护国家金融安全，重大问题提交国务院决定。其次，调控相关方都认为出现了失衡的问题，并提出政策指导，督促借贷双方重新思考他们的投资策略。此外，潜在的政策反应所带来的威胁也可以让他们重新考虑投资策略。如果最终当局认为金融体系的稳健性正在不断减弱，有必要采取行动，可以相机抉择的方式进行审慎监管。如果主要的问题是债务人风险不断增加，而金融体系自身还很稳健，那么就应该首先采用货币政策手段。

本章小结

通过分析银行行为与通货膨胀周期的内在逻辑，利用滤波法、谱密度分析法以及 SWARCH 法检验中国银行体系的波动特征，得出如下结论：无论是在计划经济时期还是在市场经济时期，银行信贷都具有顺物价波动周期特征；银行存款波动与物价周期之间具有较高置信水平的关联关系，反映出银行经营规模具有显著的顺通胀波动周期特征；随着体制转化、国际接轨，银行资本水平波动周期的逆物价波动周期特征逐渐显著。银行表现出的顺周期特征，为我们在统一政策框架下实现金融稳定与货币稳定提供了重要思路：首先，根据金融与物价、投资等实体经济指标间的联系，探索、改进金融稳定的指标体系和脆弱性评估方法，科学计算金融失衡状况；其次，在整个经济周期中，应该以更为对称的方式实施货币政策和监管政策，使治理通胀的货币政策和治理失衡的稳定政策并行不悖；最后，金融领域的利益相关机构应该在金融稳定问题上加强合作。

第四章

中国金融市场周期特征及国际比较

本章首先分析中国国内金融市场周期特征；其次在分析金融部门资产负债依赖关系的基础上，揭示部门间风险传染的网络关系，并将其放在金融市场中，推理国内各市场间风险传染机制；再次比较研究不同国家同类市场之间的冲击效应，进而选择美、德、中、俄、日、英等为样本国，以美国金融危机、欧洲债务危机为数据基础，实证比较银行主导型金融、市场主导型金融、发展中国家金融等国内金融市场间的冲击传染效应；最后总结金融市场周期的特征。

第一节　国内金融市场周期及关联性

本节主要通过分析银行、证券、保险等金融部门的资产负债表，构造宏观金融体系网络模型，以金融部门为节点，以资产负债关系为链条，分析金融市场上的风险传染关系。

一　金融部门资产负债表

根据金融上市公司披露信息及《中国金融年鉴》，构造银行、证券、保险部门的资产负债表，见表 4-1、表 4-2、表 4-3。分析三张表之间的关系得出：证券部门、保险部门在银行存放大量资金，银行如果受到冲击，发生流动性困难，必然影响对证券部门、保险部门的偿付，进而引起证券部门的动荡和保险部门的经营困境。银行部门、保险部门拥有大量的交易性金融高资产，如果证券部门受到冲击，资本市场震荡下挫，必然影响银行部门和保险部门的流动性，进而加剧金融市场萎靡。

表 4-1 银行资产负债表

资产	负债及权益
贷款（实体）	存款（实体）
贷款（保险）	存款（证券）
贷款（证券）	存款（保险）
对政府的债权	债务
金融担保	对央行负债
其他资产	权益

表 4-2 证券资产负债表

资产	负债及权益
货币资金	短期借款
信用资金存款	代理买卖证券
结算备付金	卖出回购
交易性金融资产	长期借款
金融投资	其他负债
其他资产	权益

表 4-3 保险资产负债表

资产	负债及权益
货币资金	应付债务
交易性金融资产	责任准备金
存款	赔款准备金
可出售金融资产	保户储金
持有至到期投资	其他负债
其他资产	权益

为更为直观地观察风险冲击在部门之间的传染，量化分析资产负债表传染机制，建立基于金融工具的部门—部门（Who-to-whom Account）资金矩阵和金融网络模型。本章主要考察 3 个部门，B 表示银行部门资产规模，S 表示证券部门资产规模，I 表示保险部门资产规模，a_{ij} 表示 i 部门对 j 部门的金融资产持有，1 表示银行部门、2 表示证券部门、3 表示保险部门，Z_B 表示各部门持有的银行资产规模，Z_S 表示各部门持有的证券资产规模，Z_I 表示各部门持有的保险资产规模，F 表示金融资产规模。

$$\begin{array}{ccc|c} \begin{pmatrix} a_{11} & a_{12} & a_{13} \\ a_{21} & a_{22} & a_{23} \\ a_{31} & a_{32} & a_{33} \end{pmatrix} & & & \begin{matrix} B_{bsi} \\ S_{bsi} \\ I_{bsi} \end{matrix} \\ \hline Z_B \quad Z_S \quad Z_I & & & F \end{array}$$

其中，$B_{bsi}=\sum_{j=1}^{3}a_{1j}$，$S_{bsi}=\sum_{j=1}^{3}a_{2j}$，$I_{bsi}=\sum_{j=1}^{3}a_{3j}$，$Z_B=\sum_{i=1}^{3}a_{i1}$，$Z_S=\sum_{i=1}^{3}a_{i2}$，$Z_I=\sum_{i=1}^{3}a_{i3}$，$F=\sum_{i=1}^{3}\sum_{j=1}^{3}a_{ij}$。

通过上述矩阵，在一定条件下可以计算金融部门之间资金的数量依赖关系，也可以更为直观地刻画出风险资金流在金融部门的传染。

二　金融部门资产负债关联网络

根据金融部门资产负债表关系和金融部门工具矩阵描述，我们进一步刻画金融部门的资产负债网络和金融市场网络，分别如图 4-1、图 4-2 所示。显然，金融部门通过同业拆借市场、证券市场、外汇市场等金融市场相互持有资产负债，建立了复杂的网络关系，同时也形成了多种传染路径，牵一动百。而国外金融风险或国内金融事件冲击通过传染路径迅速传导，造成金融部门连锁反应和金融市场动荡。

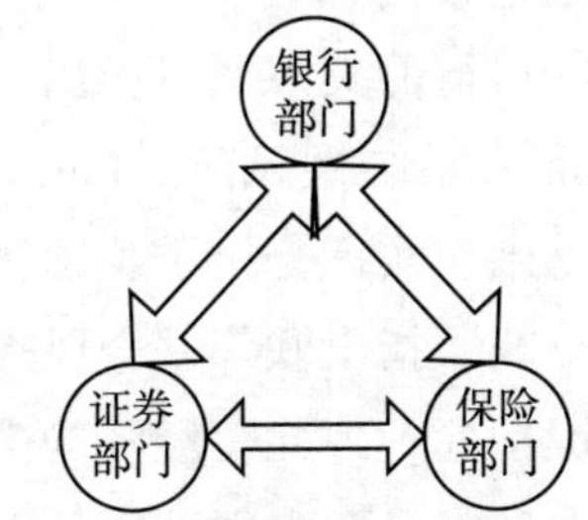

图 4-1　金融部门资产负债网络

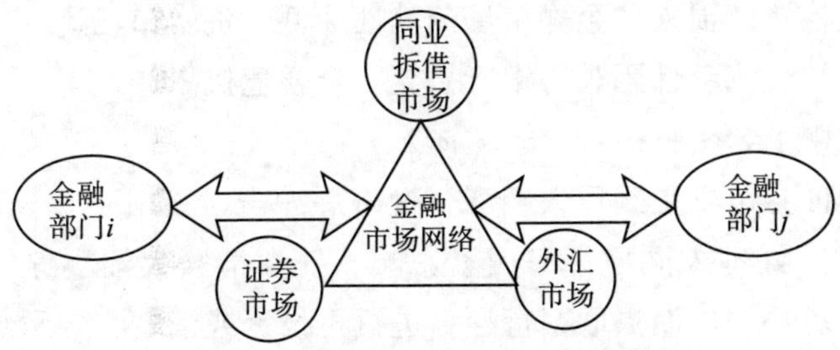

图 4-2　金融部门与金融市场网络

三 金融风险传染冲击机制

金融部门资产负债网络的数据点为部门实体债权债务，点之间的传导路径是金融市场关系和风险传染机制。下面从国内同业拆借市场冲击、国内资本市场震荡冲击和外汇市场上的国外经济冲击三个方面进行阐述。

（一）国内经济冲击——同业拆借市场

当受到国内经济事件冲击时，直接相关的银行如果资产和负债期限不匹配（由于外来冲击事件的不可预期性，资产负债也很难匹配），风险暴露可能性大幅增加，经营收益显著下降；同时，市场信息不确定性因素增加，容易使存款人产生恐慌性挤兑，加剧银行陷入流动性危机的风险；由于银行及其他金融机构间存在通过同业拆借产生的短期交叉债权债务关系，加上资本杠杆率效应，直接相关的银行将冲击放大并传染到其他银行，影响其他金融机构的债务偿付能力，导致系统性金融风险。在混业经营体系下，当银行出现大量不良贷款等风险时，必然会减少证券市场的金融性投资，使证券市场出现流动性困境。Allen 和 Gale（2000）将银行间信用网络结构细分为完全信用网络、相互分离的拆借网络、货币中心银行形式的拆借网络、环形连接的拆借网络四类分别分析，认为银行系统的脆弱程度取决于银行之间信用连接的结构。当银行之间的信用连接不对称、不均匀时，直接受到冲击的银行的失败通过溢出效应将风险扩大传导到其他银行或金融机构，逐渐形成系统性风险。Furfine 等（1999）以联邦基金的双边风险暴露数据为基础，实证分析了美国银行间市场中的风险传染效应对银行系统稳定性的影响，指出联邦基金风险头寸及违约损失率是决定银行失败风险传染的关键指标。因此，经济冲击通过同业拆借市场引发的系统性风险传染机制为：经济金融事件冲击→事件中银行流动性困难→同业拆借利率上升、拆借规模下降→更多银行拆借困难→银行存款偿付困难→保险机构资产损失、金融市场流动性降低、资本市场进一步萧条→大面积资金短缺、流动性困难→银行挤兑→金融危机。

（二）国内经济冲击——资本市场

当国内证券市场受到重大经济金融事件冲击时，由于“乐队车效应”“羊群效应”、经理人同质性等因素影响，证券指数大幅小挫，造成个人资金受套、短缺，进而提取银行存款进行再投资或消费，导致银行存款降低和流动性下降；同时证券指数下滑也使银行等金融机构金融投资性资产价值贬值缩水，兑现则面临巨额损失，同业拆借则会推动拆借利率上升、成本提高。由于证券市场上这两种主体的行为，国内经济冲击将风险传染到同业拆借市场和金融部门，通过投资者共同投资产生一个直接或间接风险暴露网络。如果投资者没有预见到传染的影响，当一个项目或资产失败（即出现特定冲击）时，则拥有该项目或资产头寸的投资者受到损失，他们将收缩他们的风险资产，转投无风险资产，从而减少风险投资项目或资产的资金来源，进而导致风险资产市场的崩溃，形成金融市场系统性风险。因此，证券市场的风险传染机制为：一是经济金融事件冲击→证券市场大幅下挫→个人资金受套→银行存款减少、流动性降低→系统性金融风险；二是经济金融事件冲击→证券市场大幅下挫→金融机构资产受损→银行存款减少、流动性降低→系统性金融风险。

（三）国外经济冲击——外汇市场

如果经济冲击来自国外，除通过上述金融市场进行传染外，外汇市场也是最主要的传染途径之一。国外经济金融事件影响外汇汇率震荡，汇率的剧烈变动导致多边贸易规模缩小，出口依赖国家或出口占比较高国家的外贸企业收益剧减，对国内上游企业产品需求也显著降低，实体企业经营的恶化使其银行存款减少，造成证券市场、银行流动性降低，而这势必造成金融机构的经营恶化和风险暴露不匹配，并通过同业拆借市场传染风险，引发系统性金融风险。此外，汇率震荡可直接导致金融机构外汇头寸不可预期的损失，使金融机构流动性降低，融资需求上升，同业拆借利率上升，进而导致金融机构资产结构、利润进一步恶化和金融危机发生。Kaminsky 和 Reinhart（1999）通过对 76 起货币危机事件、26 起银行危机事件进行分析得出，银行体系风险通过对实体经济和财政状况的影响，使本国货币贬值，从而向外汇市场传染，货币风险则主要通过银行资产负债表传递到银行体系。Eichengreen 和 Rose（1996）、Glick 和 Rose（1999）、Forbes（2001）等研究表明，贸易渠道是金融系统性风险跨国传染的主要途径。Kaminsky 和 Reinhart（2000）、Fratzscher（2000）认为，在金融系统性风险的跨国传染中，金融渠道与贸易渠道起同样重要的作用。因此，外汇市场的风险传染机制为：一是国外经济金融事件→外汇汇率震荡→外汇贸易结构、规模突变→外贸企业受损→外贸上市企业市值跳水、降低银行存款→拖累资本市场、冲击银行经营→金融风险传染；二是国外经济金融事件→外汇汇率震荡→金融机构外汇头寸损失→金融机构流动性降低→同业拆借利率上升→金融机构资产结构、利润进一步恶化→金融危机。

第二节 金融市场周期计算及国际比较

一 变量与数据

（一）变量选择

本章选择的样本国为美国、德国、中国，分别代表市场主导型国家、银行主导型国家和发展中大国。根据已有研究文献，股市变量一般选择股指回报率 $\ln(P_t/P_{t-1})$，P_t 为股票市场指数，本书计算的股指回报率为 $(P_t - P_{t-1})/P_{t-1}$，即股指波动率。由于统计数据可得性，美国该指标为联邦基金年利率，德国为欧元银行间隔夜利率（EONIA），中国为银行间隔夜拆借利率。为避免重复描述，下文所说同业拆借利率在美国则为联邦基金利率，中、德含义不变。外汇市场的指标为真实有效汇率。数据区间为 1993 年 1 月至 2012 年 3 月，中国主要的数据区间为 1997 年 1 月至 2012 年 3 月。数据来源于 Wind 数据库、历年《中国统计年鉴》和《中国金融年鉴》。

（二）数据描述统计

变量符号及含义：*asi* 为美国股指回报率、*ari* 为美国联邦基金年利率、*aei* 为美国真实有效汇率，*dsi* 为德国股指回报率、*dri* 为德国欧元银行间隔夜利率、*dei* 为德国真实有效汇率，*csi* 为中国股指回报率、*cri* 为中国银行间隔夜拆借利率、*cei* 为中国真实有效汇率。本书收集样本数据描述统计结果见表 4-4。

表 4-4　　金融市场变量数据描述统计表

变量	*asi*	*ari*	*aei*	*dsi*	*dri*	*dei*	*csi*	*cri*	*cei*
均值	0.2283	-3.4278	-0.1239	-0.0417	-0.7313	-0.0543	0.4190	-0.1546	0.1266
标准差	4.2941	14.7682	1.2348	5.4019	13.6074	0.8619	6.8009	26.5081	1.4556
偏度	-1.3001	-0.5814	0.5545	-0.8819	0.5191	0.7738	0.4779	-1.1578	-0.0196
峰度	8.1552	8.0692	5.4936	4.8081	8.4975	4.3005	3.6502	7.6568	3.1870

如果风险冲击能够在金融市场之间进行传染，则金融市场波动必然存在一定的相关性或共振，表现为周期波长与波峰较接近；如果无法传染，则不具有周期相关性或共振。因此，我们首先利用谱分析法实证金融市场波动周期相关性或共振，再实证比较传染效应。由于谱分析法使用的普遍性，我们不再对其进行介绍。

二　金融市场变量周期的直观比较——单变量谱分析

在进行单变量谱分析前，需检验变量平稳性。利用 ADF 检验法进行检验，结果列入表 4-5。分析结果得出，各国股指波动率、利率波动率、汇率波动率时间序列数据平稳。我们可对样本国股指波动率、利率波动率、汇率波动率直接进行谱分析。

表 4-5　股指波动率、汇率波动率的平稳性检验

变量	ADF 检验值	变量	ADF 检验值	变量	ADF 检验值	ADF 检验临界值		
						1%	5%	10%
*asi**	-11.38748	*ari**	-9.7327	*aei**	-10.0907	-3.4587	-2.8739	-2.5734
*dsi**	-10.9456	*dri***	-3.4178	*dei**	-11.4687	-3.4587	-2.8739	-2.5734
*csi**	-8.1551	*cri**	-10.4740	*cei**	-16.3035	-3.4587	-2.8739	-2.5734

注：* 表示在 1%显著性水平下显著；** 表示在 5%显著性水平下显著。

对美、德、中三国同业拆借利率、真实有效汇率、股指波动率等变量进行单变量谱分析，结果见表 4-6。观察表 4-6 得出，美国同业拆借利率波动率、真实有效汇率波动率与股指波动率的主周期长度皆为 10.68 年，次周期长度皆为 2.02 年，显示出美国各金融市场波动周期具有高度的相关性或共振。德国同业拆借利率波动率与股指波动率的主周期长度皆为 11.57 年，真实有效汇率波动率主周期长度为 10.68 年，三个市场变量的次周期长度不同。中国同业拆借利率波动率与股指波动率的主周期长度皆为 10.68 年，真实有效汇率波动率主周期长度为 11.57 年。单变量谱分析结果在一定程度上表明，不同金融市场波动周期具有相关性或共振。这同时说明，金融市场周期同步的原因可能就是事件冲击后市场风险溢出传染的结果。以市场导向著称的美国，金融市场周期相关性或共振程度最高，金融市场之间的风险传染效应可能也最为显著。中、德的同业拆借与股票市场之间也可能存在显著的传染效应。

表 4-6　　样本国金融市场变量波动的单变量谱分析

变量	主周期（年）	谱密度	次周期（年）	谱密度
asi	10.68	860.13	2.02	896.87
ari	10.68	664.15	2.02	842.54
aei	10.68	1603.32	2.02	1204.01
dsi	11.57	13374.61	5.17	8227.00
dri	11.57	6774.48	2.02	1216.07
dei	10.68	14246.61	1.72	6414.30
csi	10.68	160.32	5.52	484.45
cri	10.68	129.59	7.52	216.04
cei	11.57	67.92	8.27	101.43

注：样本数据为月度数据，为与经济周期传统描述一致，将其转化为年度数据。

三　时变 Copula 模型

我们建立时变 Copula 模型进一步判断金融市场波动的相互冲击性。“若对单个平稳随机过程建模，条件均值可以采用 ARMA 建模，对波动性可采用 GARCH 建模；但对二维随机过程建模，我们不仅要考虑各自的条件均值和波动性，同时也要考虑它们之间的相关性，目前对这一类问题建模的主要方法有动态多元 GARCH 和 Copula 方法……通过大量的模拟研究，以经验分布极大似然法估计时变 Copula 模型来度量变量间的动态相关性优于动态多元 GARCH（DCC-MGARCH）模型。”（龚金国和史代敏，2011）为此，我们分别建立时变 Copula 模型检验和比较金融发达国家（分别选择市场主导型国家美国、银行主导型国家德国）和中国金融市场间的冲击效应。

Copula 函数允许独立结构条件下边际分布的分离性，使研究者在给定的边际分布条件下构造多变量分布函数时避免了边际分布函数或联合分布函数的正态分布假设，而且，当变量出现非对称厚尾特征时，Copula 函数较线性模型及其估计更具仿真性（Dimitris 等，2011）。时变 Copula 模型的条件依赖于参数 1 和参数 2 提供的历史先验信息，参数 1 为本章待检验金融市场变量——股指回报率（或同业拆借利率或真实有效汇率），参数 2 为各国国内金融市场之间横向溢出效应。我们先估计单变量分布，然后估计联合分布。在当前信息下，高斯 Copula 函数（Gaussian Copula Function）中的独立参数可表示为时变过程条件，且允许时变、非线性关系及非对称厚尾等特征。

根据 Dimitris 等（2011）所使用的方法，我们建立如下模型。令 X_t、Y_t 分别表示 t 时期两国金融市场的随机变量，$F_t(x_t \mid \Phi_{t-i})$、$G_t(y_t \mid \Phi_{t-i})$ 分别表示 X_t、Y_t 变量的条件累积分布函数，Φ_{t-i} 指变量先验信息，满足条件 $\{x_{t-i},\ y_{t-i},\ i > 0\}$。令随机变量 M_t、N_t 描述 t 时期的方差，$F_t^*(m_t \mid \Lambda_{t-1})$、$G_t^*(n_t \mid \Lambda_{t-1})$ 为 M_t、N_t 的条件累积分布函数，Λ_{t-1} 指所有方差的先验信息，且满足条件 $\{m_{t-i},\ n_{t-i},\ i > 0\}$。进一步定义两个随机变量 $U_t = F_t(X_t \mid \Phi_{t-1})$ 和 $V_t = G_t(Y_t \mid \Phi_{t-1})$，它们的边际分布在区间［0，1］具有一致性，则条件 Copula 密度函数 $c_t(u_t,\ v_t \mid \Phi_{t-1})$ 可由时变双变量密度函数 U_t、V_t 界定。条件双变量密度函数 X_t、Y_t 和 M_t、N_t 由它们的 Copula 密度与边际条件密度 f_t 和 g_t 给出：

$$H_t(x_t,\ y_t \mid \Phi_{t-1}) = c_t[F_t(x_t \mid \Phi_{t-1}),\ G_t(y_t \mid \Phi_{t-1}) \mid \Phi_{t-1}]\, f_t(x_t \mid \Phi_{t-1}) g_t(y_t \mid \Phi_{t-1}) \tag{4-1}$$

$$H_t(m_t,\ n_t \mid \Phi_{t-1}) = c_t[F_t(m_t \mid \Phi_{t-1}),\ G_t(n_t \mid \Phi_{t-1}) \mid \Phi_{t-1}]\, f_t(m_t \mid \Phi_{t-1}) g_t(n_t \mid \Phi_{t-1}) \tag{4-2}$$

（一）Copula 转换机制（Regime Switches）

我们引入 u_t 描述金融市场变异的转换机制，$u = \sqrt{g_{st}} \times u_t$，$u_t$ 遵循GJR-GARCH-MA-t 规范过程（Glosten 等，1993）。Patton（2006）和 Bartram 等（2007）对机制转换程序进行推进。u 的水平可能偶尔改变，依赖于 g_{st}，假定 g_{st} 为尺度参数，是潜在变量 s_t 的函数。s_t 可描述为一个马尔可夫链（Markov Chain），取值为 1，2，3，…，k。

$$P = \begin{pmatrix} p_{11} & \cdots & p_{1k} \\ \vdots & \ddots & \vdots \\ p_{k1} & \cdots & p_{kk} \end{pmatrix}$$

其中，$p_{ij} = p(s_t = i \mid s_{t-1} = j)$，$s_t$ 是时期 t 的转换过程机制。因此，s_t 在 t 期可为任何状态 k。状态 1 时，$u = \sqrt{g_{1t}} \times u_t$；状态 2 时，$u = \sqrt{g_{2t}} \times u_t$；状态 k 时，$u = \sqrt{g_{kt}} \times u_t$。Hamilton（1989）通过极大似然函数方法估计相关参数，并且在全样本信息平滑概率基础上求解时期 t 的转换过程。选择金融市场上不同方差服从 $a(2,\ 1)$ 过程，用 GJR-GARCH-MA-t-switching（2，1）描述金融市场的边际结构。

（二）边际分布模型和参数估计

在 Patton（2006）、Dimitris 等（2011）研究的基础上，采用两阶段最

大似然估计法估计模型参数。Glosten 等（1993）、Engle 等（1993）等相关研究得出，金融市场上股指回报率等变量的条件密度函数具有频率分配曲线尖顶峰度和非对称方差特征。根据适合的条件高斯分布 ARCH 模型求解边际分布。

设置 $R_{i,t}$ 和 $h_{i,t}$，$R_{i,t}$ 表示第 i 个金融市场变量实际值（如股指回报率），$h_{i,t}$ 表示时期 t 第 i 个金融市场变量的条件方差。我们建立金融市场变量的 ARCH 模型 π_1：

$$\begin{aligned} R_{i,t} &= \mu_i + \varepsilon_{i,t} + \Theta_i \varepsilon_{i,t-1} \\ h_{i,t} &= \omega_i + \beta_i h_{i,t-1} + \alpha_{i,1}\varepsilon_{i,t-1}^2 + \alpha_{i,2} s_{i,t-1}\varepsilon_{i,t-1}^2 \\ \varepsilon_{i,t} &\mid \Phi_{t-1} \sim t_{vi}(0,\ h_{i,t}) \end{aligned} \tag{4-3}$$

设置 $L_{i,t}$ 和 $\lambda_{i,t}$，$L_{i,t}$ 指第 i 个金融市场变量在时期 t 的实际波动性，$\lambda_{i,t}$ 指第 i 个金融市场变量在时期 t 的实际波动性的方差。建立金融市场变量的波动性 ARCH 模型 π_2：

$$\begin{aligned} L_{i,t} &= \mu_i + e_{i,t} + \Theta_i e_{i,t-1} \\ \lambda_{i,t} &= \omega_i + \gamma_i \lambda_{i,t-1} + \delta_{i,1} e_{i,t-1}^2 + \delta_{i,2} s_{i,t-1} e_{i,t-1}^2 \\ e_{i,t} &\mid \Phi_{t-1} \sim t_{vi}(0,\ \lambda_{i,t}) \end{aligned} \tag{4-4}$$

其中，当 $s_{i,t-1}$ 和 $e_{i,t-1}$ 为负时，$s_{i,t-1}=1$；否则，$s_{i,t-1}=0$。第一阶段的参数估计，包括 v_t 的自由度，主要采用时间序列的对数极大似然估计法（Maximizing the Log-likelihood）计算。根据所有先验信息、方差与非独立参数条件和边际 ARCH 累积分布得出的数值估计时变 Copula 参数 ρ_t。两变量 X_1、X_2 的高斯 Copula 函数可刻画为：

$$C(u_1,\ u_2;\ \rho) = \Phi_\rho[\Phi^{-1}(u_1),\ \Phi^{-1}(u_2)]$$

其密度函数为：

$$c(u_1,\ u_2;\ \rho) = \frac{1}{\sqrt{1-\rho^2}}\exp\left(-\frac{1}{2}\psi'(R^{-1}-I_2)\psi\right)$$

其中，$\psi=[\Phi^{-1}(u_1),\ \Phi^{-1}(u_2)]'$，$R$ 为相关系数 ρ 的 2×2 矩阵，Φ_ρ 为有关 ρ 的高斯累积分布双变量标准差，$-1<\rho<1$，Φ 描述高斯累积分布单变量标准差。

（三）非独立参数测量

根据 Patton（2006）、Bartram 等（2007）研究，金融市场当前的依赖性可由先验依赖性和两资产累计概率的历史平均值解释。为此，假定 ρ_t 可由先验值 ρ_{t-1} 估计得出，历史绝对差别 $|u_{t-i}-v_{t-i}|$，（$i>0$）描述金融

市场相互作用过程中的变化。通过以下过程估计 ARCH模型：

$$(1 - \beta_1 L)(1 - \beta_2 L)\rho_t = \omega + \gamma | u_{t-1} - v_{t-1} | \quad (4-5)$$

式（4-5）为一个 AR（2）模型，在$| u_{t-1} - v_{t-1} |$为白噪声。我们构建的模型作为混合 Copula 函数刻画了金融市场的相互冲击性，模型参数为马尔可夫转换模型（Markov Switching Model）时变参数。

第三节　金融市场风险传染

本节在初步判断样本国金融市场周期相关性或共振及传染效应的基础上，进一步估算、比较各国内部金融市场之间的冲击效应，进而为金融周期同步与金融市场传染之间的强化关系和国内系统性金融风险的生成提供解释。对于条件 Copula 密度的模型，边际密度函数的适当界定非常必要。我们利用 Berkowitz（2001）、Dimitris（2011）检验方法，估计式(4-3)、式(4-4)给出的 GJR-GARCH-MA-t 模型边际密度的拟合优度，进而估算和检验各国之间金融冲击的 Copula 模型，绘制 Copula 密度函数。

一　金融市场周期的关联性分析

首先采用单变量谱分析与交叉谱分析分别观测样本国金融市场变量的周期性及其周期之间的关联性。图 4-3 表明，美、德、中三个样本国的金融市场变量表现出一定的周期性波动特征，样本国金融市场变量的周期长度不完全一致，并未形成完全的同步和共振。图 4-4 至图 4-6 表明，美、德、中三个样本国同类金融市场表现出波动周期的关联性，具体体现在交叉谱分析下样本国的股指波动率、利率、汇率等变量的周期之间具有一定的一致性。

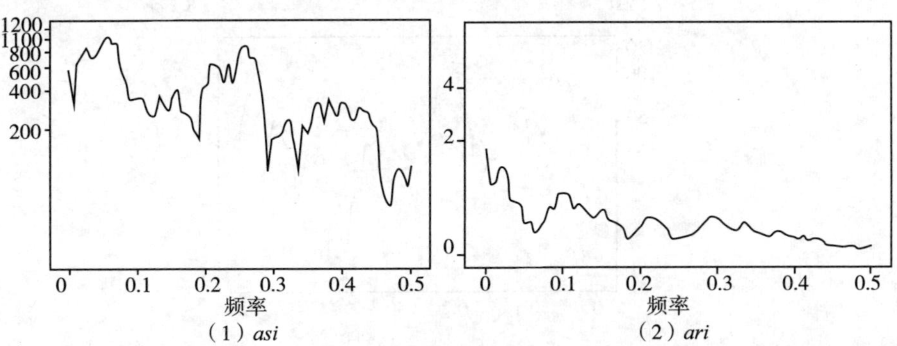

图 4-3　样本国金融市场变量的单变量谱分析

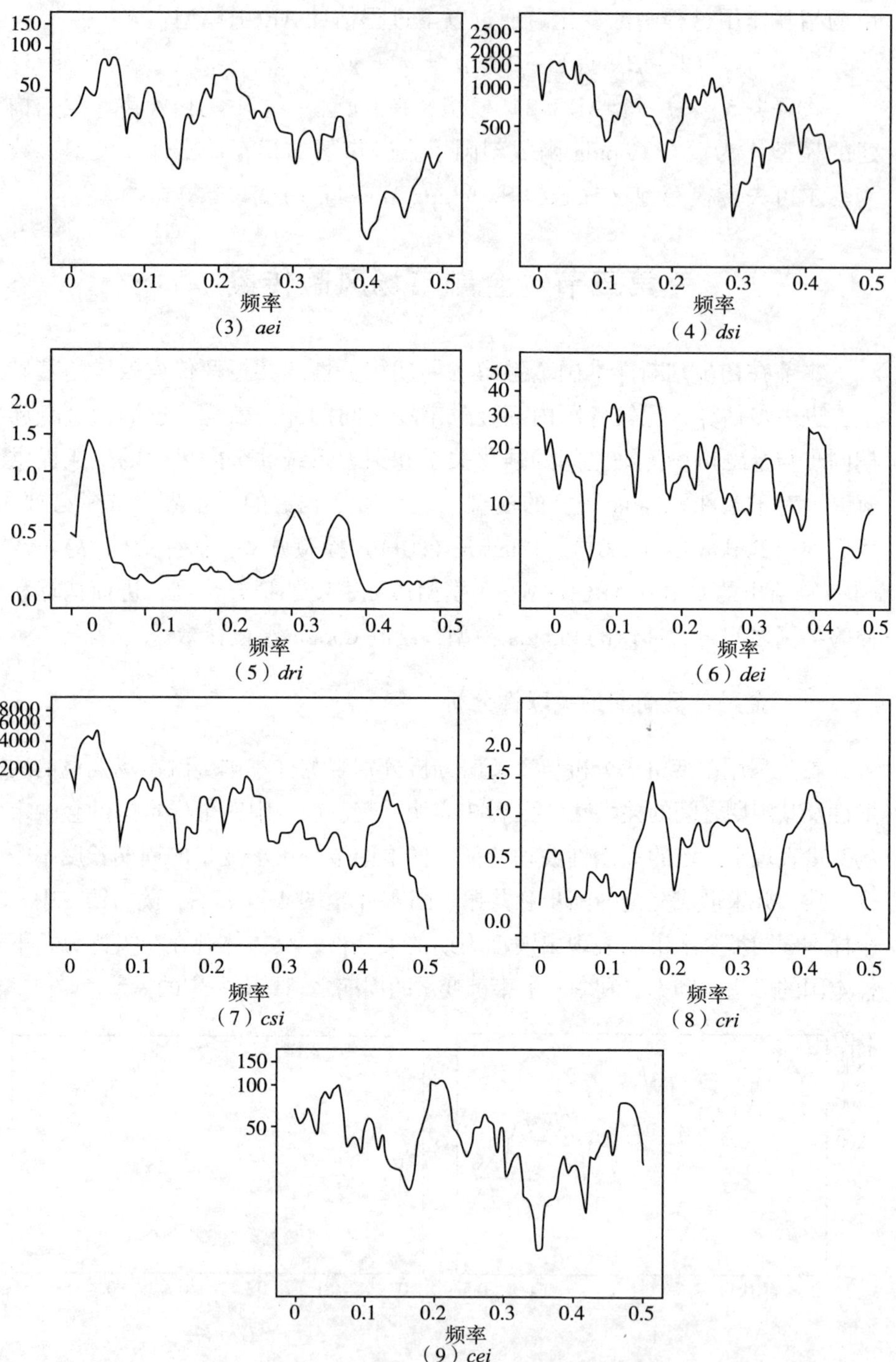

图 4-3　样本国金融市场变量的单变量谱分析（续）

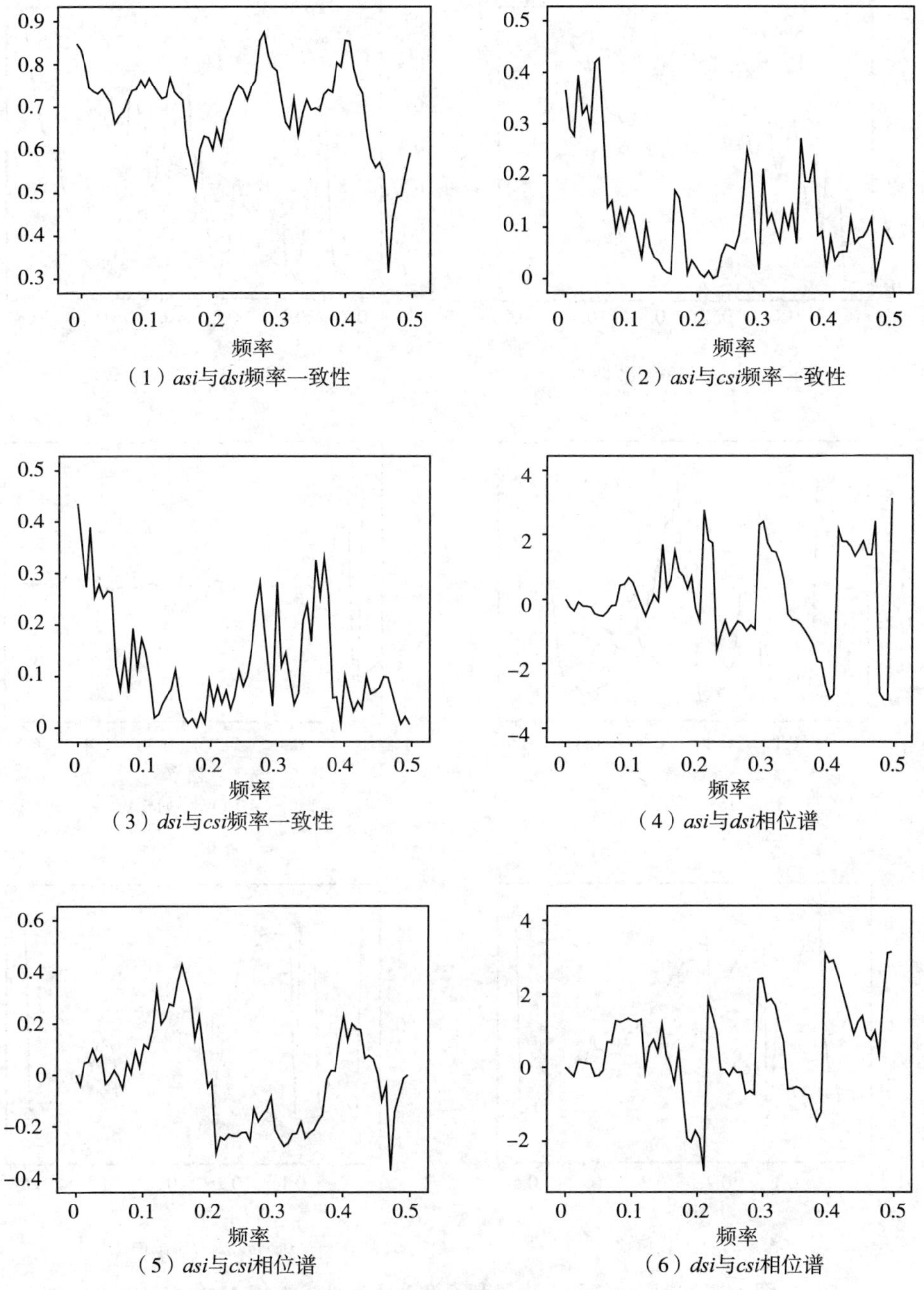

图 4-4　美国、德国、中国股指波动率交叉 Tukey-Hamming 窗谱分析（一致性、谱与频率）

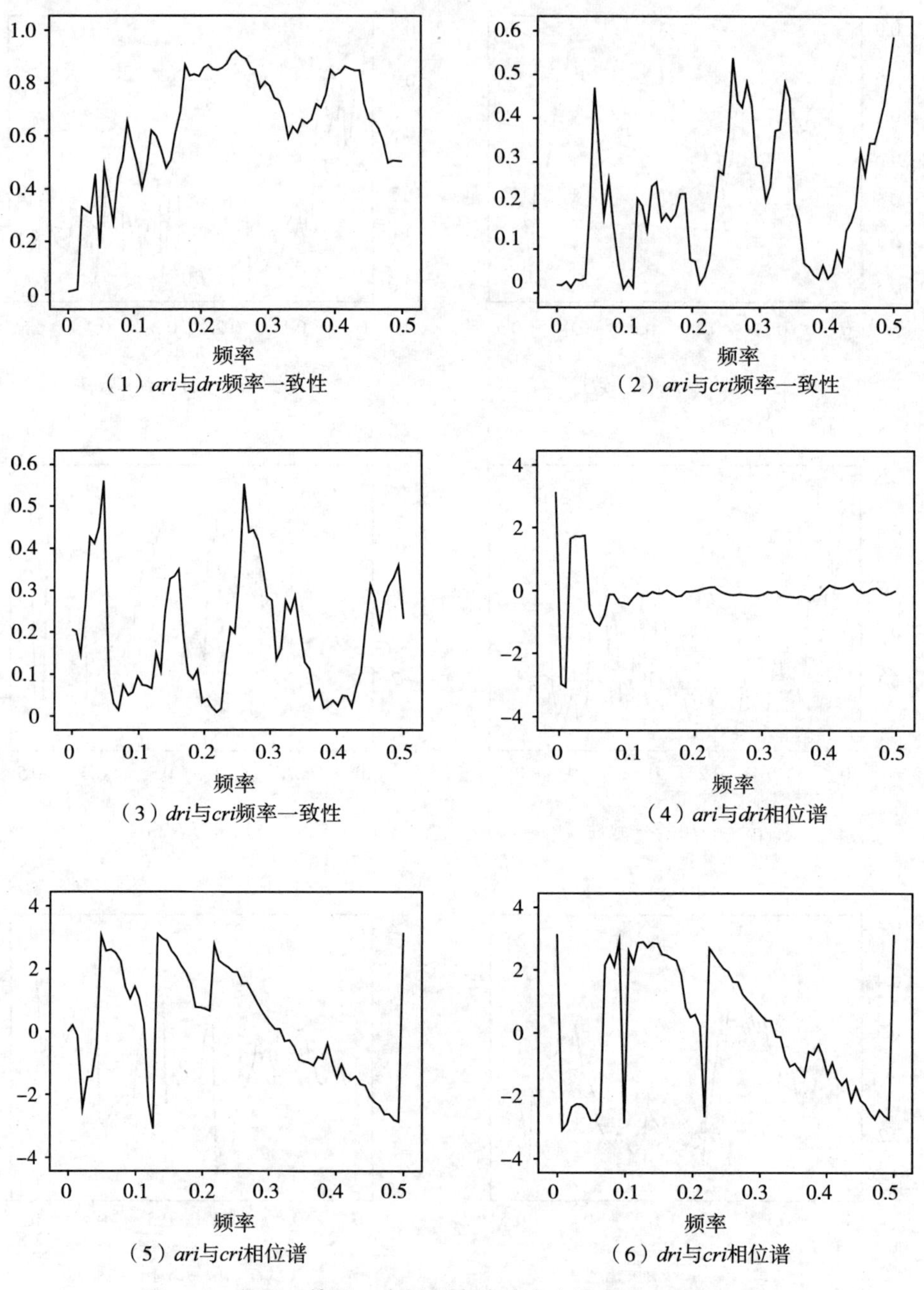

图 4-5　美国、德国、中国利率波动率交叉 Tukey-Hamming 窗谱分析（一致性、谱与频率）

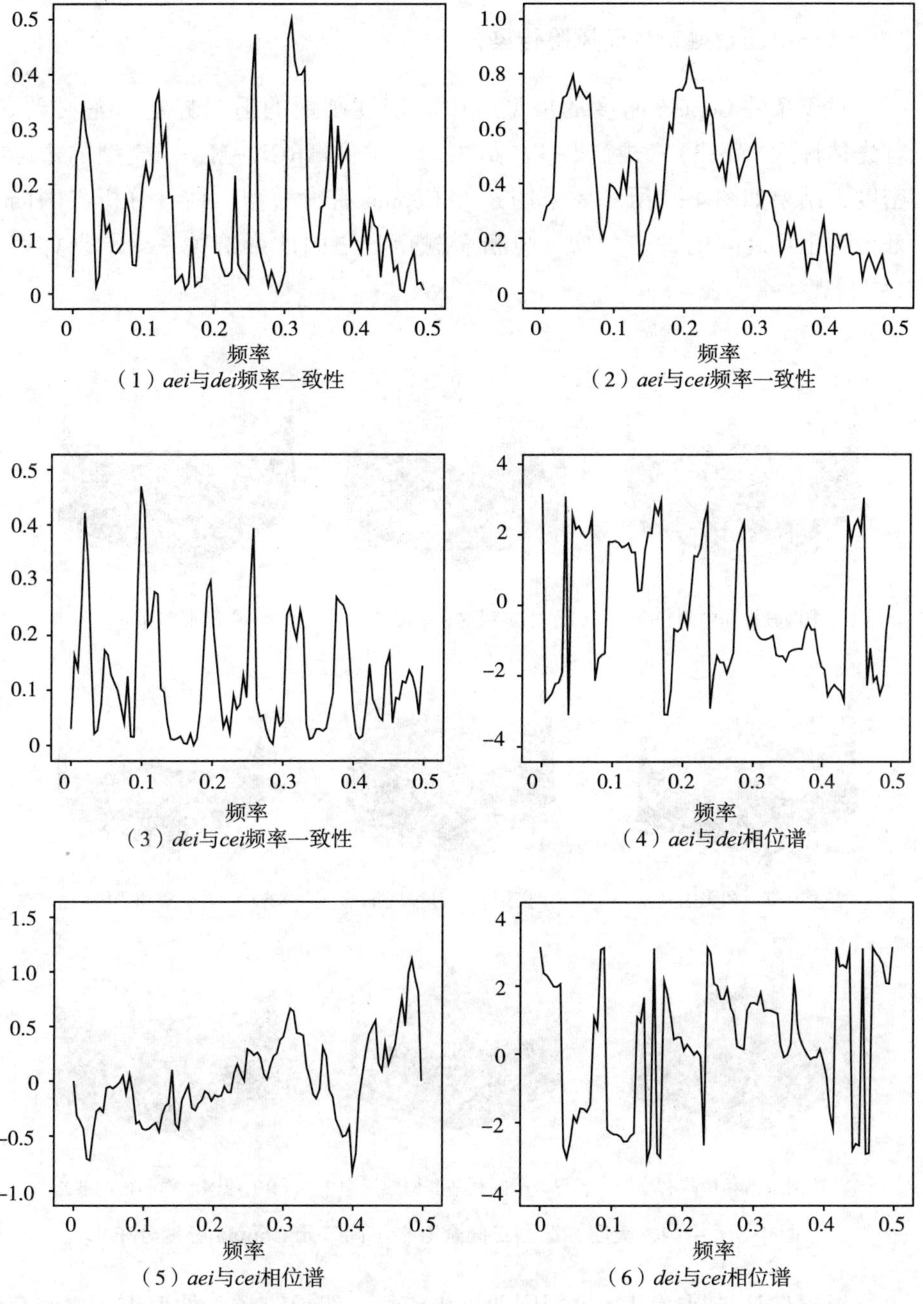

图 4-6　美国、德国、中国汇率波动率交叉 Tukey-Hamming 窗谱分析（一致性、谱与频率）

二 中国金融市场间风险传染效应

对于条件 Copula 密度的模型，边际密度函数的适当界定非常必要。首先估计式（4-3）、式（4-4）给出的 GJR-GARCH-MA-t 模型的边际密度，结果如图 4-7 所示。采用条件 Copula 密度模型，估计分析各国内部金融市场之间的冲击效应，分析金融市场之间的影响关系，结果如表 4-7、表 4-8、表 4-9。

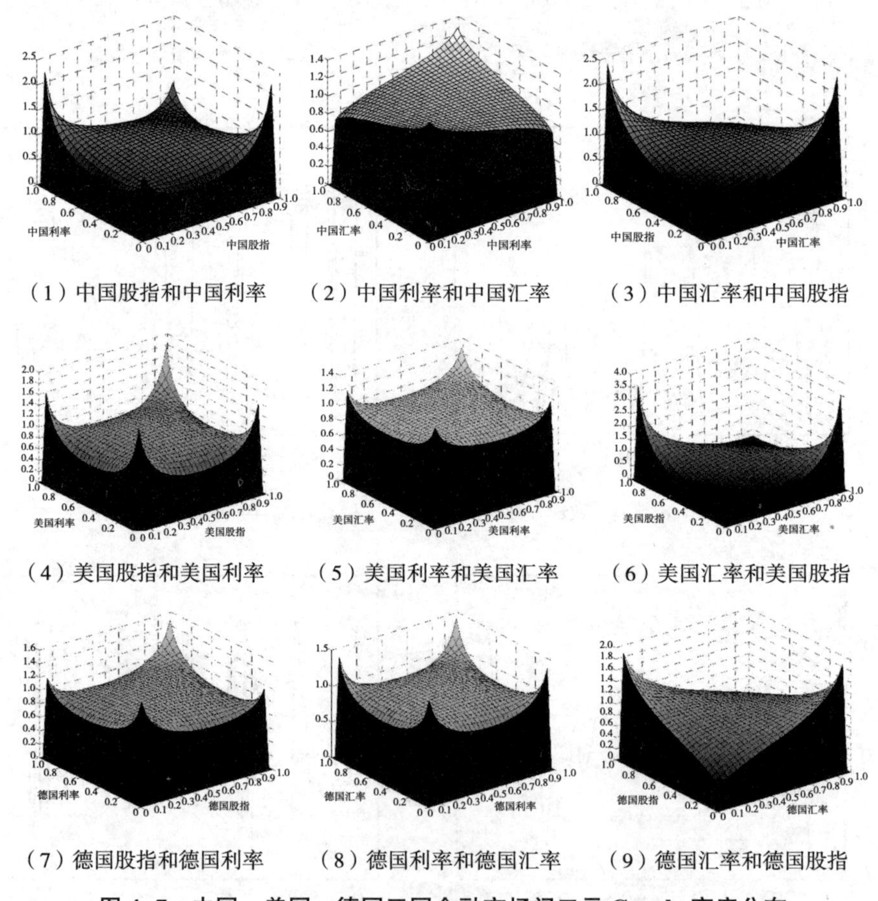

（1）中国股指和中国利率 （2）中国利率和中国汇率 （3）中国汇率和中国股指

（4）美国股指和美国利率 （5）美国利率和美国汇率 （6）美国汇率和美国股指

（7）德国股指和德国利率 （8）德国利率和德国汇率 （9）德国汇率和德国股指

图 4-7 中国、美国、德国三国金融市场间二元 Copula 密度分布

根据估计结果得出，中国同业拆借市场、股票市场、外汇市场之间存在显著的冲击传染效应。表 4-7 给出了样本国同业拆借利率波动的时变 Copula 模型的估计参数 π_1 和各国内部金融市场之间交互影响参数 π_2，在多变量框架下，分别刻画了危机时期和平稳时期各国内部金融市场之间的冲击关系。分析得出：

第一，对于中国同业拆借利率波动率，危机时期 π_1 的依赖参数 β_2、β_3 取值区间为［0.9662，0.9854］，对于股票市场的利率波动率之间交互冲击参数 π_2 的其他自回归参数，β_2 取值为 0.9759、β_3 取值为 0.9897，外汇市场的利率波动率之间交互冲击参数 π_2 的其他自回归参数 β_2 取值为 0.6630、β_3 取值为 0.0073，这意味着中国同业拆借利率波动与股指波动比汇率波动存在更高的持续依赖关系。

对于中国股指波动率（见表 4-8），危机时期 π_1 的依赖参数 β_2、β_3 取值区间为［0.9512，0.9897］，对于同业拆借市场利率、外汇市场的股指波动率之间交互冲击参数 π_2 的其他自回归参数，β_2、β_3 取值区间为［0.7923，0.9829］，这意味着中国股指波动率与利率波动、汇率波动都存在较高的持续依赖关系。

对于中国汇率波动率（见表 4-9），危机时期 π_1 的依赖参数 β_2 取值为 0.6154 和 0.6629，β_3 取值为 0.9824 和 0.0018，对于同业拆借市场、股票市场的汇率波动率之间交互冲击参数 π_2 的其他自回归参数，β_2、β_3 取值区间为［0.9668，0.9853］，这意味着中国汇率波动率与股指波动存在较高的持续依赖关系，与同业拆借利率波动依赖关系较低，但仍然显著。因此，中国同业拆借、股票市场、外汇市场之间存在显著的冲击传染性。

第二，比较中国三个金融市场在美国金融危机和欧洲债务危机时期的依赖参数 β_2、β_3 和平稳时期依赖参数 β_1，同业拆借利率波动对股指波动冲击参数 π_1、π_2 的依赖参数 β_2、β_3 在危机时期具有显著的增大，且大于 0.95，对汇率波动冲击参数 π_1、π_2 的依赖参数 β_2 在危机时期也有明显的增大，但 β_3 仍然较低。汇率波动对股指波动冲击参数 π_1、π_2 的依赖参数 β_2、β_3 在危机时期具有显著的增大，且大于 0.95，对同业拆借利率波动冲击参数 π_1、π_2 的依赖参数 β_2 在危机时期也有明显的增大，但 β_3 仍然较低。股指波动对利率波动、汇率波动冲击参数 π_1、π_2 的依赖参数 β_2、β_3 在危机时期具有显著的增大，且大于 0.95。因此，中国同业拆借市场波动对股票市场的冲击效应大于外汇市场，外汇市场波动对股票市场的冲击效应大于同业拆借市场，股市波动对同业拆借和外汇市场都具有显著的冲击效应。

综上，中国金融市场之间存在显著的冲击传染效应，但同业拆借市场、外汇市场波动与股票市场波动的正传—反馈冲击效应高于同业拆借市场与外汇市场波动的相互冲击效应。

三 中国与美国金融市场风险传染效应比较

中国同业拆借利率波动对股指波动和汇率波动的传染效应高于美国。比较表 4-7 中中国和美国的 Copula 模型参数得出：中国同业拆借利率对股指波动率和汇率波动率在危机时期 π_1 的依赖参数 β_2、β_3 取值区间为［0.9662，0.9854］，显著大于美国同业拆借利率的依赖参数 β_2、β_3，后者取值区间［0.4998，0.9995］。对于同业拆借利率与金融市场之间交互冲击参数 π_2 的其他自回归参数，中国的 β_2、β_3 取值小于美国，这表明中国金融市场变量传染效应的波动幅度低于美国。

表 4-7　　同业拆借利率多变量转化机制 Copula 模型估计

样本国	观察对象	时段	π_1			π_2			γ	似然对数值
			1993 年 1 月至 2008 年 6 月	2008 年 7 月至 2009 年 12 月	2010 年 1 月至 2012 年 3 月	1993 年 1 月至 2008 年 6 月	2008 年 7 月至 2009 年 12 月	2010 年 1 月至 2012 年 3 月		
		ω	β_1	β_2	β_3	β_1	β_2	β_3		
美国	股指波动率	-0.0320	0.9134	0.6800	0.4998	0.8600	0.9639	0.9814	0.1951	-1362.49
	真实汇率波动率	0.1945	0.9129	0.7126	0.9995	0.0097	0.9239	0.4346	0.1702	-1103.30
德国	股指波动率	0.4404	0.9882	0.9984	0.9829	0.7868	0.9542	0.9995	0.4999	-1005.81
	真实汇率波动率	0.3467	0.9887	0.9995	0.9931	0.0540	0.3294	0.8344	0.4165	-718.80
中国	股指波动率	-0.5000	0.6590	0.9772	0.9829	0.7550	0.9759	0.9897	0.1833	-249.38
	真实汇率波动率	-0.5000	0.6615	0.9662	0.9854	0.0001	0.6630	0.0073	0.0369	-1088.13

中国股指波动对同业拆借利率波动的传染效应高于美国，对汇率波动的传染效应与美国差别不十分明显。比较表 4-8 中中国和美国的 Copula 模型参数得出：中国股指波动率多变量转化机制 Copula 模型对同业拆借利率冲击参数在危机时期 π_1 的依赖参数 β_2、β_3 分别取值为 0.9762、0.9897，美国对应参数取值为 0.9639、0.9806；中国 π_2 的依赖参数 β_2、β_3 分别取值为 0.9773、0.9829，美国对应参数值为 0.6800、0.4998。表明中国股指波动对同业拆借利率的传染效应同美国相似，但传染效应值的波动大于美国。中国股指波动率多变量转化机制 Copula 模型对汇率冲击参数在危机时期 π_1 的依赖参数 β_2、β_3 分别取值为

0.9782、0.9512，美国对应参数取值为0.9556、0.7543；中国 π_2 的依赖参数 β_2、β_3 分别取值为0.9426、0.7923，美国对应参数值为0.9376、0.6809。表明中国股指波动对汇率的传染效应同美国相似，传染效应值的波动比美国大。

在不同危机时期中国汇率波动对股指波动和利率波动的传染效应与美国差别显著。在美国金融危机时期，其真实汇率波动对其利率波动和股指波动的冲击效应大于中国；在欧洲债务危机时期，美国真实汇率波动对其股指波动的冲击效应低于中国，对其利率波动的冲击效应高于中国。这表明，危机源发国金融市场冲击效应更显著。在欧洲债务危机时期，美国利率政策对外汇市场效应显著，外汇市场对股指冲击效应显著；中国则相反，汇率对股指冲击效应显著，对利率冲击效应较低。

表 4-8　股指波动率多变量转化机制 Copula 模型估计

<table>
<tr><th rowspan="3">样本国</th><th rowspan="3">观察对象</th><th rowspan="2">时段</th><th colspan="3">π_1</th><th colspan="3">π_2</th><th rowspan="3">γ</th><th rowspan="3">似然对数值</th></tr>
<tr><th>1993年1月至2008年6月</th><th>2008年7月至2009年12月</th><th>2010年1月至2012年3月</th><th>1993年1月至2008年6月</th><th>2008年7月至2009年12月</th><th>2010年1月至2012年3月</th></tr>
<tr><th>ω</th><th>β_1</th><th>β_2</th><th>β_3</th><th>β_1</th><th>β_2</th><th>β_3</th></tr>
<tr><td rowspan="2">美国</td><td>同业拆借利率</td><td>0.5000</td><td>0.8600</td><td>0.9639</td><td>0.9806</td><td>0.9134</td><td>0.6800</td><td>0.4998</td><td>0.1954</td><td>-1362.49</td></tr>
<tr><td>真实汇率波动率</td><td>0.5000</td><td>0.8271</td><td>0.9556</td><td>0.7543</td><td>0.7121</td><td>0.9376</td><td>0.6809</td><td>0.1596</td><td>-942.87</td></tr>
<tr><td rowspan="2">德国</td><td>同业拆借利率</td><td>0.3789</td><td>0.7855</td><td>0.9543</td><td>0.9995</td><td>0.5875</td><td>0.9995</td><td>0.9830</td><td>0.0189</td><td>-1005.81</td></tr>
<tr><td>真实汇率波动率</td><td>0.4999</td><td>0.8105</td><td>0.9501</td><td>0.9995</td><td>0.0227</td><td>0.3343</td><td>0.1267</td><td>0.3053</td><td>-955.11</td></tr>
<tr><td rowspan="2">中国</td><td>同业拆借利率</td><td>0.3886</td><td>0.7526</td><td>0.9762</td><td>0.9897</td><td>0.6585</td><td>0.9773</td><td>0.9829</td><td>0.0026</td><td>-1374.40</td></tr>
<tr><td>真实汇率波动率</td><td>0.4914</td><td>0.5000</td><td>0.9782</td><td>0.9512</td><td>0.6154</td><td>0.9426</td><td>0.7923</td><td>0.0711</td><td>-1418.73</td></tr>
</table>

表 4-9　真实汇率多变量转化机制 Copula 模型估计

<table>
<tr><th rowspan="3">样本国</th><th rowspan="3">观察对象</th><th rowspan="2">时段</th><th colspan="3">π_1</th><th colspan="3">π_2</th><th rowspan="3">γ</th><th rowspan="3">似然对数值</th></tr>
<tr><th>1993年1月至2008年6月</th><th>2008年7月至2009年12月</th><th>2010年1月至2012年3月</th><th>1993年1月至2008年6月</th><th>2008年7月至2009年12月</th><th>2010年1月至2012年3月</th></tr>
<tr><th>ω</th><th>β_1</th><th>β_2</th><th>β_3</th><th>β_1</th><th>β_2</th><th>β_3</th></tr>
<tr><td rowspan="2">美国</td><td>股指波动率</td><td>-0.0118</td><td>0.7121</td><td>0.9376</td><td>0.6808</td><td>0.8271</td><td>0.9556</td><td>0.7542</td><td>0.0774</td><td>-1109.52</td></tr>
<tr><td>同业拆借利率</td><td>-0.0202</td><td>0.7121</td><td>0.9239</td><td>0.4351</td><td>0.9102</td><td>0.7126</td><td>0.9995</td><td>0.0643</td><td>-942.88</td></tr>
</table>

续表

<table>
<tr><th rowspan="3">样本国</th><th rowspan="3">观察对象</th><th rowspan="2">时段</th><th colspan="3">π_1</th><th colspan="3">π_2</th><th rowspan="3">γ</th><th rowspan="3">似然对数值</th></tr>
<tr><th>1993 年 1 月至 2008 年 6 月</th><th>2008 年 7 月至 2009 年 12 月</th><th>2010 年 1 月至 2012 年 3 月</th><th>1993 年 1 月至 2008 年 6 月</th><th>2008 年 7 月至 2009 年 12 月</th><th>2010 年 1 月至 2012 年 3 月</th></tr>
<tr><th>ω</th><th>β_1</th><th>β_2</th><th>β_3</th><th>β_1</th><th>β_2</th><th>β_3</th></tr>
<tr><td rowspan="2">德国</td><td>股指波动率</td><td>-0. 0530</td><td>0. 8982</td><td>0. 3343</td><td>0. 9747</td><td>0. 8116</td><td>0. 9501</td><td>0. 9995</td><td>0. 0189</td><td>-955. 12</td></tr>
<tr><td>同业拆借利率</td><td>-0. 0495</td><td>0. 9414</td><td>0. 3294</td><td>0. 8912</td><td>0. 9887</td><td>0. 9995</td><td>0. 9973</td><td>0. 0438</td><td>-718. 80</td></tr>
<tr><td rowspan="2">中国</td><td>股指波动率</td><td>0. 1253</td><td>0. 9881</td><td>0. 6154</td><td>0. 9824</td><td>0. 5000</td><td>0. 9782</td><td>0. 9824</td><td>0. 0998</td><td>-1383. 09</td></tr>
<tr><td>同业拆借利率</td><td>0. 1341</td><td>0. 0000</td><td>0. 6629</td><td>0. 0018</td><td>0. 6615</td><td>0. 9668</td><td>0. 9853</td><td>0. 0369</td><td>-1088. 13</td></tr>
</table>

四　中国与德国金融市场风险传染效应比较

比较表 4-7、表 4-8、表 4-9 中对应参数可知，在美国金融危机时期，中国同业拆借利率波动对股指波动和汇率波动的传染效应与德国差别不大；但在欧洲债务危机时期，中国同业拆借利率波动对汇率波动的传染效应低于德国。中国股指波动对同业拆借利率波动的传染效应与德国相似，但对汇率波动的传染效应显著高于德国。中国汇率波动对股指波动和利率波动的传染效应与德国差别不大。这进一步证明了中国金融市场之间的传染冲击效应受到其他经济强国金融周期的影响。与危机源发国相比，中国金融市场间冲击效应略低，但与其他非源发国金融市场传染效应相比，中国金融市场冲击效应显著。

本章小结

通过上述论证，我们可初步得出结论：

一是金融部门通过同业拆借市场、证券市场、外汇市场等金融市场相互持有资产负债，建立了千丝万缕的网络关系，同时也形成了灵敏的传染路径，风险事件通过网络传染路径迅速流转，造成金融部门连锁反应和金融市场动荡。金融市场之间因此也具有显著的传染冲击效应。

二是就中国而言，中国金融市场之间存在显著的冲击传染效应，但同业拆借市场、外汇市场波动与股票市场波动的正传—反馈冲击效应高于同业拆借市场与外汇市场波动的相互冲击效应。

三是与市场主导型国家美国和银行主导型国家德国的金融市场体系相比，中国某些金融市场之间的传染效应甚至高于市场主导型国家美国。金融市场之间的传染冲击使不同金融市场之间波动周期趋于同步，而这又强化了金融市场之间的风险传染。

四是中国金融市场之间的传染冲击效应受到其他经济强国金融波动的影响。与危机源发国相比，中国金融市场间冲击效应略低；但与其他非源发国金融市场传染效应相比，中国金融市场冲击反应显著。

本章的研究结果对于投资者与监管层掌握系统性金融风险传导机制以及金融监管有着重要的价值。

第五章

国际上同类型金融市场的周期与冲击

上一章主要从中国及其他国家内部不同类型金融市场周期波动及传染的角度进行计量分析，本章主要从中国及其他国家金融市场之间波动及冲击传染的角度研究金融市场周期及其共振，进而估计随着经济开放和金融全球化发展，我国金融市场受到国际金融风险传染的显著程度，以及我国金融周期对其他国家产生的冲击程度。

第一节　理论分析

本节根据比较成熟的国际经济理论推出理论模型，进而在理论模型基础上推演出金融风险冲击命题。

一　模型

国家之间的货币经济往来一般通过汇率来体现，国际货币流入非国际货币国家亦是如此。假定绝对购买力平价汇率理论成立，则直接标价法下非国际货币国汇率表示为 $e_t = P_t / P_t^*$，P_t、P_t^* 分别表示非国际货币国、国际货币国的价格水平。

尽管汇率是一个宏观经济问题，但现代宏观经济学的推理逻辑是建立在微观行为基础上的，即普遍遵循“从理论水平上理解单个企业或家庭的决策过程→通过加总经济中个别家庭和企业的所有决定来解释经济的整体行为→收集并分析实际宏观经济数据以赋予理论经验内容”（杰弗里·萨克斯，1997）三个步骤。货币需求理论中，M. Friedman 设计的货币需求函数对于研究微观主体的持币行为具有很强的代表性。他将永久性收入 y、非人力财富占个人总财富比重 w、货币收益率 r_m、债券收益率 r_b、股票收益率 r_s、物价波动率 $\mathrm{d}P/(P\mathrm{d}t)$ 和制度因素 u 统一到货币需求函数中，得到公众个人货币需求模型为：

$$\frac{M_{dit}}{P_t}=f(y_{pit}, w_{it}; r_{mt}, r_{bt}, r_{st}; \frac{1}{P}. \frac{\mathrm{d}P}{\mathrm{d}t}; u)$$

一国总货币需求表示为个体货币需求加和：

$$M_{Dt}=\sum_{i=1}^{N} M_{dit}=P_t\sum_{i=1}^{N} f(y_{pit}, w_{it}; r_{mt}, r_{bt}, r_{st}; \frac{1}{P}. \frac{\mathrm{d}P}{\mathrm{d}t}; u)$$

布雷顿森林体系崩溃后，国际上形成货币竞争性扩张发行，特别是经济危机之后（苗文龙，2011），货币量即等于货币需求量。非国际货币国的货币量可表示为：

$$\begin{aligned} M_t &= P_t f(\sum_{i=1}^{N} y_{pit}, w_{it}; r_{mt}, r_{bt}, r_{st}; \pi_t; u) \\ &= P_t f(Y_{pit}, w_{it}; r_{mt}, r_{bt}, r_{st}; \pi_t; u) \end{aligned} \quad (5-1)$$

其中，Y_{pit} 为以 t 期为基础的一国不变的永久收入总量。然而，现实中每期产出却是波动的。因此，我们以第 t 期产出 Y_t 为已知，为了简化分析，设定每期产出都以稳定的增长率 g 增长，在期望收益率为 r 的情况下，据等比数列求和得出基于 t 期产出 Y_t 的未来 T 的总产出 Y_1 和基于不变永久性收入的未来 T 的总产出 Y_2。

$$\begin{aligned} Y_1 &= \sum_{t=0}^{T}\frac{Y_t}{(1+r)^t}=Y_t+\frac{Y_{t+1}}{(1+r)}+\frac{Y_{t+2}}{(1+r)^2}+\cdots+\frac{Y_T}{(1+r)^T} \\ &= Y_t+\frac{Y_t(1+g)}{(1+r)}+\frac{Y_t(1+g)^2}{(1+r)^2}+\cdots+\frac{Y_t(1+g)^T}{(1+r)^T}=\frac{Y_t(1+g)}{r-g} \end{aligned} \quad (5-2)$$

$$Y_2=\sum_{j=0}^{T}\frac{Y_{pit+j}}{(1+r)^j}=Y_{pit}+\frac{Y_{pit+1}}{(1+r)}+\frac{Y_{pit+2}}{(1+r)^2}+\cdots+\frac{Y_{piT}}{(1+r)^T}=\frac{Y_{pit}(1+r)}{r} \quad (5-3)$$

显然，函数式（5-2）等于函数式（5-3）即 $Y_1=Y_2$，此时 $Y_{pit}=\frac{Y_t(1+g)(1+r)}{(r-g)r}$，其中 $r>g$；代入模型式（5-1）转化得到非国际货币国的货币量—价格模型：

$$P_t=\frac{1}{M_t}f\left[\frac{Y_t\times(1+g)(1+r)}{(r-g)r}, w_{it}; r_{mt}, r_{bt}, r_{st}; \pi_t; u\right] \quad (5-4)$$

同理，国际货币国的货币量模型为：

$$P_t^* = \frac{1}{M_t^*} f\left[\frac{Y_t^* \times (1+g^*)(1+r^*)}{(r^*-g^*)r^*},\ w_{it}^*;\ r_{mt}^*,\ r_{bt}^*,\ r_{st}^*;\ \pi_t^*;\ u\right] \tag{5-5}$$

此时，非国际货币国汇率表示为：

$$e_t = \frac{M_t^* \times f\left[\frac{Y_t \times (1+g)(1+r)}{(r-g)r},\ w_{it};\ r_{mt},\ r_{bt},\ r_{st};\ \pi_t;\ u\right]}{M_t \times f\left[\frac{Y_t^* \times (1+g^*)(1+r^*)}{(r^*-g^*)r^*},\ w_{it}^*;\ r_{mt}^*,\ r_{bt}^*,\ r_{st}^*;\ \pi_t^*;\ u\right]} \tag{5-6}$$

因此，国际货币及其母国经济变量对非国际货币国的冲击联系可表示为：

$$\frac{f\left[\frac{Y_t \times (1+g)(1+r)}{(r-g)r},\ w_{it};\ r_{mt},\ r_{bt},\ r_{st};\ \pi_t;\ u\right]}{M_t} = \frac{e_t}{M_t^*} f\left[\frac{Y_t^* \times (1+g^*)(1+r^*)}{(r^*-g^*)r^*},\ w_{it}^*;\ r_{mt}^*,\ r_{bt}^*,\ r_{st}^*;\ \pi_t^*;\ u\right] \tag{5-7}$$

如果不考虑人力财富等经济结构因素，并且短期利率、长期利率及通货膨胀决定预期收益率，长期稳态增长路径上经济增长率相等，我们选取的变量矩阵为 $[Y_t,\ M_t,\ \pi_t,\ r_{mt},\ r_{bt},\ r_{st};\ Y_t^*,\ M_t^*,\ r_{mt}^*,\ r_{bt}^*,\ r_{st}^*,\ \pi_t^*]$。

二 冲击路径与命题

根据函数式（5-7）我们可进一步分析得出：国际货币国家通过短期利率、长期利率、股指波动率、汇率等变量对本国的相关变量产生冲击影响。具体路径如下：

（一）金融全球化加剧了资本国际流动和金融周期相关性或共振

快捷的信息技术、迅速的信息传递为资金在各国金融市场高速流动提供了便利，如果一个或几个大国金融市场发生大幅波动，资金的趋利性使其他国家也出现或大或小的波动，各国金融波动周期相关性或共振加强。

一是战略性投资者全球性的投资组合与风险管理引致资金、风险及时流动，使各国金融市场波动趋于一致。在一个或多个国家的金融波动可能会促使投资者重新平衡其投资组合进行风险管理和流动性管理，在危机国拥有资产头寸的投资者通常会减少危机国的金融资产，控制上升的金融风险，获取现有的资产收益，在“共同债权人命题”（Kaminsky and Reinhart，2000）下，一个强大国家的金融危机会增加其他国家金融的脆弱性。

二是情绪传染和公众预期调整引起风险扩大。金融危机国对其他国家产生“唤醒效应”，引发其他国家金融市场重新评估经济基本面。经济基本面不尽如人意或金融脆弱性大的国家则必然受其感染，市场情绪急转向下或增加风险厌恶情绪。如果金融危机国产生对投机冲击的恐慌，投资者冒险行为加剧市场动荡，即使官方汇率为捍卫货币而干预市场，导致利率上升，经济发展的结果仍是崩溃，产生投机性收益。

三是货币贬值、贸易外溢与汇率崩溃。Gerrits 和 Yuce（1999）认为，随着全球贸易的高速增长以及各国政府的跨区域合作的增加，商品、服务、金融资产以及人力资本自由流动的障碍越来越少，全球金融市场的联动性越来越强。一个国家经历金融危机的显著标志是货币贬值，汇率贬值提高了金融危机国家商品价格的竞争力，其他国家可能遭受贸易溢出效应影响。同时，经济低迷的金融危机国家往往压缩进口，相关的收入效应将进一步压低贸易伙伴的出口。货币贬值的价格效应和收入效应会破坏国际多边贸易联系，贸易境况的恶化必然加剧危机国金融动荡风险。因此，如果一国金融市场发生大幅震荡，往往会通过信号放大、公众预期、资金流动、保值套利等途径对其他国家金融市场产生冲击，长期内冲击效应更为显著。

四是国际通用的金融监管规则助推了金融周期相关性或共振。国际上通用的金融监管规则是《巴塞尔协议》。《巴塞尔协议Ⅱ》改变了对商业贷款采用同一权重的做法，要求采用信用评级方法对不同信用等级的贷款给予不同的风险权重。而信贷等级迁移与经济周期密切相关，在经济周期衰退期信贷等级下降很快。因此对信贷评级敏感的资本要求增加了资本监管的顺经济周期波动特征。标准法及内部评级法会显著增大最低资本金要求的周期性波动，强化商业银行的周期性行为，最终通过资本金渠道加剧宏观经济的周期性波动（苗文龙，2010）。尽管《巴塞尔协议Ⅲ》① 要求

① 由于来自银行的广泛压力，《巴塞尔协议Ⅲ》在诸多监管指标上有所放松，新协议影响最大的地方在于大幅度提高了对银行一级资本充足率的要求。规定，截至 2015 年 1 月，全球各商业银行的一级资本充足率下限将从现行的 4%上调至 6%，由普通股构成的“核心”一级资本占银行风险资产的下限从 2%提高至 4.5%。另外，各家银行应设立“资本防护缓冲资金”，总额不得低于银行风险资产的 2.5%。

商业银行必须上调资本金比率，以加强抵御金融风险的能力，但监管基本方法没有实质性变化，而且监管效果仍需检验。因此，在经济全球化背景下，国际统一的金融监管规则使金融顺周期性显著，从而加剧了国家之间金融周期的相关性或共振。

根据以上论述，我们提出命题 5-1：不同国家的金融周期波动应具有一定的相关性或共振。

（二）面临共同冲击和风险传染，国家金融市场周期的相关性或共振会加剧世界系统性金融风险，而后者又会进一步加剧金融周期震荡

（1）面临共同冲击时，各国金融周期相关性或共振使各国同时发生系统性金融风险概率大幅提升，同时引起世界范围内的共发性金融风险。

系统性风险产生根源主要有二：一是系统重要性金融机构经营失误造成对金融体系的较大冲击，并形成风险传导；二是政策压力或经济环境使金融机构资产结构、经营状况具有同质性，在外来风险冲击下，金融风险迅速在系统内传播、膨胀。McQueen 和 Roley（1993）的研究表明，由于经济基本面之间存在相互联动性，一国宏观经济指标的变动会同时对本国和其他国家上市公司的未来现金流和折现率产生影响，不同股市收益率相关性的根源之一是某些重要的宏观经济变量的变动。因此我们认为，在国际范围内，一个重大事件的发生，往往对各国都产生信息溢出效应，对单个国家金融的冲击效应并未减少，此时事件对世界金融体系的冲击相当于被放大了数倍或数十倍（受感染国家的数目）。受感染各国的金融周期如果同步，则同一事件冲击可能使它们的金融市场同时面临巨幅震荡，在繁荣期可能使市场运行方向逆转，在萧条期可能使市场产生更大跌幅，成为世界性金融震荡或冲击。如图 5-1 所示，事件冲击前，A，B，…，N 各国金融周期波长、波幅、频率基本相似，事件冲击后，由于金融结构、行为相似性，A，B，…，N 各国金融周期发生相似的变动，波幅更高，波长加长（或缩短）。因此，共同冲击使金融周期相关性或共振的各国同时发生系统性金融风险概率提升，世界范围内共发性金融风险剧增。

（2）面临国家的系统性金融风险传染时，各国金融市场周期相关性或共振通过金融波动共振加剧世界系统性金融风险传染。

一国发生金融危机并向世界各国传染的过程中，金融波动的相关性或共振可能使金融风险更易于传染，因为各国金融机构资产结构、负债方式、行为特征、市场风险都可能相同。而且，金融波动的同质性使各国金

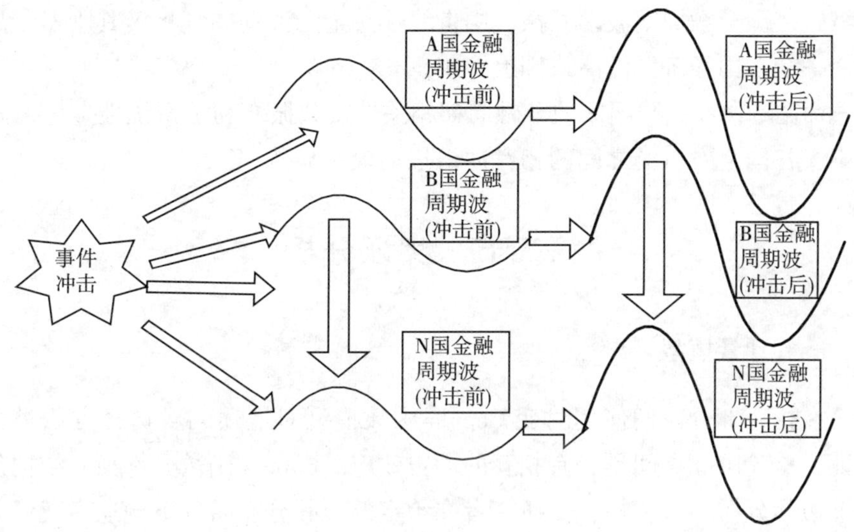

图 5-1　共同冲击、金融周期同步与金融风险加剧

融风险相互传染，在两个频率相同的震荡波发生交汇时，金融波合二为一，产生更大的金融波。经过各国金融波的多次汇合，世界的系统性金融波将被放大无数倍，对世界经济的冲击也更为巨大。如图 5-2 所示。A 国金融波动和 B 国金融波动交合共振后，两国的金融波动振幅加大，破坏力度倍增；A、B 国金融交汇波与 C、D 国金融交汇波再次交汇后，四国的金融波动振幅更为剧烈，破坏力度更甚于两国共振情况；如果金融风险

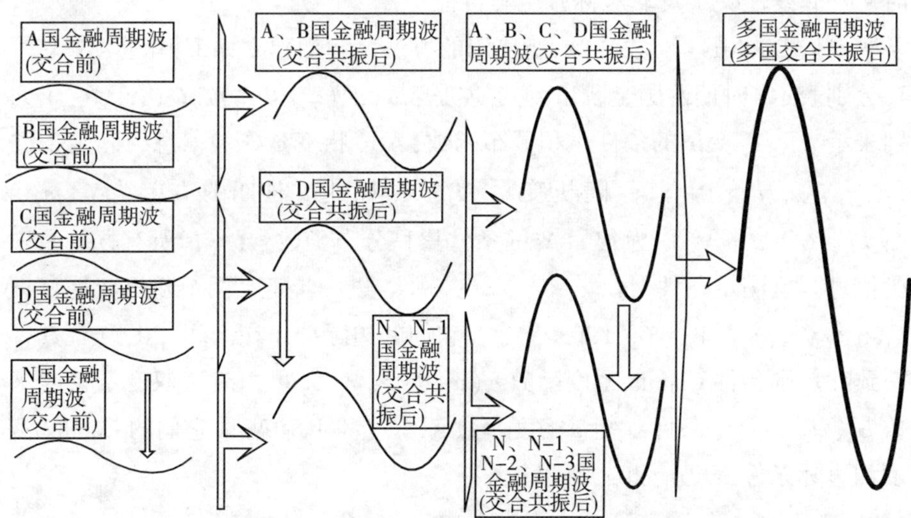

图 5-2　金融周期同步、共振与金融风险加剧

传染，多国金融周期波动共振，则世界性总金融波动幅度将极其剧烈，足以使一个多国经济区停滞或倒退多年。

命题 5-2：不同国家的金融周期相关性或共振便利了系统性金融风险传染，各国金融市场之间的相互冲击扰动效应显著。

第二节　实证分析

一　计量模型

在这一部分我们使用时变 Copula 函数模型对上述问题选择方法进行论证，检验国际之间是否有相互的冲击效应。Copula 函数允许独立结构条件下边际分布的分离性，使研究者在给定的边际分布条件下构造多变量分布函数时避免了边际分布函数或联合分布函数的正态分布假设，而且，当变量出现非对称厚尾特征时，Copula 函数较线性模型及估计更具仿真性（Dimitris 等，2011）。时变 Copula 模型的条件依赖于参数 1 和参数 2 提供的历史先验信息，参数 1 为本章待检验金融市场变量——股指波动率（或同业拆借利率，或真实有效汇率），参数 2 为不同国家金融市场之间横向溢出效应。我们先估计单变量分布，然后估计联合分布。在当前信息基础上，高斯 Copula 函数中的独立参数可表示为时变过程条件，且允许时变、非线性关系及非对称厚尾等特征。

根据 Dimitris 等（2011）所使用的方法，我们建立如下模型。令 X_t、Y_t 分别表示 t 时期两国金融市场的随机变量，$F_t(x_t \mid \Phi_{t-i})$、$G_t(y_t \mid \Phi_{t-i})$ 分别表示 X_t、Y_t 变量的条件累积分布函数，Φ_{t-i} 指变量先验信息，满足条件 $\{x_{t-i},\ y_{t-i},\ i > 0\}$。令随机变量 M_t、N_t 描述 t 时期的方差，$F_t^*(m_t \mid \Lambda_{t-1})$、$G_t^*(n_t \mid \Lambda_{t-1})$ 为 M_t、N_t 的条件累积分布函数，Λ_{t-1} 指所有方差的先验信息，且满足条件 $\{m_{t-i},\ n_{t-i},\ i > 0\}$。进一步定义两个随机变量 $U_t = F_t(X_t \mid \Phi_{t-1})$ 和 $V_t = G_t(Y_t \mid \Phi_{t-1})$，它们的边际分布在区间 [0, 1] 具有一致性。则条件 Copula 密度函数 $c_t(u_t,\ v_t \mid \Phi_{t-1})$ 可由时变双变量密度函数 U_t、V_t 界定。条件双变量密度函数 X_t、Y_t 和 M_t、N_t 由它们的 Copula 密度和边际条件密度 f_t 和 g_t 给出：

$$H_t(x_t,\ y_t \mid \Phi_{t-1}) = c_t[F_t(x_t \mid \Phi_{t-1}),\ G_t(y_t \mid \Phi_{t-1}) \mid \Phi_{t-1}] \\ f_t(x_t \mid \Phi_{t-1}) g_t(y_t \mid \Phi_{t-1}) \qquad (5-8)$$

$$H_t(m_t, n_t \mid \Phi_{t-1}) = c_t[F_t(m_t \mid \Phi_{t-1}), G_t(n_t \mid \Phi_{t-1}) \mid \Phi_{t-1}]$$
$$f_t(m_t \mid \Phi_{t-1}) g_t(n_t \mid \Phi_{t-1}) \tag{5-9}$$

（一）Copula 转换机制

我们引入 u_t 描述金融市场变异的转换机制，$u = \sqrt{g_{st}} \times u_t$，$u_t$ 遵循 GJR-GARCH-MA-t 规范过程（Glosten 等，1993）。Patton（2006）和 Bartram 等（2007）对机制转换程序进行推进。u 的水平可能偶尔改变，依赖于 g_{st}，假定 g_{st} 为尺度参数，是潜在变量 s_t 的函数。s_t 可描述为一个马尔可夫链（Markov Chain），取值为 1，2，3，…，k。

$$P = \begin{pmatrix} p_{11} & \cdots & p_{1k} \\ \vdots & \ddots & \vdots \\ p_{k1} & \cdots & p_{kk} \end{pmatrix}$$

其中，$p_{ij} = p(s_t = i \mid s_{t-1} = j)$，$s_t$ 是时期 t 的转换过程机制。因此，s_t 在 t 期可为任何状态 k。状态 1 时，$u = \sqrt{g_{1t}} \times u_t$；状态 2 时，$u = \sqrt{g_{2t}} \times u_t$；状态 k 时，$u = \sqrt{g_{kt}} \times u_t$。Hamilton（1989）通过极大似然函数方法估计相关参数，并且在全样本信息平滑概率基础上求解时间 t 的转换过程。选择金融市场上不同方差服从 $a(2, 1)$ 过程，用 GJR-GARCH-MA-t-switching（2，1）描述金融市场的边际结构。

（二）边际分布模型和参数估计

在 Patton（2006）、Dimitris 等（2011）研究的基础上，采用两阶段最大似然估计法估计模型参数。Glosten 等（1993）、Engle 和 Ng（1993）等相关研究得出金融市场上股指波动率等变量的条件密度函数具有频率分配曲线尖顶峰度和非对称方差特征。根据适合的条件高斯分布 ARCH 模型求解本章的边际分布，基本原理参阅第四章式（4-3）至式（4-4）。

二　变量与数据

本章选择样本国为美国、英国、德国、日本、俄罗斯、中国，分别代表美洲经济体、欧洲经济体和亚洲经济体。根据已有研究文献，本章计算股指波动率为 $(P_t - P_{t-1})/P_{t-1}$。从理论上讲，货币市场可能比资本市场具有更敏感的传染效应，因此本章还将考察各国货币市场波动如何传染，典型变量为同业拆借利率。由于统计数据可得性，美国该指标为联邦基金年利率，英国为银行间隔夜拆借利率 LIBID/LIBOR，德国为欧元银行间隔夜利率（EONIA），俄罗斯为1—3个月银行间利率，中国为银行间隔夜拆借利率。外汇市场的指标为样本国真实有效汇率。其中，欧元1999年1月1日才启动，1997—1999年德国银行间隔夜利率使用的是德国马克银行间隔夜利率。考虑到马克在欧元中的地位，这两个利率转化比较平稳。实验数据类型为月度数据，数据区间为1993年1月至2012年3月。中国主要的数据区间为1997年1月至2012年3月。上述数据主要来源于中经网，部分数据来源于《中国金融年鉴》。

变量符号及含义：*asi* 为美国股指回报率、*ari* 为美国联邦基金年利率、*aei* 为美国真实有效汇率，*esi* 为英国股指回报率、*eri* 为英国银行间隔夜拆借利率、*eei* 为英国真实有效汇率，*dsi* 为德国股指回报率、*dri* 为德国欧元银行间隔夜利率、*dei* 为德国真实有效汇率，*rsi* 为俄罗斯股指回报率、*rri* 为俄罗斯1—3个月银行间利率、*rei* 为俄罗斯真实有效汇率，*jsi* 为日本股指回报率、*jri* 为日本银行同业拆借利率、*jei* 为日本真实有效汇率，*csi* 为中国股指回报率、*cri* 为中国银行间隔夜拆借利率、*cei* 为中国真实有效汇率。本书收集的样本数据描述统计结果见表5-1。

表5-1 金融市场变量数据描述统计表

变量	*asi*	*ari*	*aei*	*esi*	*eri*	*eei*	*dsi*	*dri*	*dei*
均值	0.2283	-3.4278	-0.1239	0.0387	-1.8451	-0.1505	-0.0417	-0.7313	-0.0543
标准差	4.2941	14.7682	1.2348	3.9034	9.0017	1.5254	5.4019	13.6074	0.8619
偏度	-1.3001	-0.5814	0.5545	-1.2117	-2.8099	-0.5447	-0.8819	0.5191	0.7738
峰度	8.1552	8.0692	5.4936	6.2506	12.1799	5.2323	4.8081	8.4975	4.3005
变量	*rsi*	*rri*	*rei*	*jsi*	*jri*	*jei*	*csi*	*cri*	*cei*
均值	3.0136	0.8815	0.5583	-0.3243	7.6089	-0.1372	0.4190	-0.1546	0.1266
标准差	10.549	17.3751	2.0195	4.9219	80.8837	2.2777	6.8009	26.5081	1.4556
偏度	0.4103	0.7698	-0.9682	-0.4630	6.8591	0.8900	0.4779	-1.1578	-0.0196
峰度	6.9196	6.2863	6.4871	4.5890	57.2283	5.7611	3.6502	7.6568	3.1870

第三节 谱分析与金融周期相关性判断

一 单变量谱分析

单变量谱分析前，需检验变量平稳性。利用ADF检验法进行检验，结果列入表5-2。分析结果得出，各国股指波动率、利率波动率、汇率波动率时间序列数据平稳。我们可对样本国股指波动率、利率波动率、汇率波动率直接进行谱分析。

表5-2　股指波动率、汇率波动率的平稳性检验

变量	ADF检验值	变量	ADF检验值	变量	ADF检验值	ADF检验临界值		
						1%	5%	10%
*asi**	-11.38748	*ari**	-9.7327	*aei**	-10.0907	-3.4587	-2.8739	-2.5734
*esi**	-12.9005	*eri**	-5.5612	*eei**	-13.2325	-3.4587	-2.8739	-2.5734
*dsi**	-10.9456	*dri***	-3.4178	*dei**	-11.4687	-3.4587	-2.8739	-2.5734
*rsi**	-9.1294	*rri**	-6.9345	*rei**	-5.0082	-3.4587	-2.8739	-2.5734
*jsi**	-10.9251	*jri**	-11.2798	*jei**	-10.7763	-3.4587	-2.8739	-2.5734
*csi**	-8.1551	*cri**	-10.4740	*cei**	-16.3035	-3.4587	-2.8739	-2.5734

注：* 表示在1%显著性水平下显著，** 表示在5%显著性水平下显著。

利用SPSS17.0统计软件分析处理各国金融市场变量单变量谱密度，分别选择谱密度值最高值和次高值对应的频率，计算各金融变量的周期，结果见表5-3。比较分析单变量谱分析结果可初步得出：

表5-3　样本国金融市场变量波动单变量谱分析

变量	主周期（年）	谱密度	次周期（年）	谱密度	变量	主周期（年）	谱密度	次周期（年）	谱密度
asi	10.68	860.13	2.02	896.87	*jsi*	13.79	161501.90	1.62	152032.09
ari	10.68	664.15	2.02	842.54	*jri*	13.61	6434.12	1.43	23001.36
aei	10.68	1603.32	2.02	1204.01	*jei*	11.57	6613.60	3.06	14626.81
esi	10.68	1552.52	1.92	761.64	*rsi*	11.57	52.57	2.43	71.48
eri	13.79	5460.55	4.60	6336.06	*rri*	11.57	92.96	5.91	110.48
eei	13.79	5074.39	2.12	1859.28	*rei*	11.57	21.99	4.60	34.59
dsi	11.57	13374.61	5.17	8227.00	*csi*	10.68	160.32	5.52	484.45
dri	11.57	6774.48	2.02	1216.07	*cri*	10.68	129.59	7.52	216.04
dei	10.68	14246.61	1.72	6414.30	*cei*	11.57	67.92	8.27	101.43

注：样本数据为月度数据，为与经济周期传统描述一致，将其转化为年度数据。

（1）所选择的几个样本国的金融市场变量——股指波动率、利率波动率、汇率波动率都表现出显著的周期性波动特征，都具有主周期和次周期。主周期长度从 10 年到 15 年不等，次周期长度从 1 年到 8 年不等。

（2）比较样本国金融变量周期长度，发现各国金融周期之间存在一定的相关性或共振。

从股指波动率来看，美国、英国、中国的主周期基本相同，均为 10.68 年；俄罗斯和德国的主周期完全相同，均为 11.57 年。美国次周期为 2.02 年、英国为 1.92 年、日本为 1.62 年、俄罗斯为 2.43 年，这四国的次周期基本上相同。从利率波动率来看，美国和中国的主周期基本相同，均为 10.68 年；英国、日本的主周期分别为 13.79 年、13.61 年，比较相近；德国和俄罗斯的主周期为 11.57 年，波动非常接近。从汇率波动率来看，美国、德国的主周期基本相同，均为 10.68 年；日本、俄罗斯、中国的主周期基本相同，均为 11.57 年。

从六个国家股指波动率、利率波动率和汇率波动率来看，所有的主周期只存在三种类型：美国股指波动率、美国利率、美国汇率、英国股指波动率、德国汇率、中国股指波动率、中国利率的主周期基本相同，均为 10.68 年。德国股指波动率、德国利率、日本汇率、俄罗斯股指波动率、俄罗斯利率、俄罗斯汇率、中国汇率，主周期基本均为 11.57 年。英国利率、英国汇率、日本股指波动率、日本利率，主周期基本均为 13 年多。

因此，通过单变量谱分析可以初步判断出，各样本国金融市场变量具有显著的周期特征，部分金融周期之间存在明显的相关性或共振。为进一步精确估算金融周期相关性或共振大小，下文用交叉谱分析方法进行估算和验证。

二 交叉谱分析

为计算金融变量周期之间的相关性和时滞，我们需估计三个核心的交叉谱统计量：一致性、相位谱（可计算出时差）和周期。一致性可用来确定构成现实经济周期各变量间关联性的强弱程度，反映变量的波动关系及其运行规律，取值［0，1］。相位谱用于计算领先指标与同步指标之间的时间差，从而通过领先和滞后关系的测定来预测和推断经济周期可能或应该出现的转折点，周期描述两变量的共振周期。根据一致性最大原则，汇总各国金融周期变量交叉谱分析结果如表 5-4、表 5-5、表 5-6 所示。

表 5-4　样本国股市波动交叉谱分析

变量	周期（月）	一致性	相位谱	时差（个月）	增益
csi 与 *asi*	198. 52	0. 77	-0. 43	-13. 62	0. 36
csi 与 *esi*	198. 52	0. 58	-0. 35	-10. 96	0. 25
csi 与 *dsi*	198. 52	0. 55	-0. 31	-9. 86	0. 44
csi 与 *jsi*	17. 12	0. 37	-0. 91	-2. 48	0. 51
csi 与 *rsi*	38. 18	0. 53	-0. 41	-2. 47	0. 86
esi 与 *asi*	141. 83	0. 96	-0. 02	-0. 47	1. 26
dsi 与 *asi*	110. 31	0. 72	-0. 14	-2. 42	0. 68
jsi 与 *asi*	17. 12	0. 86	-0. 14	-0. 39	0. 86
rsi 与 *asi*	110. 31	0. 91	-0. 29	-5. 07	0. 47
dsi 与 *esi*	16. 83	0. 95	-0. 08	-0. 22	0. 64
jsi 与 *esi*	24. 21	0. 94	0. 12	0. 46	1. 05
rsi 与 *esi*	110. 31	0. 82	-0. 28	-4. 90	0. 34

表 5-5　样本国货币市场利率波动交叉谱分析

变量	周期（月）	一致性	相位谱	时差（个月）	增益
cri 与 *ari*	82. 73	0. 86	0. 73	9. 64	0. 84
cri 与 *eri*	76. 36	0. 64	-0. 64	-7. 78	0. 73
cri 与 *dri*	19. 47	0. 73	-1. 87	-5. 80	0. 65
cri 与 *jri*	22. 06	0. 69	-0. 08	-0. 27	1. 32
cri 与 *rri*	15. 56	0. 80	-0. 63	-1. 55	0. 76
ari 与 *eri*	58. 40	0. 83	1. 21	11. 24	2. 83
ari 与 *dri*	21. 12	0. 74	-0. 01	-0. 03	0. 76
ari 与 *jri*	14. 18	0. 69	-2. 92	-6. 60	0. 06
ari 与 *rri*	46. 67	0. 80	-2. 97	-22. 05	0. 62
eri 与 *dri*	496. 30	0. 82	0. 09	6. 95	0. 72
eri 与 *jri*	36. 77	0. 81	0. 40	2. 35	0. 04
eri 与 *rri*	19. 22	0. 82	-0. 99	-3. 02	0. 33

表 5-6　样本国真实外汇汇率波动交叉谱分析

变量	周期（月）	一致性	相位谱	时差（个月）	增益
cei 与 *aei*	141. 83	0. 892	-0. 12	-2. 60	0. 94
cei 与 *eei*	19. 09	0. 547	1. 05	3. 18	1. 83

续表

变量	周期（月）	一致性	相位谱	时差（个月）	增益
cei 与 *dei*	110.31	0.801	-2.70	-47.38	0.35
cei 与 *jei*	13.24	0.699	-2.92	-6.16	0.83
cei 与 *rei*	27.58	0.875	-0.01	-0.03	0.90
aei 与 *eei*	34.23	0.701	-0.75	-4.08	0.99
aei 与 *dei*	38.18	0.882	-2.36	-14.35	0.78
aei 与 *jei*	14.82	0.775	-1.15	-2.72	0.27
aei 与 *rei*	22.06	0.668	0.19	0.66	0.37
eei 与 *dei*	33.09	0.645	-1.54	-8.10	1.63
eei 与 *jei*	55.15	0.892	2.81	24.64	0.43
eei 与 *rei*	17.73	0.696	1.45	4.10	0.78

样本国股指波动率波动周期具有较高的相关性、较低的相位谱和时差，更精确地揭示出不同样本国之间资本市场周期相关性或共振高低。以美国股指波动率为核心变量，英、德、日、俄、中与其金融周期相关性或共振显著。其中，英国与美国的周期相关性或共振最高，一致性高达0.96，时差-0.47个月（表明英国股指波动率滞后于美国0.47个月，下同）；俄罗斯与美国的金融周期相关性或共振次之，一致性为0.91，时差为-5.07个月；日本与美国的金融周期相关性或共振较强，一致性为0.86，时差为-0.39个月；中国与美国的周期相关性或共振明显，一致性为0.77，时差为-13.62个月；德国与美国具有强烈的周期相关性或共振，一致性为0.72，时差为-2.42个月。以中国股指波动率为核心变量，除美国周期相关性或共振较强外，英、德、俄、日也表现出同中国较显著的周期相关性或共振，一致性分别为0.58、0.55、0.53、0.37，除日本外，相关度都大于0.5，时差分别为-10.96个月、-9.86个月、-2.47个月、-2.48个月。这证实了国际资本市场周期具有较高的相关性或共振，时差多在2—5个月。中国资本金融市场与其他国家相关性或共振相对而言较低，因此滞后时间较长，滞后于俄罗斯、日本2个多月，滞后于欧美国家10个月左右。这同时证明“（中国）A股市场不是‘独立市’，A股不仅能够反映美股、港股等外围市场的重要信息，而且具有影响外围市场的能力”（石建勋和吴平，2008；李红权等，2011）。从时差符号分析得出，美国资本市场对其他国家资本市场冲击效应显著，是引发其他国家金融波动的原动力。

样本国利率波动率波动周期具有较高的相关性、较低的相位谱和时差，一定程度上揭示出双边样本国货币市场波动的相关性或共振。以美国利率波动率为核心变量，中、英、德、日、俄与其金融周期相关性或共振显著。其中，中国与美国的周期相关性或共振最高，一致性高达 0.86，时差为 9.64 个月（美国联邦基金利率波动率较中国同业拆借利率波动率滞后 9.64 个月）；英国与美国的金融周期相关性或共振次之，一致性为 0.83，时差为 11.24 个月。多数情况是以美国金融市场为核心，其他国家金融市场变量波动滞后于美国。本书检验结果显示，货币市场上中国、英国的同业拆借利率波动分别领先于美国 9 个月、11 个月。我们推测其原因在于，美国作为赤字巨大的国家，资金需求波动受世界上资金供给国波动的影响，而具备此条件的一是英国，伦敦同业拆借市场可满足世界资金供求，二是中国，可作为巨大的储蓄国和资金供给方，两个货币市场的利率对美国均可产生影响，而且这种影响比中国股市对美国的影响更大。俄罗斯与美国的金融周期相关性或共振较强，一致性为 0.80，时差为 -22.05个月；德国与美国的周期相关性或共振明显，一致性为 0.74，时差为-0.03 个月；日本与美国具有明显的周期相关性或共振，一致性为 0.69，时差为-6.60 个月。以中国利率波动率为核心变量，除美国周期相关性或共振较强外，俄、德、日、英也表现出同中国较显著的周期相关性或共振，一致性分别为 0.80、0.73、0.69、0.64，时差分别为-1.55 个月、-5.80个月、-0.27 个月、-7.78 个月。从时差分析，美国与德国的货币市场周期最为相近，时差只有-0.03 个月，即不到 1 天时间；中国与日本的货币市场周期相近，时差只有-0.27 个月，即不到 9 天时间。这证实了国际货币市场波动具有较高的相关性或共振。

样本国汇率波动率波动周期具有较高的相关性、较低的相位谱和时差，更精确地揭示出不同样本国之间外汇市场周期相关性或共振高低。以美国汇率波动率为核心变量，中、德、日、英、俄与其金融周期相关性或共振显著。其中，中国与美国的周期相关性或共振最高，一致性高达 0.892，时差为-2.60 个月；德国与美国的金融周期相关性或共振次之，一致性为 0.882，时差为-14.35 个月；日本与美国的金融周期相关性或共振较强，一致性为 0.775，时差为-2.72 个月；英国与美国具有强烈的周期相关性或共振，一致性为 0.701，时差为-4.08 个月；俄罗斯与美国的周期相关性或共振明显，一致性为 0.668，时差为 0.66 个月。以中国汇率波动率为核心变量，除美国周期相关性或共振较强外，俄、德、日、英也表现出同中国较显著的周期相关性或共振，一致性分别为 0.875、0.801、0.699、0.547，时差分别为-0.03 个月、-47.38 个月、-6.16 个月、3.18 个月。这证实了国际外汇市场周期具有较高的相关性或共振。

根据谱分析结果，本书所提出的命题 5-1 “不同国家的金融周期波动应具有一定的相关性或共振” 得到有力的证明。

第四节　时变 Copula 模型与国家间系统性金融风险冲击效应

在分析样本国金融周期相关性或共振的基础上，我们进一步估算国家金融市场之间的传染与冲击效应，进而为金融周期同步与金融市场传染之间的强化关系和世界系统性金融风险的生成提供解释。对于条件 Copula 密度的模型，边际密度函数的适当界定非常必要。我们利用 Berkowitz (2001)、Dimitris (2011) 检验方法，通过 Matlab2016a 软件编写处理程序，估计 GJR-GARCH-MA-t 模型边际密度的拟合优度（参见式 (4-3)、式 (4-4)），进而估算和检验各国之间金融冲击的 Copula 模型，拟合优度显著水平为 10%。选择冲击效应和反馈效应最为显著的金融市场，以及对中国金融市场传染冲击最显著的金融市场，绘制 Copula 密度函数，估计结果如图 5-3 所示。

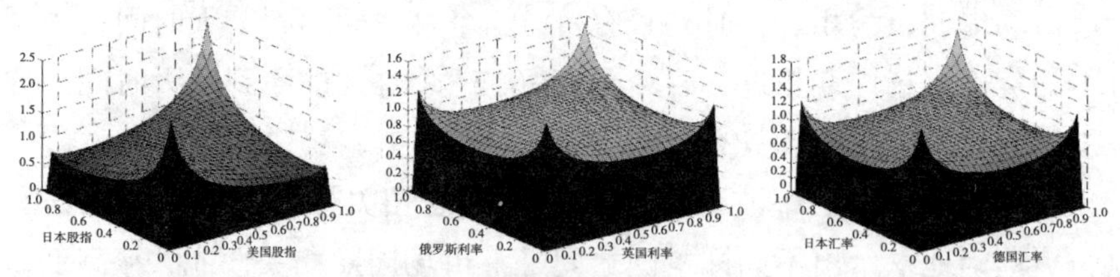

（1）美国股指和日本股指Copula密度分布（2）英国利率和俄罗斯利率Copula密度分布（3）德国汇率和日本汇率Copula密度分布

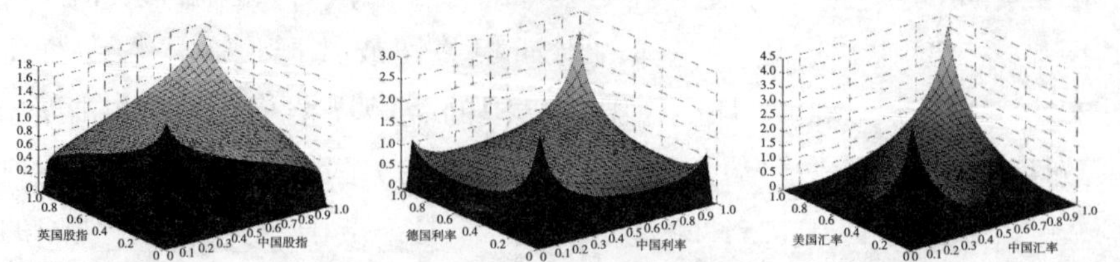

（4）中国股指和英国股指Copula密度分布（5）中国利率和德国利率Copula密度分布（6）中国汇率和美国汇率Copula密度分布

图 5-3　几个典型的金融风险传染冲击二元 Copula 密度分布

一　一国股票市场风险对其他国家资本市场具有显著的溢出效应和冲击效应

表 5-7 给出了股指波动率时变 Copula 模型的估计参数 π_1 和国家之间交互影响参数 π_2，在多变量框架下，分别刻画了危机时期和平稳时期危机国与其他国家资本市场之间的冲击关系。分析得出：第一，对于股指波动率，危机时期 π_1 的依赖参数 β_2、β_3 取值区间为［0.80，0.99］，对于不同国家股指波动率之间交互冲击参数 π_2 的其他自回归参数，β_2、β_3 仍然远大于 0.5，这意味着不同国家股指波动率之间存在较高的持续依赖关系。第二，比较危机时期依赖参数 β_2、β_3 和平稳时期依赖参数 β_1，无论是 π_1 还是 π_2，β_2、β_3 在危机时期都具有显著的波动。因此，各国家股票市场之间存在着显著风险传染和冲击效应。第三，比较参数大小可知，美国股市对中国和德国股市的冲击影响大于对其他国家的冲击影响，这表明美国资本市场对中国和德国股市具有较大的溢出效应；美国金融危机对世界经济金融产生较大负面冲击，对英、德等 5 国的冲击效应大于欧洲债务危机期间的冲击效应。在欧洲债务危机期间德国对其他 5 国的冲击效应大于在美国金融危机期间，主要体现在交互冲击参数 π_2 回归参数 β_2、β_3 上。第四，中国资本市场波动对其他国家资本市场具有显著的冲击效应，并且对以英、德为代表的欧洲资本市场的冲击参数大于对美国的冲击参数，对俄、日的冲击效应最小。另外，不同于 Dimitris 等（2011）研究结论的是，危机时期参数 β_2、β_3 较危机前参数 β_1 有所下降，在一定程度上表明执政当局在危机来临时应对方法和时间的不一致。不同于张兵等（2010）DCC 模型下的研究结论“在价格和波动溢出方面，中国股市对美国股市的引导作用很弱”，本章检验结果证明，中国资本市场对其他国家亦具有显著的影响。李红权等（2011）利用信息溢出检验体系分析我国 A 股与美股在美国次贷危机前后的互动关系，证实了在三者传染关系中美股的主导地位。这与本章结论较为一致，而且，我们在一定程度上论证了美洲、欧洲、亚洲等主要股票市场之间的传染冲击与反馈效应。

二　一国货币市场风险对其他国家货币市场具有显著的溢出效应和冲击效应

表 5-8 给出了同业拆借利率波动率时变 Copula 模型的估计参数 π_1 和国家之间交互影响参数 π_2，在多变量框架下，分别刻画了危机时期和平

稳时期危机国与其他国家货币市场之间的冲击关系。分析得出：第一，对于同业拆借利率波动率，危机时期 π_1 的依赖参数 β_2、β_3 取值区间为［0.44，0.99］这意味着不同国家市场利率波动率之间存在较高的持续依赖关系，但对于不同国家利率波动率之间交互冲击参数 π_2 的自回归参数 β_2、β_3 多小于0.5，甚至为0。第二，比较危机时期依赖参数 β_2、β_3 和平稳时期依赖参数 β_1，无论是 π_1 还是 π_2，β_2、β_3 在危机时期均具有显著的波动。因此，国家货币市场之间存在着显著风险传染和冲击效应。第三，比较参数大小可知，中国、德国对其他国家货币市场的冲击影响大于其他国家的冲击影响，这表明两次金融危机期间中国、德国货币市场对世界货币市场具有较大的溢出效应，在一定程度上说明，中国、德国作为资金供给国在利率波动上对世界金融周期具有较大的影响力。第四，货币市场危机时期参数 β_2、β_3 较危机前参数 β_1 有所上升，在一定程度上表明，两次金融危机中货币市场具有更显著的冲击效应和冲击反应。李成等（2010）实证得出："中美利率之间存在显著的波动溢出效应，美国利率上升或下降对中国利率波动性以及中美利率协动性的影响具有非对称效应。"不同于他们研究结论的是：在近两次金融危机中，中、德两国利率对美国利率具有更大的溢出效应，而不是单纯被动承受美国利率的冲击。在一定程度上也证实了美国作为低储蓄国在应对金融危机时，反映资金供求状况的利率具有较大的被动性。而且，鉴于金融机构的专业性和信息及时性，同业拆借利率能比股指波动率更快速地反映出金融风险传染。

三 金融风险或危机通过外汇市场从危机国向其他国家蔓延和扩展的效应明显

一国外汇市场风险对其他国家外汇市场具有显著的溢出效应和冲击效应。表5-9给出了汇率波动率时变 Copula 模型的估计参数 π_1 和国家之间交互影响参数 π_2，在多变量框架下，分别刻画了危机时期和平稳时期危机国与其他国家外汇市场之间的冲击关系。分析得出：第一，对于汇率波动率，依赖参数 β_2、β_3 在美国金融危机和欧洲债务危机时期取值一般大于0.5，但显著小于货币市场和资本市场的估计值，表明不同国家汇率波动之间存在一定的持续依赖关系，但由于存在汇率管制、政策调控等因素，外汇市场的波动冲击效应较低。第二，比较危机时期依赖参数 β_2、β_3 和平稳时期依赖参数 β_1，无论是 π_1 还是 π_2，冲击参数在危机时期均具有显著的波动。因此，国家外汇市场之间存在着显著风险传染和冲击效应。第三，比较参数大小可知，美国外汇市场对英、俄外汇市场的冲击，中国外汇市场对俄、日外汇市场的冲击，以及德国对中、日、俄的冲击，明显大于对其他国家的冲击影响。这表明，前者对后者具有较大的传染效应与冲击影响。第四，美国金融危机时期，美国汇率波动对其他国家的冲击效应大于欧债危机时期美国汇率波动对其他国家的影响；欧债危机时期，德国汇率波动对其他国家的冲击效应大于美国金融危机时期德国汇率波动对其他国家的影响。这揭示了世界金融危机时期，金融危机爆发国对其他国家的冲击传染效应更为显著，其他国家的影响则可能是冲击反馈效应，对金融危机的影响要小于危机原始爆发国。戴翔、张二震（2011）实证得出，“汇率波动对出口绩效具有显著负面影响，本轮全球金融危机冲击下汇率波动加剧是全球贸易‘崩溃’的促成因素之一”。因此，金融危机通过汇率波动与传染，对贸易等实体经济产生更大的负面影响，进而加剧金融动荡。

表 5-7　股指波动率多变量转化机制 Copula 模型估计

冲击国	观察国	时段	π_1			π_2			γ	似然对数值
			1993 年 1 月至 2008 年 6 月	2008 年 7 月至 2009 年 12 月	2010 年 1 月至 2012 年 3 月	1993 年 1 月至 2008 年 6 月	2008 年 7 月至 2009 年 12 月	2010 年 1 月至 2012 年 3 月		
		ω	β_1	β_2	β_3	β_1	β_2	β_3		
美国	中国	0.0052	0.9909	0.8840*	0.7728*	0.9943**	0.9607*	0.8586*	-0.066	-1297.69
	英国	0.0068	0.9760*	0.8886*	0.7879*	0.9728*	0.7997*	0.8131*	-0.076	-963.02
	德国	0.0020	0.9793*	0.9210*	0.9729*	0.9884	0.8539*	0.1324*	-0.083	-1044.64
	日本	0.0003	0.9897	0.9108*	0.8503	0.9926	0.9994*	0.6984*	-0.073	-1056.15
	俄罗斯	0.1233	0.8074*	0.8377*	0.5832*	0.8550*	0.9075*	0.6929*	-0.111	-1074.31
英国	美国	0.0219*	0.9717*	0.8926*	0.8400*	0.9771*	0.9432*	0.7858*	-0.0450	-963.02
	中国	0.0370*	0.9838*	0.9587*	0.9485*	0.9941*	0.5000*	0.7909*	-0.0103	-1373.73
	德国	0.0273*	0.9637*	0.4602*	0.5000*	0.9811*	0.6933**	0.2104	-0.0725	-1051.33
	日本	0.0151*	0.9847*	0.9821*	0.7985	0.9912**	0.7882*	0.9161*	-0.0670	-1073.47
	俄罗斯	0.1321*	0.9521*	0.8859*	0.9244*	0.8157*	0.0589**	0.9903*	-0.0820	-1077.83
德国	美国	0.5000*	0.9885*	0.8488*	0.1600	0.9795*	0.8921*	0.9753*	-0.0001	-1044.63
	英国	0.4973*	0.9794*	0.6933*	0.2205**	0.9671*	0.4602**	0.4965*	0.0038	-1051.29
	中国	0.4994*	0.8297*	0.9678*	0.4896*	0.9058*	0.5000**	0.7237*	0.0010	-1408.21
	日本	0.4994*	0.8525*	0.9519**	0.4454**	0.6178*	0.9995**	0.8803**	-0.0458	-1149.32
	俄罗斯	0.2720	0.7677*	0.9151**	0.6489*	0.8569*	0.9122*	0.7715*	0.0882	-1092.08

续表

冲击国	观察国	时段	π_1			π_2			γ	似然对数值
			1993年1月至2008年6月	2008年7月至2009年12月	2010年1月至2012年3月	1993年1月至2008年6月	2008年7月至2009年12月	2010年1月至2012年3月		
		ω	β_1	β_2	β_3	β_1	β_2	β_3		
日本	美国	0.0085*	0.9921*	0.9905*	0.6864	0.9875*	0.8957*	0.2579	-0.0539	-1056.24
	英国	0.0095*	0.9912*	0.8783*	0.8510	0.9822*	0.9119*	0.0041	-0.0573	-1075.90
	德国	0.0102*	0.6192	0.9977*	0.9163*	0.8517*	0.9969*	0.3197	-0.0787	-1149.40
	中国	0.0083	0.4632*	0.9523*	0.5788**	0.9085*	0.8909*	0.6731**	-0.0338	-1502.87
	俄罗斯	0.0299	0.6827	0.8787**	0.6295**	0.9171	0.8977**	0.8833**	0.0747	-1118.18
俄罗斯	美国	0.1357	0.8286	0.9193	0.7059	0.7045	0.8365	0.5682	0.0231	-1074.16
	英国	0.1758*	0.805**	0.8334**	0.6696	0.6709*	0.8865**	0.5869**	0.0458	-1077.79
	德国	0.0147	0.8598*	0.9411**	0.7105	0.7700*	0.9209*	0.6677**	0.0463	-1080.69
	日本	0.1643	0.8232*	0.9263*	0.8938**	0.7166	0.7574**	0.6344	0.1091	-1117.65
	中国	0.1576	0.9843*	0.9764*	0.7635*	0.9995*	0.8910*	0.5703	0.0207	-1222.49
中国	美国	0.0309*	0.994**	0.904**	0.8358**	0.9911*	0.8821**	0.7755*	0.1531	-1297.66
	英国	0.1153	0.992**	0.9981**	0.8973**	0.9831*	0.500**	0.785**	0.1534	-1314.89
	德国	0.0858*	0.9180*	0.9502*	0.717**	0.8326*	0.5000**	0.5142	0.1590	-1384.72
	日本	0.1542*	0.9924*	0.8816**	0.6737	0.9954*	0.7996**	0.4999	0.1246	-1501.53
	俄罗斯	0.1650*	0.9995*	0.8910**	0.5822	0.9857*	0.9764**	0.9648**	0.1557	-1173.52

注：* 表示在1%显著性水平下显著；** 表示在5%显著性水平下显著。

表 5-8 利率波动率多变量转化机制 Copula 模型估计

冲击国	观察国	时段	π_1			π_2			γ	似然对数值
			1993年1月至2008年6月	2008年7月至2009年12月	2010年1月至2012年3月	1993年1月至2008年6月	2008年7月至2009年12月	2010年1月至2012年3月		
		ω	β_1	β_2	β_3	β_1	β_2	β_3		
美国	中国	0.1598	0.9085*	0.9739*	0.9995*	0.0473*	0.5000*	0.0000*	0.1660	-1391.11
	英国	0.0332	0.9970*	0.8337	0.9995*	0.9924*	0.3665	0.1271*	0.218	-1358.05
	德国	0.4997	0.9995*	0.6802*	0.4881	0.9782*	0.9993	0.0000	0.135	-1013.78
	日本	0.1467	0.9153*	0.9770*	0.5000	0.0613	0.0000	0.0000	0.1785*	-2067.76
	俄罗斯	0.1041	0.9112*	0.6795*	0.9604*	0.0000	0.0000	0.0344	0.1364	-1415.08

续表

冲击国	观察国	时段	π_1			π_2			γ	似然对数值
			1993年1月至2008年6月	2008年7月至2009年12月	2010年1月至2012年3月	1993年1月至2008年6月	2008年7月至2009年12月	2010年1月至2012年3月		
		ω	β_1	β_2	β_3	β_1	β_2	β_3		
英国	美国	0.4987	0.4917	0.9922*	0.3899	0.9947	0.7581	0.9995	0.1596	-1352.76
	中国	0.5000	0.5847*	0.9625*	0.3526	0.6556*	0.9981*	0.9947	0.1510	-1305.54
	德国	0.3877	0.4692*	0.7119*	0.9620	0.999**	0.8569*	0.7127	0.0985	-1002.12
	日本	0.1549	0.4514*	0.5933	0.4361	0.4948	0.9793*	0.9183*	0.1781	-1430.66
	俄罗斯	0.3240	0.4429	0.6170*	0.9599*	0.8063	0.9397*	0.0504	0.1454	-1349.67
德国	美国	0.4926*	0.5866*	0.9995**	0.9785*	0.0448	0.3058	0.0000	0.2508	-1083.60
	英国	0.5000*	0.9882**	0.9826*	0.9812*	0.0000	0.0264	0.4265*	0.1830	-1002.12
	中国	0.3145	0.6209*	0.9831*	0.9794*	0.0523	0.5000	0.0408	0.1916	-1142.35
	日本	0.3439	0.9883	0.9995*	0.9779*	0.0391	0.0000	0.4999*	0.2082	-1370.24
	俄罗斯	0.4159	0.6010	0.9992**	0.9995*	0.0520	0.0000	0.0000	0.2082	-1190.00
日本	美国	-0.0033	0.0684*	0.9776**	0.9984	0.682***	0.9770*	0.5000	0.0005	-1455.97
	英国	-0.0352	0.8668**	0.9793	0.9183	0.5000	0.6349	0.4361	-0.0926	-1436.59
	德国	0.5000	0.9882*	0.9727*	0.9603	0.8388	0.6236	0.9995*	-0.0244	-1370.24
	中国	0.5000	0.9981**	0.968***	0.9739	0.6665	0.9930*	0.9858*	0.5000	-1921.78
	俄罗斯	0.4998	0.9961**	0.9555**	0.9437	0.8067	0.9405	0.1877	-0.0078	-1786.92
俄罗斯	美国	0.4593	0.8099	0.9644	0.0072	0.9112	0.6795	0.9602	0.0628	-1415.08
	英国	0.5000	0.8064	0.9397	0.0504	0.4429	0.6170	0.9599	0.0147	-1349.67
	德国	0.1018	0.9319	0.9491	0.0618	0.6009	0.9982	0.9995	0.0441	-1190.00
	日本	0.0992	0.8067	0.9405	0.0922	0.9961	0.9555	0.8983	0.0470	-1829.85
	中国	0.4998	0.8056	0.9391	0.0188	0.6903	0.9918	0.9847	0.0316	-1502.90
中国	美国	-0.5000*	0.6595*	0.9901*	0.9819*	0.0473	0.5000*	0.0000	-0.1105	-1391.11
	英国	-0.5000*	0.6556	0.9981*	0.9947*	0.0000	0.0000	0.0000	-0.1306	-1305.54
	德国	-0.4998*	0.7147	0.9583*	0.9831*	0.0523*	0.5000*	0.0409	-0.1341	-1142.35
	日本	-0.5000*	0.6665	0.993**	0.9857*	0.0202*	0.5000*	0.5000	-0.1168	-1921.79
	俄罗斯	-0.5000*	0.6694	0.9917*	0.9847*	0.0180	0.5000*	0.0000	-0.1124	-1502.90

注：* 表示在1%显著性水平下显著；** 表示在5%显著性水平下显著；*** 表示在10%显著性水平下显著。

表 5-9 汇率波动率多变量转化机制 Copula 模型估计

冲击国	观察国	时段	π_1 1993年1月至2008年6月	π_1 2008年7月至2009年12月	π_1 2010年1月至2012年3月	π_2 1993年1月至2008年6月	π_2 2008年7月至2009年12月	π_2 2010年1月至2012年3月	γ	似然对数值
		ω	β_1	β_2	β_3	β_1	β_2	β_3		
美国	中国	-0.0525*	0.9185*	0.5482*	0.6319*	0.9484*	0.3259*	0.4974*	-0.1149	-586.37
	英国	-0.0894	0.0629*	0.9175*	0.8334*	0.2112*	0.5000**	0.9553**	-0.1587	-533.21
	德国	-0.0288	0.7002*	0.5034*	0.0030**	0.1024*	0.4999**	0.5000**	-0.0669	-614.59
	日本	-0.0212*	0.0169*	0.9116*	0.5355**	0.1273**	0.5000*	0.0000	-0.0791	-859.38
	俄罗斯	-0.0720*	0.6550*	0.9266*	0.9080**	0.7579*	0.0000	0.9881*	-0.1532	-749.19
英国	美国	0.0148*	0.5089*	0.6300*	0.9562*	0.6844*	0.9175*	0.9809*	0.0132	-533.221
	中国	-0.0089*	0.1260*	0.6136*	0.8938*	0.9871*	0.9586*	0.6683*	0.0029	-938.177
	德国	-0.0057*	0.0960*	0.6079**	0.9463*	0.7738*	0.0346*	0.3269*	-0.0077	-682.050
	日本	-0.0059	0.1489*	0.6018*	0.8376**	0.2587*	0.3138**	0.2978**	-0.0215	-925.856
	俄罗斯	-0.0069*	0.1128*	0.0001*	0.8860*	0.9503*	0.1640*	0.0001*	-0.0036	-1028.94
德国	美国	-0.0441*	0.8988*	0.3014**	0.9838*	0.1024*	0.4999**	0.5000**	-0.1154	-614.59
	英国	-0.0537*	0.9038*	0.3269**	0.3305*	0.0266*	0.0000	0.3464*	-0.1011	-682.05
	中国	-0.0462*	0.8945*	0.3237*	0.9762*	0.0000*	0.4997*	0.0000*	-0.0749	-801.12
	日本	-0.0525*	0.9088*	0.3705**	0.9731*	0.0192*	0.0000*	0.0000	-0.1094	-804.59
	俄罗斯	-0.0306	0.9053*	0.3404**	0.9753*	0.0581*	0.0000*	0.0000*	-0.1309	-887.87
日本	美国	-0.0203	0.0000	0.9513	0.0000	0.0004	0.9116**	0.5365	0.0000	-859.38
	英国	-0.0641	0.0000	0.9544**	0.0000	0.1489	0.6018**	0.8376	0.0000	-925.86
	德国	-0.0699	0.0002	0.9544**	0.0000	0.9088	0.359***	0.9731	0.0002	-804.58
	中国	-0.1516	0.8948	0.9517*	0.0000	0.9858	0.6136	0.992***	0.8948	-1038.66
	俄罗斯	-0.0622	0.0000	0.9469**	0.0000	0.9509	0.2631	0.0009	0.0000	-1141.91
俄罗斯	美国	0.5000*	0.5000*	0.1910	0.0000	0.0003*	0.9266*	0.4540	0.0641	-917.68
	英国	0.4535*	0.5000*	0.1638	0.0000	0.0762*	0.0005*	0.8860	0.0702	-989.63
	德国	0.4980*	0.5000*	0.1895	0.0002	0.9992*	0.3404*	0.9753	0.0521	-840.25
	日本	0.4542	0.5000	0.2631	0.0009	0.0000	0.947***	0.0000	0.0801	-1101.31
	中国	0.3329*	0.5000	0.1869	0.0009	0.0000	0.9588	0.9906	0.1105	-1102.98
中国	美国	0.2607*	0.9488*	0.3069*	0.4672*	0.9187*	0.5208*	0.6613*	-0.0250	-586.21
	英国	0.1498*	0.9513*	0.9586**	0.2006**	0.2011*	0.0001**	0.9324**	-0.0008	-843.35
	德国	0.1285*	0.9865*	0.5455*	0.8781*	0.0000*	0.5000*	0.0000	-0.0578	-801.19
	日本	0.0667*	0.9860*	0.6136**	0.991*	0.1392*	0.5000*	0.0000	-0.0439	-1038.66
	俄罗斯	0.2384*	0.9511*	0.9588*	0.9904*	0.9368*	0.5905*	0.4998*	-0.0161	-848.24

注：*表示在1%显著性水平下显著；**表示在5%显著性水平下显著；***表示在10%显著性水平下显著。

根据含转换机制参数的多变量 Copula 模型估计结果，在观察期 2008—2009 年和 2011—2012 年，金融市场具有较高的转换机制，这意味着从平稳期到危机期，不同国家金融市场之间的相关水平具有明显的跳跃性，特别是金融危机爆发国的金融动荡对其他国家金融运行影响显著。金融危机传染推动各国金融市场的依赖程度提高和金融波动周期趋同。中国金融市场在美国金融危机和欧洲债务危机期间，都承受了显著的风险冲击，同时也通过冲击效应和反馈效应（银行同业拆借市场尤为显著）对其他发达国家的金融波动产生影响。兼顾上文谱分析结果，我们可以在一定程度上证明命题 5-2 “不同国家的金融周期相关性或共振便利了系统性金融风险传染，各国金融市场之间的相互冲击扰动效应显著”。

本章小结

根据选择的具有代表性的 6 个样本国相关数据，采用谱分析方法和时变 Copula-GARCH 模型，利用 SPSS17.0、MATLAB2016a 软件分析得出：

各国金融市场变量具有显著的周期性特征，金融市场波动周期呈现出较高的相关性或共振；多数情况下以美国的金融市场为核心，波动周期领先于其他国家，同时也面临着其他国家的金融周期反馈，特别是货币市场和外汇市场，部分国家金融波动成为美国金融波动之源。在观察期 2008—2009 年和 2011—2012 年，从平稳期到危机期，不同国家金融市场之间的相关水平具有明显的跳跃性；金融市场具有较高的转换机制，这意味着危机动荡对其他国家金融运行影响显著。

2008 年美国金融危机、2011 年欧洲债务危机期间，危机国对其他国家具有显著的传染效应和反馈效应，危机国对其他国家的冲击效应大于其他国家对危机国的反馈效应。这种冲击和互动关系是复杂的，存在线性关系，也包括非线性关联方式，既有当日或隔夜的瞬时互动关系，也有较长滞后期的潜在影响。

如果把研究关注焦点变为中国，可知中国金融市场在美国金融危机和欧洲债务危机中都受到了显著冲击，但国内的政策调控使冲击系数降低；中国金融市场对其他国家也具有显著的溢出效应，特别是货币市场和外汇市场。

因此，金融全球化背景下，金融传染使各国金融周期波动趋于同步，而金融周期同步又便利了金融传染。金融周期同步与金融传染相互交织，加剧了世界性金融市场共振和系统性金融风险。本章的研究对于投资者与监管层掌握国际系统性金融风险传导机制以及金融监管有着重要的价值。

第六章

国际金融市场波动的交叉效应与动态相关性

本章同时考虑货币市场和资本市场的波动溢出效应，它们所对应的金融变量分别是同业拆借利率和股指波动率；利率是宏观政策的主要指标，本章通过估算国际利率波动对本国股指波动的溢出效应，考证货币市场之间、资本市场之间，以及货币市场与资本市场之间的动态关系。在 t 分布假设下，分别选择 DCC－GARCH 模型、DCC－EGARCH 模型、DCC－TGARCH 模型，比较国际金融波动溢出效应的显著性。在 CCC-MGARCH 模型的基础上进行了更一般化的拓展，建立了 DCC-MGARCH 模型，实证国债市场波动的溢出效应。然而现实中，金融市场突然变化相同的幅度时，跌的情况比涨的情况对波动的影响更大，标准 GARCH 模型假定波动率是过去信息项平方的线性组合，没有考虑正负信息项冲击的非对称性。Glosten 等（1993）为衡量金融市场波动率的非对称性，构建 DCC－TGARCH（Threshold GARCH）模型。DCC－MGARCH 模型和 DCC-TGARCH 模型要求条件方差大于零，方差方程的系数都需要进行限制。为解决这一问题，Nelson（1991）提出 DCC-EGARCH 模型，通过标准化残差建模，在分析杠杆效应的同时不再限制方差方程系数。为准确验证国际金融波动溢出效应，本章同时在三种方法下进行检验估算。

第一节　理论分析

在同时考虑两国货币市场和资本市场时，其内在关联和溢出关系表示为图 6-1。

一　货币市场的利率波动溢出效应

经济实力强大的国家，利率异常波动一般会对其他有经济来往的国家

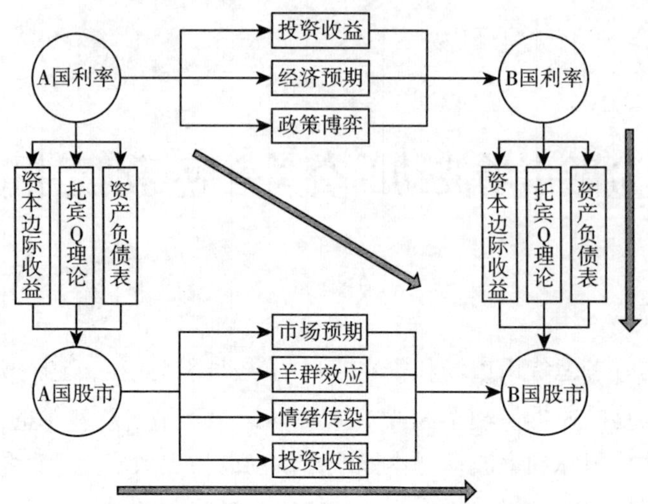

图 6-1　利率政策相关性与股票市场波动的溢出

产生溢出效应，引起其他国家利率发生相应的波动。其原理主要包括：投资收益、经济预期、政策博弈。

利率是货币市场投资收益高低的直接体现。在汇率比较稳定时，经济实力强大国家的利率提高，使其他国家的货币投资收益相对降低，资金必然从低利率国家流向高利率国家，迫使其他国家利率上升。同时，如果一国在较长时间内保持较高利率，证明该国的实体经济效益较高，因为利率来源于实体经济的利润，资金必然从低利率国家流向经济预期较好的高利率国家。利率是货币政策的核心工具，经济强国的利率异常变动往往透露出该国政府的行为取向和政策导向的变化，这势必引起其他国家敏感反应和市场波动。因此，“在近两次金融危机中，中、德两国利率对美国利率具有更大溢出效应，而不是单纯被动承受美国利率的冲击。而且，鉴于金融机构的专业性和信息及时性，同业拆借利率能比股指波动率更快速地反映出金融风险传染”（苗文龙、周潮，2012；刘锡良等，2013）。

命题 6-1：经济实力强大的国际金融中心国家的利率大幅调整对本国利率变动应具有显著的溢出效应。其主要机制为：A 国利率波动→投资收益、经济预期、政策博弈→B 国利率波动。

二　股票市场的股指波动溢出效应

经济实力强大的国际金融市场中心国家股票指数的大幅波动一般会引

起其他国家股指的波动反应，中国亦如此。其内在原理包括市场心理和投资收益两个方面。

市场心理包括市场情绪传染、市场预期与羊群效应。市场情绪传染表现在，股市剧烈波动国家对其他国家产生“唤醒效应”，引发其他国家金融市场重新评估经济基本面，经济基本面不尽如人意或金融脆弱性较大的国家则必然受其感染，社会公众市场情绪急转向下或增加风险厌恶情绪。市场预期表现为：股市剧烈波动国家引起其他国家公众对本国股票市场预期收益、发展预期的改变，进而迅速调整投资行为，引起股指波动。羊群效应表现为：经济实力强大的国际金融中心国家，在世界经济运行中无形中扮演了领头羊的角色，该国股指的剧烈波动，必然令人们认为这并非空穴来风，甚至在不加判断的情况下盲目跟从，产生羊群效应。同时，由于市场的参与者非完全理性，在信息不对称的条件下更容易表现出溢出效应、趋同效应、羊群效应等行为特征。

投资收益主要包括投资组合调整和投资收益率调整。在经济金融全球化程度越来越高的情况下，一些大型投资者会进行跨国投资组合。一个或多个国家的股指异常波动可能会促使投资者重新平衡其投资组合进行风险管理和流动性管理，在股指剧烈波动始发国拥有资产头寸的投资者通常会减少在该国的金融资产，控制上升的金融风险，获取现有的资产收益。投资者会从股市收益率中提取出未观察到的全球信息，从而调整他们的投资决策，最终导致不同股市收益率的相关性。

命题6-2：经济实力强大的国际金融中心国家的股指异常波动对本国股指波动应具有显著的溢出效应。其主要机制为：A 国股指波动→市场心理、投资收益→B 国股指波动。

三　一国利率对他国股票市场的波动溢出效应

经济实力强大国家利率的异常波动，既可以通过对其他国家利率的溢出效应和其他国家对其股票市场的溢出效应产生影响，也可以通过对本国股市的溢出效应和本国股市波动对其他国家股市的溢出效应产生影响。同时，由于大国经济基本面之间存在相互联动性，一国宏观经济指标的变动会同时对本国和其他国家上市公司的未来现金流和折现率产生影响，从而影响其他国家的股指波动（McQueen and Roley，1993）。

命题6-3：经济实力强大的国际金融中心国家的利率大幅调整对本国

股指波动应具有显著的溢出效应。其主要机制为：A 国利率波动→利率溢出、股市溢出→B 国股指波动。

第二节 模型与数据

为检验利率与股指的溢出效应，我们在 T 分布条件下，建立 DCC-GARCH 模型、DCC-EGARCH 模型、DCC-TGARCH 模型进行比较和检验。有两个序列，一个用 i 表示，一个用 j 表示。

一 计量模型

（一）DCC-GARCH

基本的单变量 GARCH 模型，没有考虑正负信息项冲击的非对称性，只假定波动率是过去信息项平方的线性组合。Glosten 等（1993）为衡量收益率波动的非对称性，构建 GJR-GARCH 模型，在条件方差方程(6-1)中加入负冲击的杠杆效应：

$$h_t = \omega + \sum_{i=1}^{qv}(\alpha_{1i}\varepsilon_{t-i}^2 + \alpha_{2i}S_{t-i}^-) + \sum_{j=1}^{pv}\beta_i h_{t-j} \tag{6-1}$$

$$\varepsilon_t = z_t\sqrt{h_t}$$

模型假设了 ε_t 对条件方差 h_t 的正冲击和负冲击是不同的。其中，h_t 是条件方差；ω 为截距项；qv 和 pv 为 ARCH 项和 GARCH 项的滞后阶数；z_t 为标准化残差，是独立同分布的随机变量；S_t 是虚拟变量，当 ε_t 为负数时取 1，否则为 0。

标准的 GARCH 模型，没有考虑资产间的相关性（协方差）是否发生变化。本章采用动态条件相关 DCC 法（Dynamic Conditional Correlation，DCC），分析金融市场变量间的波动性及其动态相关性，从而分析市场之间波动溢出（Volatility Spillover）的效果。二元金融市场时间序列变量矩阵表示为：

$$r_t = E[r_t \mid \Omega_{t-1}] + \varepsilon_t \tag{6-2}$$

其中，Ω_{t-1} 是 $t-1$ 时刻及之前所有相关信息的组合；$r_t = (r_{i,t}\ r_{j,t})'$；$\varepsilon_t = (\varepsilon_{i,t}\ \varepsilon_{j,t})'$。因此，随机误差项的条件协方差矩阵可表示为：

$$H_t = E(\varepsilon_t\varepsilon_t' \mid \Omega_{t-1})$$

现在的主要任务就是真实而又简洁地刻画 H_t 的动态结构，即 H_t 的参数化过程。Tse和 Tsui（2002）提出动态条件相关多变量 GARCH 模型（Dynamic Conditional Correlation-MGARCH，DCC-MGARCH）。由于具体的动态相关系数矩阵设定不同，DCC-MGARCH 分为 DCC-TGARCH 和DCC-EGARCH。由于难以分出两种方法的优劣，下面将利用这两种模型分别进行计量分析。

（二）DCC-TGARCH

协方差矩阵表示为：

$$H_t = D_t R_t D_t = \rho_{ij}\sqrt{h_{ii,\ t}h_{jj,\ t}} \tag{6-3}$$

其中，$D_t = \mathrm{diag}(h_{11,\ t}^{1/2},\ \cdots,\ h_{NN,\ t}^{1/2})$；$R_t$ 是动态条件相关系数ρ_{ij}的 N×N 阶对称矩阵；ρ_{ij} 表示金融变量 i 和金融变量 j 在 t 时刻的动态条件相关系数，$\rho_{ij,\ t} = \dfrac{E_{t-1}(r_{i,\ t}r_{j,\ t})}{\sqrt{E_{t-1}(r_{i,\ t}^2)\,E_{t-1}(r_{j,\ t}^2)}}$。金融时间序列变量 $r_{i,\ t}$、$r_{j,\ t}$ 的动态相关系数 R_t 表示为：

$$R_t = (1-\alpha-\beta)R + \theta_1(\varepsilon_{i,\ t-1}\varepsilon_{j,\ t-1}) + \theta_2(R_{t-1}) \tag{6-4}$$

H_t 正定时，需要 θ_1 和 θ_2 满足 $\theta_1 \geqslant 0$、$\theta_2 \geqslant 0$ 且 $\theta_1+\theta_2<1$。R 是无条件协方差矩阵。

$$(\varepsilon_{i,\ t-1}\varepsilon_{j,\ t-1}) = \frac{\sum_{m=1}^{M} u_{i,\ t-m}u_{j,\ t-m}}{\sqrt{\sum_{m=1}^{M} u_{i,\ t-m}^2 \sum_{m=1}^{M} u_{j,\ t-m}^2}}，其中\ u_{it} = \varepsilon_{it}/\sqrt{h_{it}}。$$

条件方差溢出效应模型为：

$$h_{i,\ t} = w_i + \alpha_i e_{i,\ t-1}^2 + \alpha_{2i}e_{i,\ t-1}^2(e_{i,\ t-1}<0) + \beta_j h_{j,\ t-1} \tag{6-5}$$

TGARCH 中的 $e_{i,\ t-1}<0$ 是门限，在每个模型 T 分布下增加了 T 检验的自由度。条件方差溢出效应模型刻画了好消息和坏消息对方差的不同影响。好消息的影响因子为 α_i，坏消息的影响因子为 α_{2i}。如果 $\alpha_{2i}>0$，则坏消息将增大波动率，即杠杆效应。如果 $\alpha_{2i}\neq 0$，则消息的影响是不对称的。

（三）DCC-EGARCH

DCC-EGARCH 与 DCC-TGARCH 的区别在于动态相关系数矩阵 R_t 的设定形式上。

在 DCC-EGARCH 中动态相关系数为：

$$R_t = \mathrm{diag}(q_{11,\ t}^{-1/2},\ \cdots,\ q_{NN,\ t}^{-1/2})\,Q_t\,\mathrm{diag}(q_{11,\ t}^{-1/2},\ \cdots,\ q_{NN,\ t}^{-1/2}) \tag{6-6}$$

其中，$Q_t = (q_{ij,t})$，为 N×N 阶对称矩阵，$Q_t = (1-\alpha-\beta)\bar{Q} + \theta_1(\varepsilon_{i,t-1}\varepsilon_{j,t-1}) + \theta_2(Q_{t-1})$。

条件方差溢出效应模型为：

$$\ln h_{i,t} = w_i + \alpha_i \left| \frac{e_{i,t-1}}{\sqrt{h_{i,t-1}}} \right| + \alpha_{2i} \frac{e_{i,t-1}}{\sqrt{h_{i,t-1}}} + \beta_j \ln(h_{j,t-1}) \qquad (6-7)$$

在波动率持续的情况下，在 EGARCH 模型中，溢出效应完全由系数 β 来决定；在 GARCH 和 TGARCH 模型中，溢出效应由 $\alpha+\beta$ 决定。

二　数据与变量描述性统计

本章样本数据来源于《中国统计年鉴》《中国金融年鉴》和 Wind 资讯数据库（http：//www. wind. com. cn），样本国家为美国、日本、德国、英国、中国，样本时间区间为 1993 年 1 月至 2013 年 12 月。根据已有研究文献，本章计算股指波动率为 $(P_t - P_{t-1})/P_{t-1}$。本章考察利率溢出效应时，采用的主要变量为同业拆借利率。根据统计数据可得性，美国该指标为联邦基金年利率，英国为银行间隔夜拆借利率 LIBID/LIBOR，德国为欧元银行间隔夜利率（EONIA），俄罗斯为 1—3 个月银行间利率，中国为银行间隔夜拆借利率。

变量符号及含义：*asi* 为美国股指波动率、*ari* 为美国联邦基金年利率，*esi* 为英国股指波动率、*eri* 为英国银行间隔夜拆借利率，*dsi* 为德国股指波动率、*dri* 为德国欧元银行间隔夜利率，*rsi* 为俄罗斯股指波动率、*rri* 为俄罗斯 1—3 个月银行间利率，*jsi* 为日本股指波动率、*jri* 为日本银行同业拆借利率，*csi* 为中国股指波动率、*cri* 为中国银行间隔夜拆借利率。本章收集的样本数据描述统计及 J-B 检验结果见表 6-1。

J-B 检验的原假设为：样本服从正态分布。偏度不为 0 表示存在有偏分布，峰度高于 3 表示存在尖峰现象。J-B 值过大、P 值过小，则拒绝原假设，即序列不服从正态分布；否则，接受原假设。根据表 6-1 的统计结果可以得出，美国、英国、德国、日本、中国等国家的同业拆借利率和股票市场波动率在 10%显著性水平上不服从正态分布。Gençay 和 Selçuk（2004）、Longin（2005）、Orlowski（2008）等研究文献也表明，国际金融市场指标普遍存在显著的尾部特征，并在 T 分布下进行后续分析。因此，本章采用 T 分布假设。

表 6-1　变量的描述性统计

变量	均值	最大值	最小值	标准差	偏度	峰度	J-B 统计量	P 值
asi	0.5558	10.0792	-16.4073	4.4556	-0.7673	4.4147	39.5703	0.0000
esi	0.2934	8.4868	-13.9546	4.1560	-0.7398	3.7694	25.2600	0.0000
dsi	0.6662	19.3738	-29.3327	6.6055	-0.9261	5.5979	92.4644	0.0000
jsi	-0.0616	12.0888	-27.2162	5.8593	-0.6800	4.2381	30.7250	0.0000
csi	0.5151	27.8057	-28.2783	8.2420	-0.1373	4.3640	17.5848	0.0002
ari	3.9722	6.9199	1.2613	2.0069	0.1644	1.4239	23.5473	0.0000
eri	1.9166	6.6138	-2.5260	2.3680	-0.2147	2.1932	7.5877	0.0225
dri	3.9775	6.5700	1.2000	1.2963	-0.2977	2.6139	4.5747	0.1015
jri	3.0424	4.2621	1.8428	0.5145	-0.3533	2.7577	5.0679	0.0793
cri	3.5972	8.3200	-2.1300	2.4766	-0.1008	2.2389	5.6311	0.0599

第三节　估计结果

一　平稳性检验

采用 ADF 检验和 PP 检验对变量进行单位根检验（见表 6-2），结果表明，各变量在 10%显著性水平下拒绝非平稳性假设，各变量的一阶差分在 1%显著性水平下拒绝非平稳性假设，满足进一步检验波动溢出效应的条件。

表 6-2　变量的单位根检验

变量	ADF 检验		PP 检验		一阶差分的 ADF 检验		一阶差分的 PP 检验	
	T 统计量	P 值	T 统计量	P 值	T 统计量	P 值	T 统计量	P 值
asi	-15.3381	0.0000	-15.3883	0.0000	-10.5789	0.0000	-88.0294	0.0001
esi	-6.6620	0.0000	-15.7257	0.0000	-18.2193	0.0000	-66.7198	0.0001
dsi	-15.3751	0.0000	-15.4030	0.0000	-12.2419	0.0000	-159.1056	0.0001
jsi	-14.2706	0.0000	-14.3007	0.0000	-16.0716	0.0000	-65.9586	0.0001
csi	-5.1970	0.0001	-18.9742	0.0000	-10.6034	0.0000	-79.5848	0.0001
ari	-3.6205	0.0300	-2.6387	0.0083	-12.6187	0.0005	-12.7119	0.0034
eri	-3.2744	0.0732	-1.6396	0.0954	-3.7493	0.0039	-4.0031	0.0017
dri	-3.2476	0.0776	-1.9669	0.0472	-11.6735	0.0000	-11.6176	0.0000
jri	-3.7883	0.0187	-4.0358	0.0015	-3.4336	0.0107	-3.6749	0.0050
cri	-2.8626	0.0513	-1.7037	0.0838	-6.5941	0.0000	-11.7804	0.0000

二　利率波动溢出效应

研究表明，GARCH 族模型采用一阶滞后形式对时变条件方差有很好的描述，并且考虑到估计成本和解释的问题，将其扩大到更高阶并无明显的益处。本章的实证结果也显示，一阶滞后能够比多阶滞后更好地描述收益序列的条件异方差特征。因此，本章基于 T 分布的假设，AR 项、MA 项、GARCH 项和 ARCH 项滞后阶数均选择 1。

（一）模型参数估计

观察表 6-3，比较 T 分布下 DCC-GARCH、DCC-EGARCH、DCC-TGARCH 等方法对样本国利率与中国利率的溢出效应估计结果，赤池准则、施瓦茨准则、H-Q 准则等估计值表明，国际利率溢出效益显著程度比较相近。各模型参数 μ_i、w_i、α_i、θ_1、θ_2 的估计值较为显著。各模型估计结果的主要区别在于参数 α_{2i}、β_j 的显著性水平。以参数估计结果都较为显著的 DCC-EGARCH 方法为例，从 β_j 的估计可以看出，美国、日本、德国、英国的银行同业拆借利率波动对中国的溢出效应非常显著，系数估计值都在 0.8 以上，且显著性水平为 1%。DCC-TGARCH 中，$\alpha_{2i} > 0$，表明坏消息将增大波动率；α_i 与 α_{2i} 之和大于 α_i，表明坏消息的波动溢出效应大于好消息，波动溢出存在显著的杠杆效应和非对称效应。估计结果表明，样本国的同业拆借利率之间不但存在显著的溢出效应，而且存在显著的非对称效应和杠杆效应。

（二）回归结果与动态条件相关系数

根据上文估计，我们得到经济大国利率与我国利率的动态条件相关系数，结果见图 6-2、图 6-3 和图 6-4。三种计算方法结果具有一致性。美国的联邦基金年利率、英国的银行间隔夜拆借利率同中国的银行间隔夜拆借利率的动态相关系数变化相近，且高度相关的时间较长，例如 1998—2003 年、2005 年、2007 年、2009 年、2011—2012 年动态相关系数多为正，高达 0.8 以上；1996—1997 年、2004 年、2006 年、2010 年、2013 年动态相关系数多为负，高达-0.8。德国、日本的银行间同业拆借利率同中国的同业拆借利率的动态相关系数略低于美国、英国，德国的银行同业拆借利率同中国的同业拆借利率的动态相关系数略高于日本。总体上，样本国市场利率波动对中国市场利率波动具有较为显著的溢出效应。这有力地说明，为什么各国 10 年期国债利率数值非常接近：（美国 2.24%，意

表 6-3　　T 分布假设下样本国利率与中国利率的溢出效应比较

参数	DCC-GARCH				DCC-EGARCH				DCC-TGARCH			
	美→中	日→中	德→中	英→中	美→中	日→中	德→中	英→中	美→中	日→中	德→中	英→中
	3.990	3.262	4.139	2.281	3.863	3.305	4.047	2.370	4.005	3.263	4.143	2.304
μ_i	0.073	0.008	0.024	0.020	0.014	0.005	0.020	0.026	—	0.008	0.031	0.021
	0.000	0.000	0.000	0.000	0.000	0.000	0.000	0.000	—	0.000	0.000	0.000
	0.167	0.004	0.035	0.033	-2.734	-2.396	-2.011	-2.188	0.994	0.004	0.049	0.023
w_i	0.097	0.002	0.015	0.016	0.657	0.381	0.385	0.614	—	0.002	0.000	0.012
	0.085	0.026	0.017	0.036	0.000	0.000	0.000	0.000	—	0.029	0.000	0.042
	0.996	1.398	1.204	1.628	2.890	2.290	2.159	2.322	0.963	1.336	1.248	1.536
α_i	0.975	0.492	0.431	0.984	0.908	0.535	0.505	0.845	—	0.489	0.572	0.937
	0.307	0.005	0.005	0.098	0.002	0.000	0.000	0.006	—	0.006	0.029	0.101
	—	—	—	—	-0.013	-0.143	-0.063	-0.060	-0.176	0.125	-0.118	0.084
α_{2i}	—	—	—	—	0.605	0.317	0.317	0.473	—	1.103	0.762	1.951
	—	—	—	—	0.983	0.652	0.843	0.900	—	0.910	0.877	0.966
	-0.140	-0.140	-0.107	-0.140	0.819	0.819	0.915	0.819	-0.143	-0.143	-0.108	-0.143
β_j	0.144	0.144	0.125	0.144	0.117	0.117	0.045	0.117	0.154	0.154	0.124	0.154
	0.332	0.332	0.394	0.332	0.000	0.000	0.000	0.000	0.354	0.354	0.381	0.354

续表

参数	DCC-GARCH			DCC-EGARCH					DCC-TGARCH			
	美→中	日→中	德→中	英→中	美→中	日→中	德→中	英→中	美→中	日→中	德→中	英→中
T-DIST. DOF *i*	108.00	3310.00	140.00	153.0	316.0	336.0	60.00	306.0	186.0	6262	191.0	346.00
	1599.00	1447977	2664.00	3084	12692	14988	452.0	12751	—	54957	4765	15866
	0.946	0.998	0.958	0.960	0.980	0.982	0.895	0.981	—	0.999	0.968	0.983
θ_1	0.635	0.661	0.647	0.696	0.602	0.634	0.605	0.584	0.593	0.660	0.647	0.677
	0.040	0.041	0.042	0.049	0.052	0.037	0.040	0.050	—	0.041	—	0.047
	0.000	0.000	0.000	0.000	0.000	0.000	0.000	0.000	—	0.000	—	0.000
θ_2	0.336	0.304	0.313	0.276	0.365	0.330	0.363	0.392	0.371	0.305	0.312	0.295
	0.043	0.045	0.047	0.053	0.057	0.040	0.043	0.054	—	0.045	—	0.051
	0.000	0.000	0.000	0.000	0.000	0.000	0.000	0.000	—	0.000	—	0.000
T 分布（自由度）	3964.00	47.000	6612.00	32.00	148.00	9111	54323	3466	23660	55.00	34512	36.000
	13448.00	48.000	19793.00	23.00	507.00	19071	23569	60495	—	66.00	—	29.000
	0.768	0.326	0.738	0.165	0.771	0.962	0.818	0.954	—	0.405	—	0.216
对数似然值	-810.828	-461.319	-754.018	-770.9	-817	-469.6	-771.6	-798.0	-858.2	-460.4	-754.2	-773.4
赤池准则	6.5383	3.7644	5.8775	6.222	6.584	3.830	6.012	6.437	6.914	3.757	5.879	6.2415
施瓦茨准则	6.7204	3.9465	6.0551	6.404	6.766	4.012	6.190	6.619	7.096	3.939	6.056	6.4236
H-Q 准则	6.6116	3.8377	5.9489	6.295	6.657	3.903	6.083	6.510	6.988	3.830	5.950	6.3147

注：每个参数对应的估计值，第一行为参数估计值，第二行为参数估计值的 T 值，第三行为 P 值。

大利 2.16%，英国 2.19%，新加坡 2.28%，以色列 2.15%，西班牙 1.98%，挪威 2.03%，加拿大 1.94%），而且这些利率不仅静态接近，动态变化也趋同。

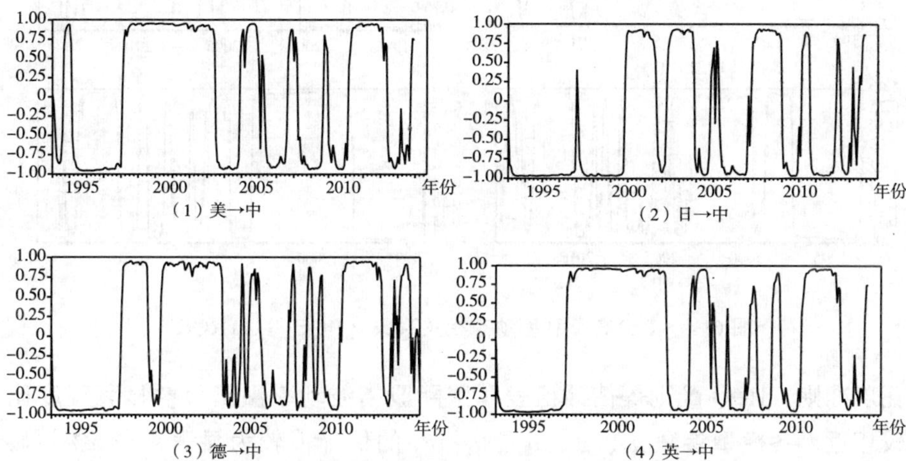

图 6-2　T 分布下利率动态相关系数（DCC-GARCH）

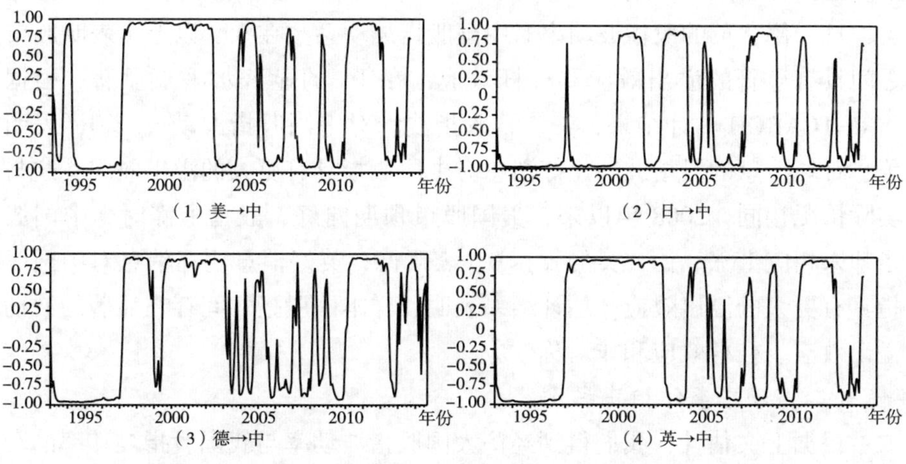

图 6-3　T 分布下利率动态相关系数（DCC-EGARCH）

三　股指波动溢出效应

（一）模型参数估计

观察表 6-4，比较 T 分布下 DCC-GARCH、DCC-EGARCH、DCC-TGARCH 等方法对样本国股指波动率溢出效应估计结果，赤池准则、施

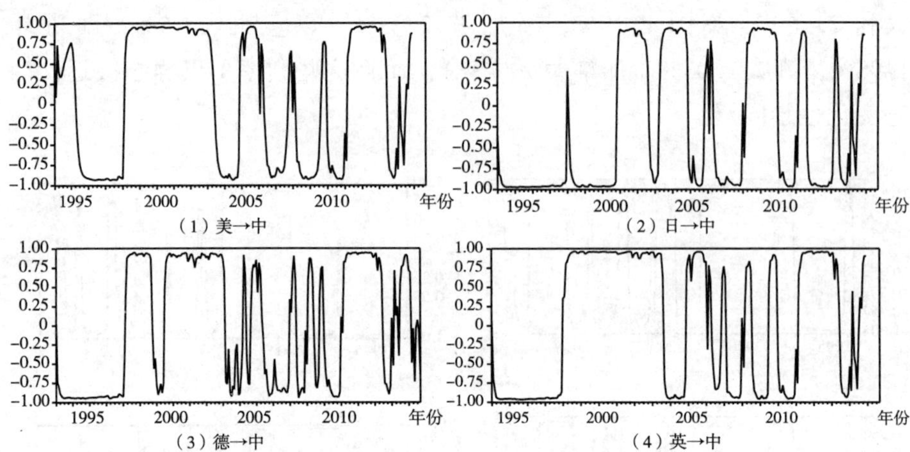

图 6-4　T 分布下利率动态相关系数（DCC-TGARCH）

瓦茨准则、H-Q 准则等估计值表明国际股指波动率溢出效益显著程度比较相近。各模型参数 μ_i、w_i、α_i、θ_1、θ_2 的估计值较为显著，在 5%的显著性水平上显著；各模型估计结果的主要区别在于参数 α_{2i}、β_j 的显著水平。选择各参数估计结果都较为显著的 DCC-EGARCH 方法，分析 β_j 得出美、日、德、英的股指波动率对中国股指波动系数在 0.9 以上，表明股市之间具有显著的溢出效应和杠杆效应，在 1%的显著水平下显著。根据 DCC-TGARCH 估计结果，美、日股指波动对中国股指波动 $\alpha_{2i}>0$，表明美、日坏消息的股指波动比好消息对中国股指具有更大的溢出效应。这与实际情况相同，2008 年以来，美国股市预期向好、股指上涨时，中国股指却未相应上涨。德、英的 $\alpha_{2i}<0$，表明德、英好消息比坏消息对中国股指具有更大的溢出效应。估计结果表明，样本国股指之间存在显著的波动溢出效应、杠杆效应和非对称效应。

（二）动态条件相关系数

根据上文估计，我们得到经济大国股指波动率与我国股指波动率的动态条件相关系数，结果见图 6-5、图 6-6 和图 6-7。比较三种计算方法，美国股指波动率、德国股指波动率同中国股指波动率的动态相关系数变化相近，且相关程度呈上升趋势。例如，1995—2006 年的动态相关系数大约为 0.1，2007 年后这一数值上升到 0.4 以上，2012 年后，动态相关系数略有下降，目前约为 0.3。英国、日本的股指波动率同中国的股指波动率的动态相关系数低于美国、德国，但变化趋势相近，这一数值从前期的

表 6-4　T 分布假设下样本国股指波动率的溢出效应比较

参数	DCC-GARCH				DCC-EGARCH				DCC-TGARCH			
	美→中	日→中	德→中	英→中	美→中	日→中	德→中	英→中	美→中	日→中	德→中	英→中
μ_i	0. 905	0. 144	1. 463	0. 744	0. 828	0. 105	1. 394	0. 081	0. 827	-0. 165	1. 394	0. 745
	0. 229	0. 383	0. 311	0. 221	0. 232	0. 360	0. 310	0. 449	0. 235	0. 180	0. 310	0. 221
	0. 000	0. 707	0. 000	0. 001	0. 000	0. 770	0. 000	0. 857	0. 000	0. 360	0. 000	0. 001
w_i	0. 881	13. 989	2. 699	1. 292	0. 222	0. 411	0. 095	-0. 005	3. 037	7. 748	0. 095	0. 110
	0. 743	19. 741	2. 047	0. 964	0. 234	0. 258	0. 208	0. 076	1. 661	2. 361	0. 208	0. 219
	0. 235	0. 479	0. 187	0. 180	0. 344	0. 112	0. 647	0. 952	0. 068	0. 001	0. 647	0. 617
α_i	0. 141	0. 083	0. 182	0. 199	0. 238	-0. 105	0. 300	0. 143	-0. 008	-0. 170	0. 300	0. 338
	0. 067	0. 068	0. 089	0. 085	0. 132	0. 068	0. 125	0. 071	0. 091	0. 027	0. 125	0. 126
	0. 036	0. 222	0. 041	0. 020	0. 071	0. 119	0. 017	0. 043	0. 935	0. 000	0. 017	0. 007
α_{2i}	—	—	—	—	-0. 163	-0. 111	-0. 061	0. 027	0. 275	0. 204	-0. 061	-0. 094
	—	—	—	—	0. 078	0. 041	0. 067	0. 038	0. 141	0. 043	0. 067	0. 126
	—	—	—	—	0. 037	0. 006	0. 361	0. 471	0. 050	0. 000	0. 361	0. 007
β_j	0. 831	0. 882	0. 880	0. 881	0. 969	0. 973	0. 972	0. 973	0. 830	0. 882	0. 969	0. 882
	0. 059	0. 043	0. 045	0. 040	0. 026	0. 016	0. 015	0. 016	0. 061	0. 042	0. 026	0. 043
	0. 000	0. 000	0. 000	0. 000	0. 000	0. 000	0. 000	0. 000	0. 000	0. 000	0. 000	0. 000
T-DIST. DOF i	7. 502	16. 403	4. 706	8. 208	8. 443	19. 318	4. 821	6. 377	7. 720	19. 953	4. 821	8. 562
	3. 009	15. 797	1. 369	5. 342	3. 503	18. 85	1. 468	2. 224	2. 969	19. 951	1. 468	5. 688
	0. 013	0. 299	0. 001	0. 124	0. 000	0. 306	0. 001	0. 004	0. 009	0. 317	0. 001	0. 132

续表

参数	DCC-GARCH			DCC-EGARCH					DCC-TGARCH			
	美→中	日→中	德→中	英→中	美→中	日→中	德→中	英→中	美→中	日→中	德→中	英→中
	5.550	6.117	6.131	6.055	5.758	6.411	6.344	6.411	5.566	6.100	5.758	6.117
T-DIST. DOF j	1.996	2.146	2.062	2.091	2.079	2.230	2.219	2.230	2.098	2.145	2.079	2.146
	0.005	0.004	0.003	0.004	0.006	0.006	0.004	0.004	0.008	0.005	0.006	0.004
	0.021	0.009	0.020	0.015	0.022	0.004	0.024	0.014	0.023	0.008	0.024	0.006
θ_1	0.013	0.013	0.013	0.014	0.014	0.014	0.014	0.014	0.014	0.016	0.014	0.014
	0.107	0.479	0.123	0.276	0.108	0.592	0.084	0.319	0.103	0.610	0.084	0.262
	0.972	0.976	0.979	0.971	0.970	0.972	0.978	0.971	0.970	0.965	0.978	0.971
θ_2	0.021	0.043	0.014	0.024	0.021	0.057	0.013	0.025	0.022	0.072	0.013	0.023
	0.000	0.000	0.000	0.000	0.000	0.000	0.000	0.000	0.000	0.000	0.000	0.000
	7.660	9.150	5.879	6.291	8.182	9.881	6.032	6.702	7.725	10.129	6.032	6.694
T分布（自由度）	1.943	2.773	1.057	1.283	2.179	3.097	1.148	1.458	1.960	3.322	1.148	1.500
	0.000	0.001	0.000	0.000	0.000	0.001	0.000	0.000	0.000	0.002	0.000	0.000
对数似然值	-1637.3	-1742.1	-1731.2	-1623	-1635	-1738	-1730.8	-1622	-1636.1	-1739.0	-1730.8	-1624.6
赤池准则	12.793	13.606	13.522	12.68	12.77	13.57	13.519	12.67	12.784	13.582	13.519	12.695
施瓦茨准则	12.972	13.785	13.701	12.86	12.95	13.75	13.698	12.85	12.963	13.761	13.698	12.874
H-Q 准则	12.865	13.678	13.594	12.76	12.84	13.64	13.591	12.75	12.856	13.654	13.591	12.767

0. 1 左右上升到 2009 年的 0. 24 左右。总体上，在美国金融危机后，样本国股指波动率对中国股指波动率具有一定的溢出效应，但美、欧市场的股指波动率对中国股市波动溢出效应更为显著。

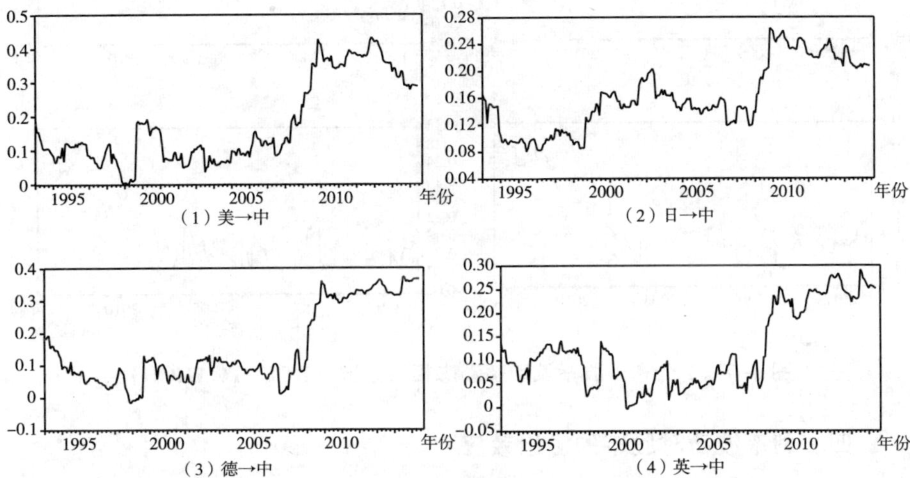

图 6-5　T 分布下股指波动率动态相关系数（DCC-GARCH）

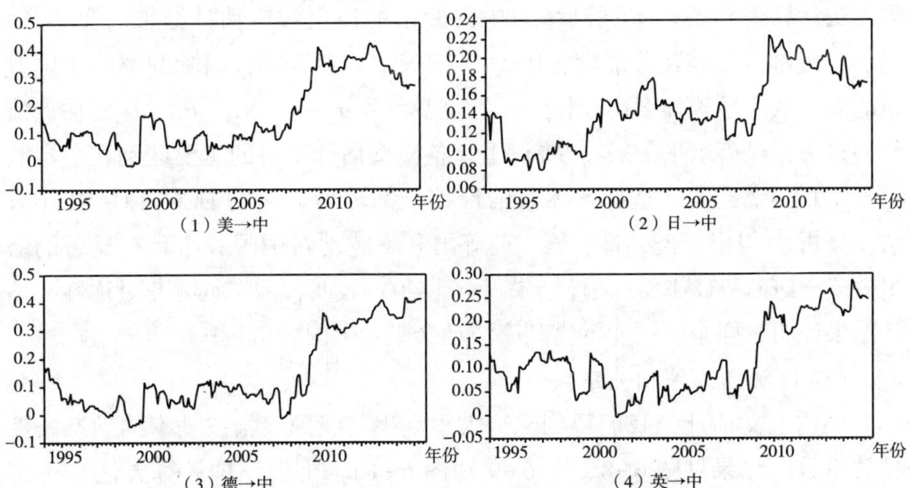

图 6-6　T 分布下股指波动率动态相关系数（DCC-EGARCH）

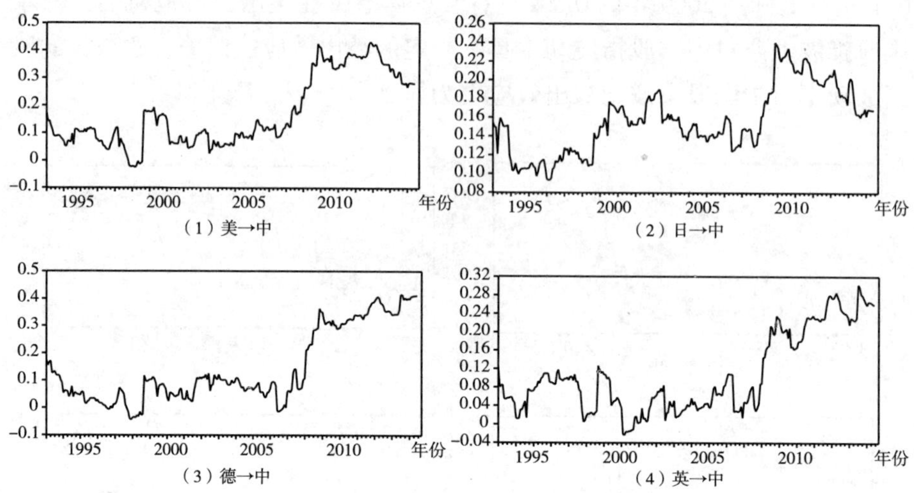

图 6-7　T 分布下股指波动率动态相关系数（DCC-TGARCH）

四　利率波动对股市的溢出效应

（一）模型参数估计

在 T 分布假设下，利用 DCC-GARCH、DCC-EGARCH、DCC-TGARCH 等方法计算得到的样本国利率对中国股市的溢出效应估计结果（见表 6-5），赤池准则、施瓦茨准则、H-Q 准则等估计值表明，国际利率对中国股市的溢出效应显著程度比较相近。各模型参数 μ_i、w_i、α_i、θ_1、θ_2 的估计值较为显著，显著水平一般在 5%以上。各模型估计结果的主要区别在于参数 α_{2i}、β_j 的显著水平。选择各参数估计结果都较为显著的 DCC-EGARCH 方法，分析 β_j 得出，美、日、德、英等国利率波动对中国股市具有显著的溢出效应。DCC-TGARCH 估计结果（$\alpha_{2i} \neq 0$）表明，溢出具有非对称性。估计结果证明，样本国同业拆借利率波动会影响中国股市。

（二）动态条件相关系数

根据上文估计，我们得到经济大国利率与我国股指波动率的动态条件相关系数，结果见图 6-8、图 6-9 和图 6-10。比较三种计算方法，美国利率同中国股指波动率的动态相关系数较高，且相关程度不太稳定，在 0 和 0.2 之间不断波动。德国利率同中国股指波动率的动态相关系数低于美国，多在 0.04 附近波动。日本利率同中国股指波动率的动态相关系数多为负，一般在 -0.04左右波动。总体上，样本国利率对中国股指波动率的溢出效应显著，但影响程度较低。

表 6-5　**T 分布假设下样本国利率对中国股市的溢出效应比较**

参数	DCC-GARCH				DCC-EGARCH				DCC-TGARCH			
	美→中	日→中	德→中	英→中	美→中	日→中	德→中	英→中	美→中	日→中	德→中	英→中
	3.990	3.262	4.157	2.281	3.863	3.305	4.047	2.370	4.005	3.263	4.260	2.304
μ_i	0.073	0.008	0.024	0.020	0.014	0.005	0.020	0.026	—	0.008	0.029	0.021
	0.000	0.000	0.000	0.000	0.000	0.000	0.000	0.000	—	0.000	0.000	0.000
	0.167	0.004	0.033	0.033	-2.734	-2.396	-1.953	-2.188	0.994	0.004	0.048	0.023
w_i	0.097	0.002	0.012	0.016	0.657	0.381	0.397	0.614	—	0.002	0.016	0.012
	0.085	0.026	0.006	0.036	0.000	0.000	0.000	0.000	—	0.029	0.003	0.042
	0.996	1.398	1.173	1.628	2.890	2.290	2.083	2.322	0.963	1.336	1.338	1.536
α_i	0.975	0.492	0.420	0.984	0.908	0.535	0.512	0.845	—	0.489	0.617	0.937
	0.307	0.005	0.005	0.098	0.002	0.000	0.000	0.006	—	0.006	0.030	0.101
	—	—	—	—	-0.013	-0.143	-0.058	-0.060	-0.176	0.125	-0.221	0.084
α_{2i}	—	—	—	—	0.605	0.317	0.308	0.473	—	1.103	0.645	1.951
	—	—	—	—	0.983	0.652	0.852	0.900	—	0.910	0.731	0.966
	0.839	0.885	0.831	0.887	0.964	0.971	0.969	0.970	0.837	0.882	0.830	0.885
β_j	0.059	0.045	0.059	0.042	0.029	0.018	0.026	0.017	0.062	0.047	0.061	0.043
	0.000	0.000	0.000	0.000	0.000	0.000	0.000	0.000	0.000	0.000	0.000	0.000

续表

参数	DCC-GARCH				DCC-EGARCH				DCC-TGARCH			
	美→中	日→中	德→中	英→中	美→中	日→中	德→中	英→中	美→中	日→中	德→中	英→中
	108.000	3310.000	138.000	153.000	316.000	336.000	81.000	306.000	186.000	6262.000	176.000	346.000
T-DIST. DOF *i*	1599.000	1447977.000	2546.000	3084.000	12692.000	14988.000	832.000	12751.000	—	5495742.000	3799.000	15866.000
	0.946	0.998	0.957	0.960	0.980	0.982	0.922	0.981	—	0.999	0.963	0.983
	5.669	6.300	5.550	6.281	5.924	6.632	5.758	6.593	5.703	6.340	5.566	6.311
T-DIST. DOF *j*	2.030	2.129	1.996	2.152	2.188	2.344	2.079	2.331	2.179	2.277	2.098	2.265
	0.005	0.003	0.005	0.004	0.007	0.005	0.006	0.005	0.009	0.005	0.008	0.005
	0.036	-0.013	-0.018	0.046	0.035	-0.017	-0.024	0.032	0.026	-0.012	-0.012	0.046
θ_1	0.064	0.046	0.043	0.055	0.053	0.042	0.036	0.052	0.069	0.045	0.048	0.053
	0.570	0.778	0.681	0.404	0.510	0.687	0.500	0.544	0.711	0.787	0.809	0.390
	0.414	-0.380	-0.039	0.436	0.504	-0.083	0.496	0.493	0.326	-0.326	-0.351	0.432
θ_2	0.627	0.046	1.387	0.441	0.570	1.083	0.927	0.594	0.820	1.262	1.848	0.441
	0.510	0.778	0.978	0.322	0.377	0.939	0.593	0.407	0.691	0.796	0.849	0.328
	58.00	69.00	92.00	62.00	80.00	56.00	45.00	59.00	109.00	84.00	183.00	83.00
T 分布（自由度）	65.00	86.00	156.00	71.00	104.00	57.00	40.00	62.00	220.00	131.00	578.00	124.00
	0.374	0.427	0.555	0.381	0.446	0.327	0.258	0.339	0.621	0.519	0.751	0.504
对数似然值	-1349	-1002	-1263	-1325	-1333	-1000	-1267	-1333	-1372	-1002	-1274	-1326
赤池准则	10.80	8.05	9.89	10.62	10.68	8.04	9.92	10.68	10.98	8.05	9.97	10.62
施瓦茨准则	10.98	8.241	10.07	10.80	10.86	8.222	10.10	10.86	11.171	8.236	10.15	10.81
H-Q 准则	10.87	8.13	9.96	10.69	10.75	8.114	9.993	10.75	11.062	8.127	10.04	10.70

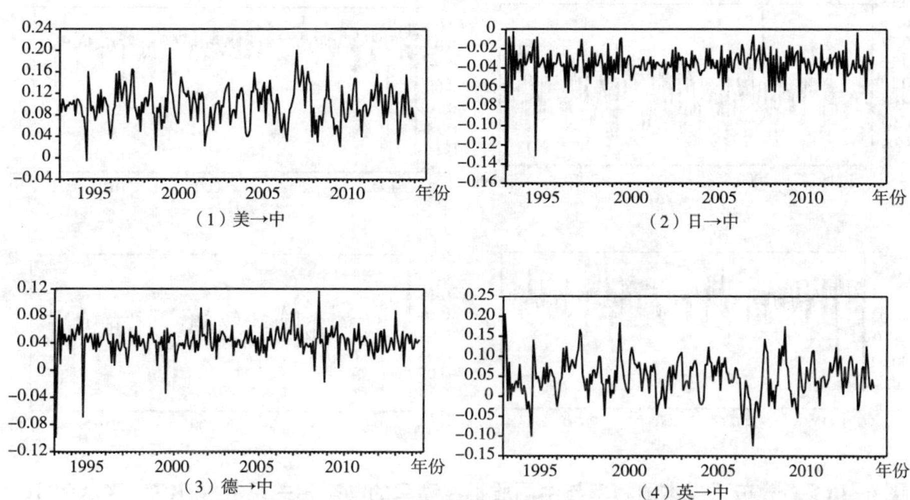

图 6-8　T 分布下样本国利率与中国股指波动率的动态相关系数（DCC-GARCH）

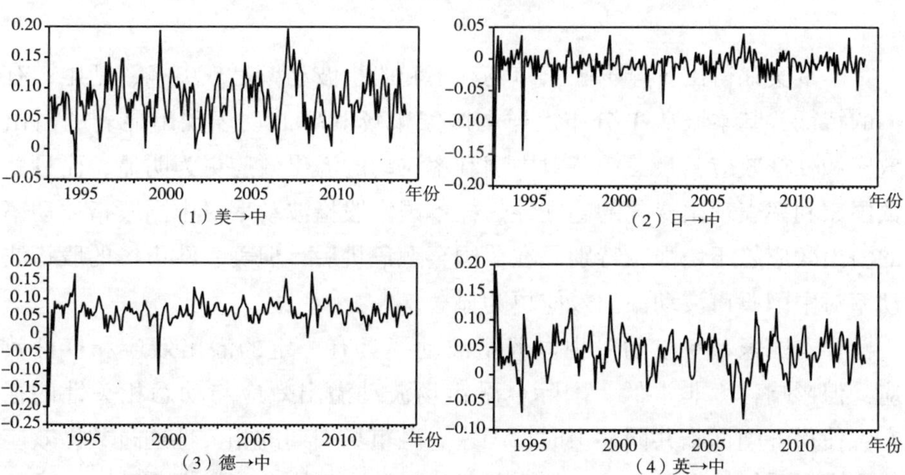

图 6-9　T 分布下样本国利率与中国股指波动率的动态相关系数（DCC-EGARCH）

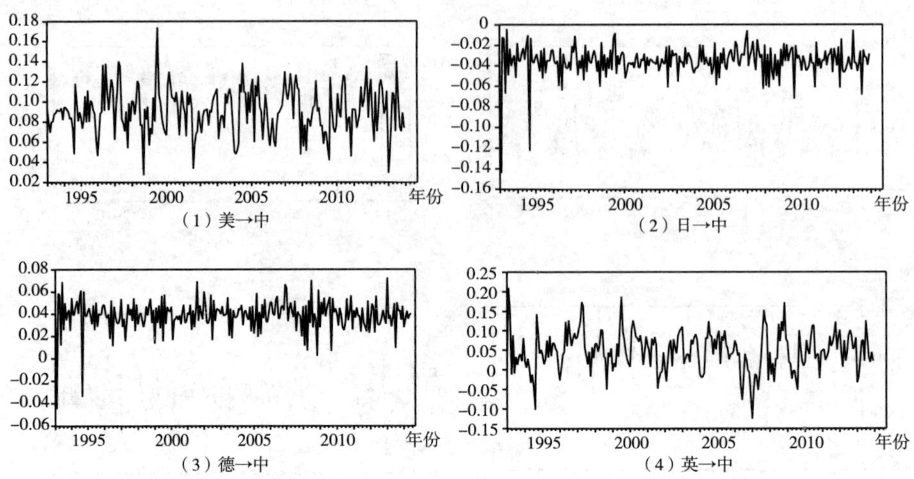

图 6-10 T 分布下样本国利率与中国股指波动率的动态相关系数（DCC-TGARCH）

本章小结

本章实证得出：样本国家市场利率和股指波动率呈现尖峰、肥尾、有偏的特征，基本服从 T 分布。样本国家市场利率波动表现出显著的溢出效应和杠杆效应，且美、英对中国利率波动的溢出效应更为明显，而且多数国家利率表现出变化的趋同性。样本国家股指波动率对中国股指波动率的溢出效应趋于增强，特别是在美国金融危机后，但美、欧市场的股指波动率对中国股市波动溢出效应更为显著。

样本国家利率波动对中国股指波动率具有一定的溢出效应和杠杆效应，但影响程度非常低。国际金融市场波动溢出效应与动态相关性的存在，使得各国面临共同冲击时，国家金融市场周期的相关性通过共振效应加剧世界系统性金融风险，而后者又会进一步加剧金融周期震荡。本章的研究对于投资者与监管层掌握国际金融风险传导机制以及金融监管有着重要的价值。为治理世界性金融风险，各国当局应加强政策协调，合理进行风险分担，共同防范化解金融风险。为防范金融风险，投资者需关注国际上经济强国的利率变化和股市波动情况。

第七章

中国金融周期与行业技术周期

本章立足于从技术模仿到技术创新转变的视角，在以马尔可夫转移模型测算金融周期及 13 类行业技术周期的基础上，采用 OLS 和时变参数 VAR 方法，实证分析各金融变量周期的异步性和不同金融变量在经济收缩期及扩张期对行业技术投资的助推或抑制作用，进而根据这些事实和规律，引导利用各金融变量在具有发展前景的行业中强化技术投资助推作用，提升经济结构优化效率。

第一节 引言

已有研究认为，金融经济周期实际上反映了经济波动与金融因素之间的关系，体现了金融变量对真实经济周期的重要影响。本书出发点的不同之处在于：由于行业生命周期及技术创新属性等因素的影响，各行业技术创新密度存在显著差异，金融周期对技术周期的影响，表现在各行业中必然具有不同的效应——有的是助推效应，有的是阻碍效应，而这必然加速或延缓相关行业的发展，进而影响经济结构优化和发展。因此，可以通过测度金融周期与行业技术周期的数量规律及异步性特征，论证在技术创新收缩期和扩张期不同金融变量的不同作用，强化金融周期对代表未来发展方向行业的技术创新助推作用，平抑其阻碍作用，进而达到利用金融周期优化行业经济结构的目的。基于此，本章的研究主要有两个特点：第一，采用向量自回归的马尔可夫区域转移模型测算不同金融变量的周期和各主要行业的技术周期，通过比较判断各金融变量周期是否同步、行业技术周期是否同步、金融变量周期与各行业技术周期是否同步。第二，在测算各变量周期异步性的基础上，采用 OLS 和时变参数 VAR 方法，估计各主要金融变量对不同技术创新密度行业的研发投资周期的解释作用和冲击影响，选择出分别针对高密度技术创新行业和低密度技术创新行业的金融助推工具，为合理利用金融周期波动助推技术创新行业发展、实现经济结构优化提供借鉴。

第二节　变量、数据与方法

本节根据本章研究目的设计实证思路，选择相关经济变量。

一　变量选择

银行和金融市场对技术研发创新的作用机制表现在两个方面：一是数量方面，即企业技术创新资金的可得性，包括金融膨胀—金融收缩形势变化时对项目清算概率、项目研发成败产生的影响，以及对不同技术研发密度的行业产生的周期性冲击；二是价格方面，即企业创新资金的成本，包括通过利率、汇率、房产价格等因素冲击企业技术创新的资金成本。本章基于这两个方面选择的金融周期描述指标主要包括信贷规模、股票价格指数、利率、汇率、房地产价格指数，行业经济周期的描述指标为行业技术投入率。变量及其含义如表 7-1 所示。

（一）金融变量

研究金融周期比较常用的一个方法是根据金融变量与宏观经济变量之间的关系密切程度寻找主要金融变量，进而构建金融状况指数。本章不再通过构建金融状况指数的途径来研究金融周期，而是直接观察金融市场的核心变量，原因包括：一是本章研究目的在于观察核心金融变量波动规律及其对各行业经济波动的影响，不同的金融变量在不同行业发挥的作用不同。二是变量选取的多寡不一、意见纷呈。我们根据文献验证效果和实际运行情况选择金融变量。

银行信贷变量——私人部门信贷/GDP。无论是理论逻辑分析（信贷周期理论），还是我国实际经济运行情况（银行主导型金融体系），或者是已有实证结论（苗文龙，2005；伊楠、张斌，2016；陈雨露、王勇，2016），银行信贷都是金融的核心因素。考虑到计量检验和估计的数据处理问题，我们采用私人部门信贷/GDP 的比值形式。

资本市场变量——沪市股票价格指数。1991 年中国开始发展股票市场，随着中国金融体系逐渐完善，股票成为企业、个人重要的财富构成部分，并影响到企业和个人的投资、消费等行为，成为标志性的金融变量。由于沪市股票多为大盘股，并且沪深股市波动规律基本一致，因此，我们选择沪市股指作为资本市场的代表性指标。

金融资金价格变量——利率。利率是金融运行状况的核心指标，是货币政策、金融体系对实体经济产生作用的核心途径。本章侧重点在于观察金融体系内生运行规律，因此选择市场化程度高的利率——银行间同业拆借利率。我国银行间同业拆借利率包括隔夜同业拆借利率、7 天内同业拆借利率等 8 种同业拆借利率。一般文献选择 7 天同业拆借利率，为同时考虑对市场利率整体影响，我们选择同业拆借加权平均利率。

国际金融资金价格变量——汇率。汇率主要反映国际资本流动因素对技术研发创新投资资金及其成本的影响。本章采用人民币兑美元实际有效汇率。

金融资产价格变量——房产价格指数。选择房产变量，主要基于 3 个理由：一是房产逐渐成为重要的投资性工具，尽管流动性低于股票，但可以作为重要的投资补充，特别是近 10 年，股市与房市呈现明显的互补性。二是房产涉及金融业和数十个上游实体经济行业，是重要的金融经济桥梁。三是一些相关研究文献将其作为金融变量，并且验证了房产价格指数作为金融状况指数构成对经济体系的拟合效果和预测效果。因此，我们选择房产价格指数作为金融周期的描述变量。

（二）行业经济变量

行业技术投入率——行业本年技术研发投入/行业本年总产出。研发投入包括用于研究开发、技术改造、科技创新等方面的支出，反映了该行业在科技进步方面的投入，在一定程度上可以体现企业的发展潜力。

行业划分有多种方法，根据数据的可得性，本章主要采用 Wind 数据库的行业划分标准。Wind 数据库划分了 10 个一级行业、24 个二级行业、62 个三级行业、135 个四级行业。兼顾对技术创新程度的描述和行业细分程度对数据处理复杂性的影响，本章采用 24 个二级行业的划分标准。由于 24 个行业的数据时限长度不一，为了统一数据时段、提高数据结果的可比性，从 24 个行业数据中选择纺织业（pdy_spin_t）、化学工业（pdy_chem_t）、建材工业（pdy_build_t）、交通运输仓储及邮政业（pdy_tran_t）、农业（pdy_agri_t）、批发零售贸易业（pdy_ws_t）、汽车制造业（pdy_car_t）、食品工业（pdy_food_t）、通信设备制造业（pdy_comm_t）、文教体育用品制造业（pdy_cul_t）、医药工业（pdy_medi_t）、有色金属采矿业（pdy_nm_t）、造纸及纸制品业（pdy_pa_t）13个行业。

表 7-1　　变量选择及其含义

变量		具体指标	经济含义	符号	时间单位
金融变量	利率	银行间同业拆借利率	金融资金价格	i_t	月
	汇率	名义有效汇率	国际金融价格	e_t	月
	信贷	私人部门信贷/GDP	银行信贷	cre_t	月
	股票	股票价格指数	资本市场	s_t	月
	房产	房产价格指数	金融资产价格	h_t	月
行业经济变量	技术创新	行业技术投入率	行业持续发展能力	pdy_t	月

二　数据

数据来源于1996—2015年《中国工业经济年鉴》《中国金融年鉴》和Wind数据库，时间区间为2000年1月至2015年12月。各金融指标和行业技术研发创新指标的数据统计描述如表7-2、表7-3所示。

数据统计结果显示，各行业的技术创新属性、技术创新密度和创新研发投资都存在明显差异，技术投入率比较高的行业是通信设备制造业、汽车制造业、医药工业，较低的行业是农业、食品工业和交通运输仓储及邮政业，有色金属采矿业上升趋势显著，这与经济运行的实际情况较为相符。技术投入率较高的行业，技术水平较高，技术更新速度较快；技术创新投资较低的行业，技术发展比较成熟，技术创新空间较小。从创新发展的角度来说，金融制度与体系应提高对技术创新密度高的行业的关注和投资，这样才能起到助推技术创新、优化产业结构、推动经济发展的作用。

表 7-2　　金融变量数据的描述统计

统计量	i_t	e_t	cre_t	s_t	h_t
均值	2.6263	99.2659	4.2633	2311.718	23.5172
中位数	2.4000	97.9250	4.2250	2116.720	24.1500
最大值	6.9200	127.4000	5.7300	5824.120	57.1000
最小值	0.9400	83.8200	3.3200	1042.180	1.0000
标准差	1.0050	10.5595	0.4726	926.4776	9.7987

续表

统计量	i_t	e_t	cre_t	s_t	h_t
偏度	0.9642	0.9152	0.4672	1.2982	-0.3786
峰态	4.4959	3.2299	2.9699	4.8037	3.0621
J-B 检验	47.6515	27.2287	6.9909	79.9589	4.6165
P 值	0.0000	0.0000	0.0303	0.0000	0.0994
样本数	192	192	192	192	192

表 7-3　13 类行业技术投入率的描述统计

行业	均值	中位数	最大值	最小值	标准差	偏度	峰态	J-B 检验	P 值	样本数
pdy_spin_t	1.0438	0.6650	6.1100	-0.2200	0.9778	2.2290	9.9075	540.6974	0.0000	192
pdy_chem_t	0.8624	1.1700	2.8000	-9.7600	1.9439	-3.0014	14.2405	1299.06	0.0000	192
pdy_build_t	0.4501	0.8900	1.9200	-14.1300	2.4222	-4.0200	20.0565	2844.52	0.0000	192
pdy_tran_t	0.0626	0.3000	0.4200	-3.5000	0.6212	-3.5274	16.7789	1917.01	0.0000	192
pdy_agri_t	-0.1439	0.5400	1.9200	-18.0100	2.8725	-4.3662	22.3700	3611.61	0.0000	192
pdy_ws_t	0.6935	0.4250	8.9300	-0.8400	1.3468	3.8550	19.8944	2758.92	0.0000	192
pdy_car_t	1.8878	2.0050	3.0200	-6.6800	1.4440	-3.7942	18.8699	2475.48	0.0000	192
pdy_food_t	-0.0063	0.4800	1.6900	-13.2600	2.1147	-4.4169	22.8168	3765.91	0.0000	192
pdy_comm_t	3.6125	1.9000	27.8200	-1.3200	4.0740	3.4444	17.5034	2062.44	0.0000	192
pdy_cul_t	0.8873	0.7000	4.3500	0.1200	0.7258	2.1106	8.9169	422.625	0.0000	192
pdy_medi_t	1.8437	1.6000	3.7000	-0.1500	1.0904	0.3916	1.7586	17.2368	0.0002	192
pdy_nm_t	-0.0063	0.6250	1.9700	-17.3900	2.8010	-4.3389	22.1886	3548.04	0.0000	192
pdy_pa_t	0.4104	0.7000	3.6300	-8.3800	1.5607	-3.2477	16.3139	1719.03	0.0000	192

三　方法与思路

进一步的研究主要包括两个环节：一是测算金融周期与行业技术周期，根据行业技术周期指标分别选择技术投入率高的行业和技术投入率低的行业，初步判断金融周期与高密度技术创新行业和低密度技术创新行业周期的异步性。二是分析周期异步性情况下，不同金融数量变量和金融价格变量的周期对不同密度技术创新行业周期的冲击影响，论证金融对行业技术周期的影响和对行业结构的优化作用。

金融周期与行业周期的测算包括两个主要步骤：一是计算寻找各代表变量波动的拐点，从而确定波峰和波谷，根据波峰到波峰、波谷到波谷的时间跨度确定周期。目前文献测度中国金融周期的方法主要有 H-P 滤波法（苗文龙，2005）、B-P 滤波法、谱密度法（苗文龙、周潮，2014）、马尔可夫区制转移模型（刘金全、刘志刚，2006；邓创、徐曼，2016）。二是在确定拐点、波峰、波谷的基础上，测算经济稳态运行区间，进而将周期划分为扩张期、收缩期（见图 7-1）。也有学者认为，应将周期分为膨胀期、适度期和衰退期三种状态（见图 7-2）。我们着重采用两种形态划分法进行实证论述，在测算周期时以三种形态划分法结果作为参照。

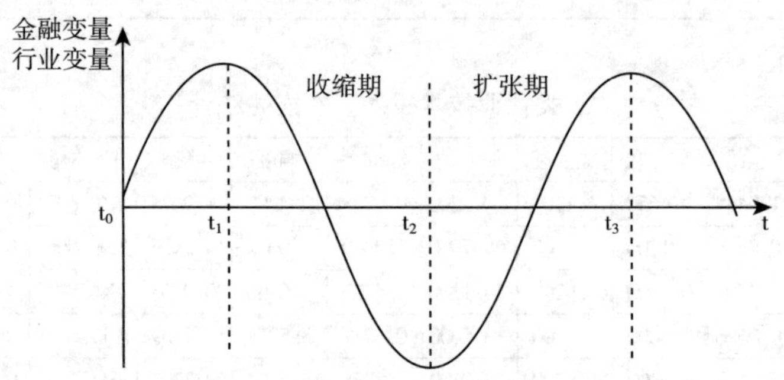

图 7-1　金融周期及行业周期两阶段划分

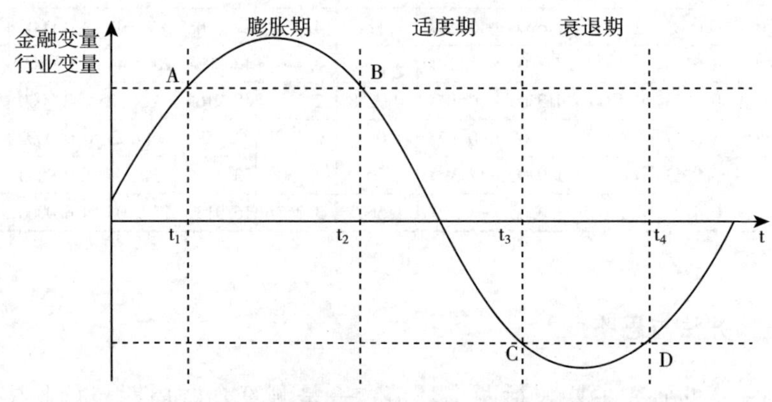

图 7-2　金融周期及行业周期三阶段划分

本章首先利用马尔可夫区制转移模型研究中国各金融变量和各行业变量的周期波动特征，然后划分金融的周期状态，分别在不同的金融周期状态下利用时变参数向量自回归模型估计不同金融因素变量对不同行业的冲击影响，为利用金融工具推动行业结构优化提供参考。值得注意的是，金融变量和行业变量可能并不同步（或者说多数情况下都不同步），此时我们将以技术投资为标准，检验不同金融周期状态对行业技术投资波动的冲击。

第三节　时变转移模型下金融周期与行业技术周期

一　方法与模型

引入向量自回归的马尔可夫区域转移模型：

$$x_t - \mu(S_t) = \sum_{k=1}^{N} \delta_{k,\ S_t} [x_t - \mu(S_t)] + \mu_t \quad \mu_t \to N(0,\ \sigma^2)$$

其中，$\mu(S_t)$ 表示时间序列 x_t 在区制 S_t 下的平均变动情况；S_t 为状态变量，$S_t = 1, 2, \cdots, N$，表示 N 种区制状态。S_t 从 $t-1$ 期的状态 i 转移变化为 t 期的状态 j 的概率为 p_{ij}，$p_{ij} = p(S_t = j | S_{t-1} = i)$ 满足离散取值的一阶马尔可夫过程。根据 p_{ii} 可计算出时间序列变量 xt 在状态 i 的持续期为 $\frac{1}{1-p_{ii}}$。

利用双区制马尔可夫转移模型将一阶差分序列划分出扩张和收缩两种状态，根据这两种状态的转折点界定金融周期和行业技术投资周期的峰谷时间点和波谷时间点，进而确定周期长度及频率等特征。利用三区制马尔可夫转移模型将金融序列和行业序列划分出低、中、高三种状态，用以描述金融周期和行业技术投资周期的过冷收缩期、正常适度期和过热膨胀期三种区间状态及其转移概率。

二　估计

金融周期和行业技术周期测算结果如表 7-4、表 7-5 和图 7-3 至图 7-7 所示。分析结果可以初步得出：

第一，各金融变量的周期波长具有明显差别。例如银行信贷的收缩期有 9.45 个月、扩张期有 2.99 个月（这比较符合多数年份第一季度放贷占全年总贷款规模一半的事实），而股票市场的收缩期有 55.71 个月、扩张期有 6.52 个月，利率的收缩期有 61.39 个月、扩张期有 32.03 个月（利率紧缩下降实质上反映了低利率宽松货币政策）。计算结果同苗文龙、周潮（2014）计算的股票指数、信贷利率、汇率等中国金融周期结果较为一致。这一结果意味着，金融体系运行状况存在多种表现不一的衡量指标，而它们在经济发展中又发挥着各自的作用，简单设计成一个综合金融指标难以准确估算各金融变量的差别性作用。

第二，各行业的技术投资周期具有明显差别，而且多数行业的技术投资的收缩期长于扩张期。前者表现在两个方面：一是各行业技术投资周期波长显著不同，有的长达 10 年（例如汽车制造业），有的只有四五个月（例如通信业和农业）；二是收缩期与扩张期所占时间比例具有显著差异，有的行业技术投资以扩张期为主（例如纺织业、医药制造业），有的则以收缩期为主。后者意味着，可能由于企业自身短期性倾向，也可能因为研发资金约束，多数行业不具有持续性的技术创新投资行为。

第三，金融变量周期与行业技术周期的异步性，可能引发不同金融变量对不同行业创新发展具有不同的冲击效应。金融变量周期的异步性与行业技术周期的异步性夹杂在一起，一定程度上导致不同的金融变量对不同的行业技术创新产生不同的助推或抑制效应。

表 7-4　　金融周期的测度

金融变量	双区制转移平滑概率				三区制转移平滑概率					
	p_{11}	收缩期	p_{22}	扩张期	p_{11}	过冷衰退期	p_{22}	正常适度期	p_{33}	过热膨胀期
i_t	0.9837	61.3874	0.9688	32.0307	0.9326	14.8280	0.9548	22.1386	0.9654	28.9184
e_t	0.7166	3.5281	0.8245	5.6993	0.5987	2.4920	0.8391	6.2166	0.7714	4.3745
cre_t	0.8942	9.4545	0.6657	2.9914	0.5289	2.1228	0.8610	7.1953	0.6654	2.9886
s_t	0.9821	55.7103	0.8467	6.5227	0.6569	2.9143	0.9522	20.9336	0.5105	2.0429
h_t	0.9688	32.0410	0.9665	29.8775	0.9366	15.7629	0.8985	9.8532	0.9592	24.4978

表 7-5　　行业技术周期的测度

行业变量	双区制转移平滑概率				三区制转移平滑概率					
	p_{11}	收缩期	p_{22}	扩张期	p_{11}	过冷衰退期	p_{22}	正常适度期	p_{33}	过热膨胀期
pdy_spin_t	0.5000	2.0000	0.9944	176.9900	0.9706	34.0000	0.9667	30.0400	0.9790	47.5500
pdy_chem_t	0.9714	35.0100	0.9833	59.9500	0.8462	6.5000	0.9880	82.9900	0.3320	1.5000
pdy_build_t	0.9806	51.5500	0.9646	28.2500	0.9193	12.3900	0.9278	13.8500	0.9420	17.2400
pdy_tran_t	0.9740	38.4000	0.9712	34.7300	0.8906	9.1400	0.9555	22.4700	0.9927	136.9900
pdy_agri_t	0.5634	2.2900	0.6372	2.7600	0.9731	37.1700	0.9893	93.4600	0.9836	60.9800
pdy_ws_t	0.9919	123.4600	0.9852	67.5700	0.9200	12.5000	0.5271	2.1100	0.9936	156.0100
pdy_car_t	0.9904	104.1700	0.9758	41.3200	0.9009	10.0900	0.9817	54.6400	0.9914	116.2800
pdy_food_t	0.9897	97.0900	0.9762	41.9800	0.7262	3.6500	0.7125	3.4800	0.9298	14.2500
pdy_comm_t	0.5038	2.0200	0.5259	2.1100	0.7335	3.7500	0.2665	1.3600	0.9755	40.7500
pdy_cul_t	0.9565	23.0000	0.4348	1.7700	0.9832	59.5200	0.9839	62.0000	0.3520	1.5400
pdy_medi_t	0.9173	12.0900	0.9793	48.2600	0.9692	32.4300	0.1869	1.2300	0.9786	46.7900
pdy_nm_t	0.9811	52.8300	0.1893	1.2300	0.9167	12.0000	0.9725	36.4200	0.9444	17.9700
pdy_pa_t	0.9945	180.1800	0.5553	2.2500	0.7396	3.8400	0.6511	2.8700	0.9879	82.3000

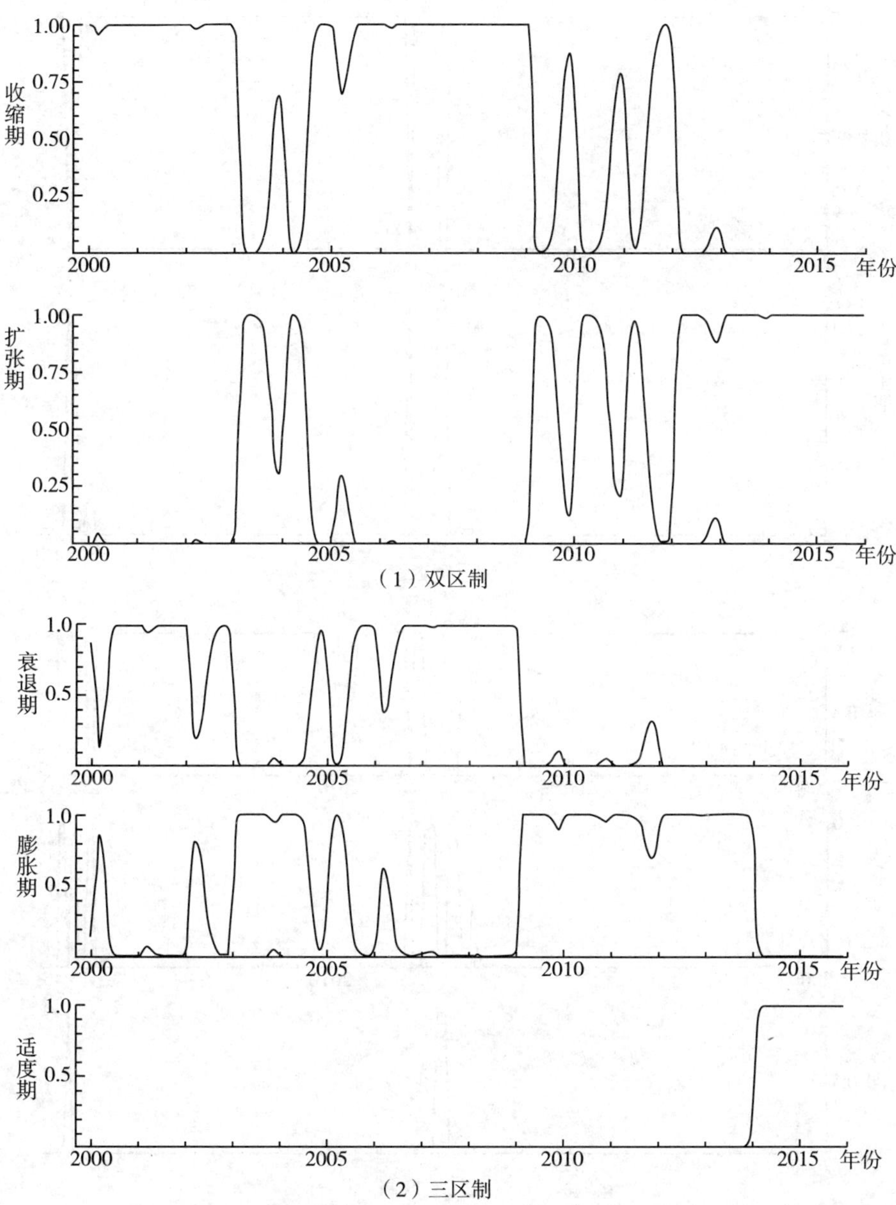

图 7-3 银行信贷双区制和三区制转移平滑概率

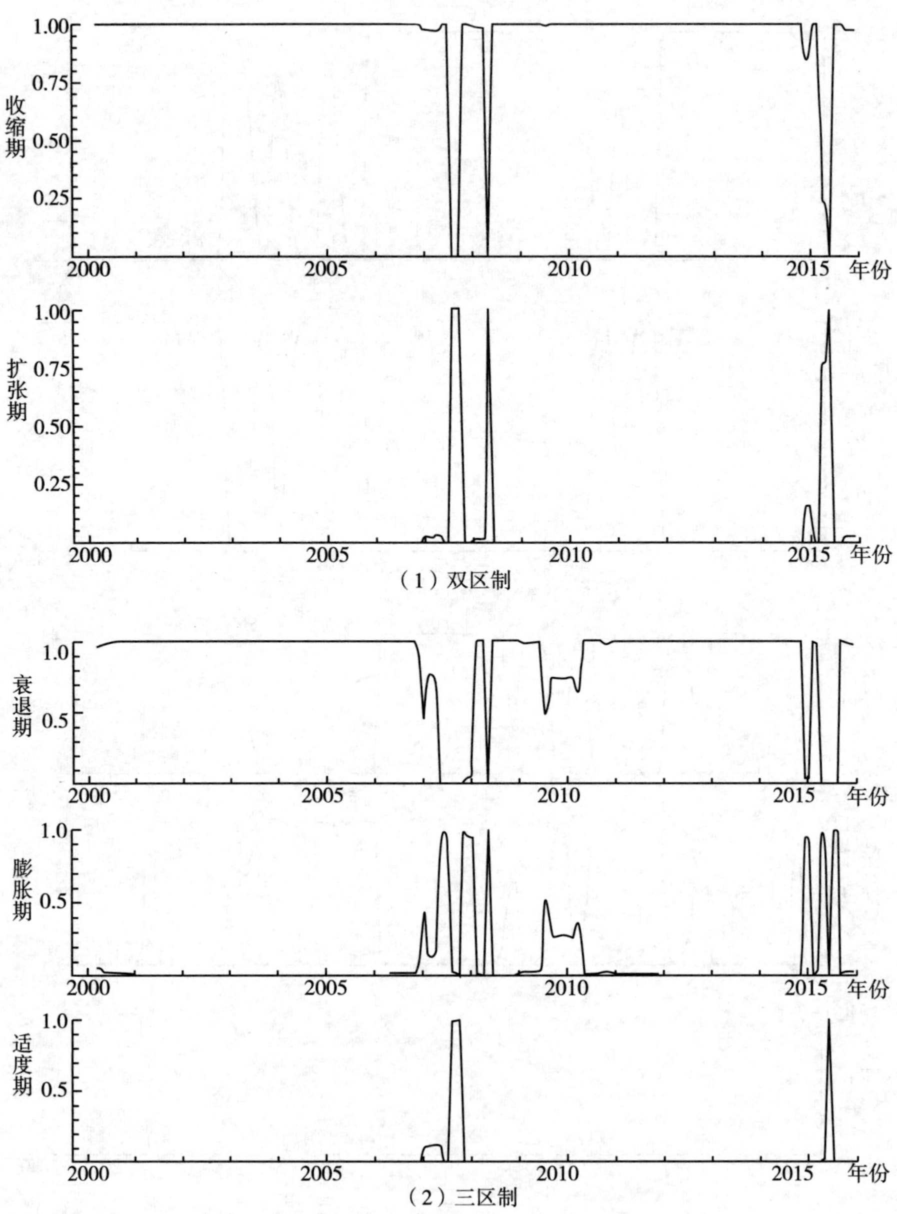

图 7-4　沪深股指双区制和三区制转移平滑概率

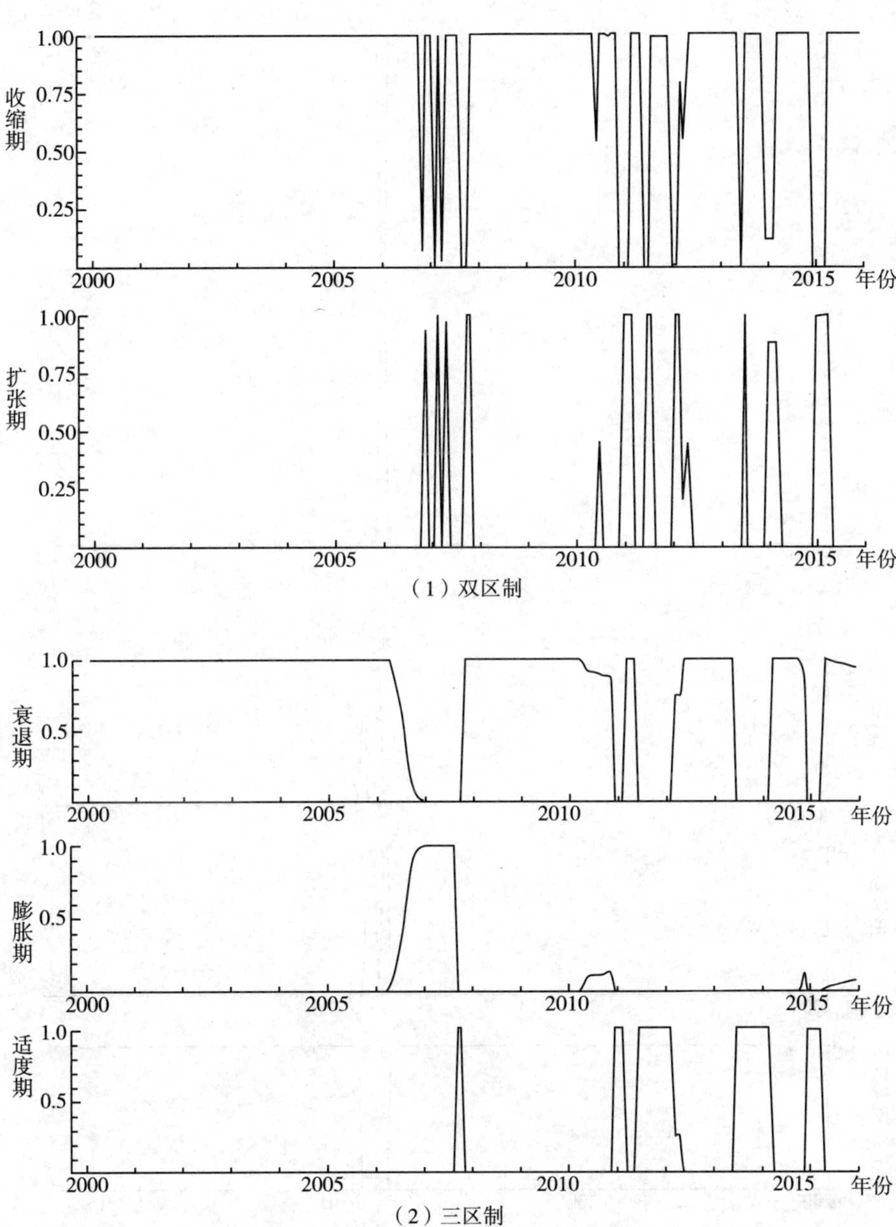

图 7-5 利率双区制和三区制转移平滑概率

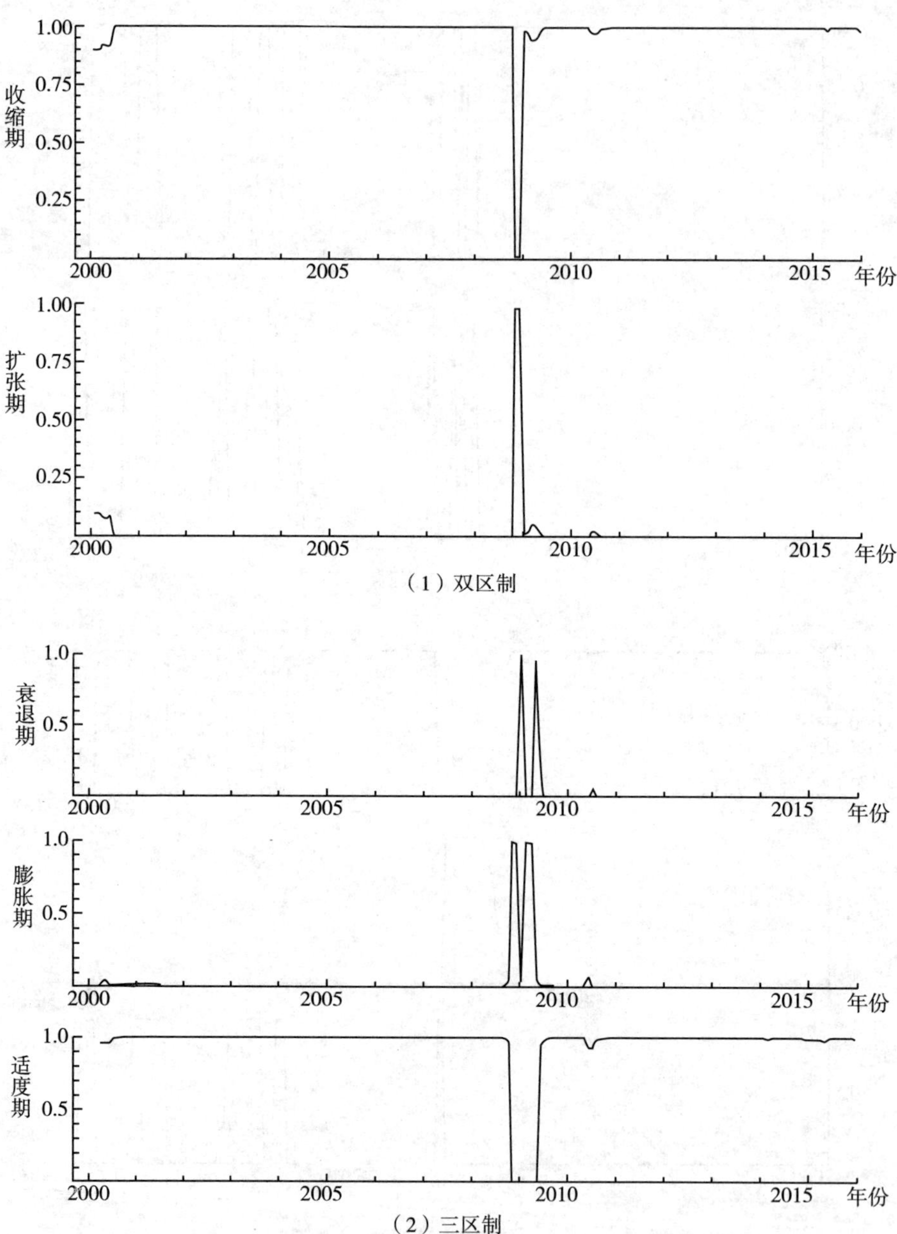

图 7-6 汇率双区制和三区制转移平滑概率

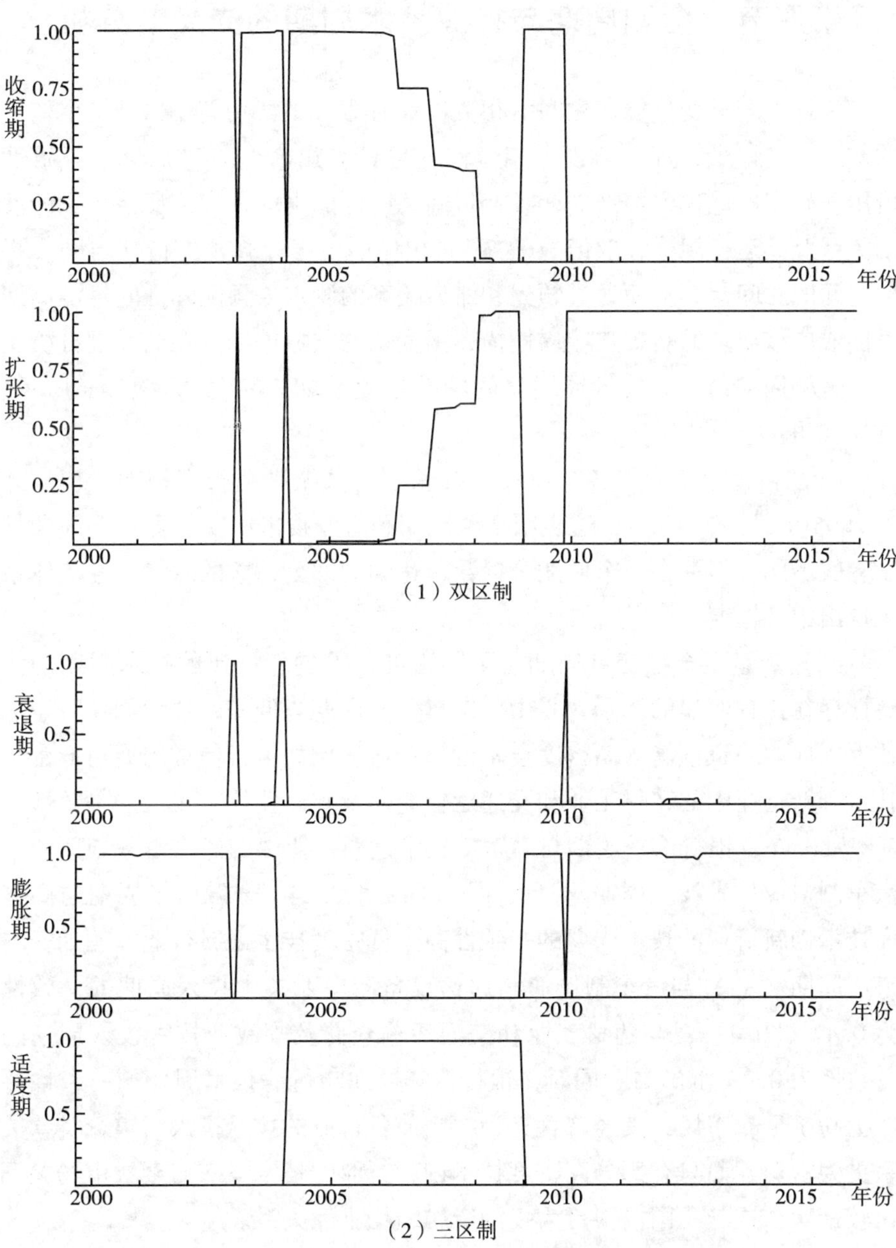

图 7-7　房产价格指数双区制和三区制转移平滑概率

第四节 金融周期与行业技术周期的交叉谱分析

为计算金融变量周期之间的相关性和时滞大小，我们需估计三个核心的交叉谱统计量，即一致性、相位谱（可计算出时差）和周期。一致性可用来确定构成现实经济周期各变量间关联性的强弱程度，反映变量的波动关系及其运行规律，取值［0，1］。相位谱用于计算领先指标与同步指标之间的时间差，从而通过领先和滞后关系的测定来预测和推断经济周期可能或应该出现的转折点。周期描述两变量的共振周期。在交叉谱分析法下，金融周期与行业技术周期之间的数量关系如表 7-6 至表 7-9 所示。结果表明：

（1）各金融变量与各行业技术投入率的共振周期长度相同，初步计算为 95 个月（7.9 年），这表明金融周期和行业技术周期尽管各自周期长度有所不同，但存在一个周期公倍数，达到周期公倍数的时点，经济体系表现出中长周期。

（2）数量型金融变量周期与不同密度技术创新行业的技术周期的一致性存在比较明显的差别。其中，银行信贷周期与低密度技术创新行业的技术周期的一致性高于高密度技术创新行业，例如银行信贷周期与低密度技术创新行业中的建材工业和交通运输仓储及邮政业技术投入的一致性为 0.8 和 0.76，银行信贷周期与高密度技术创新行业中的通信设备制造业和汽车制造业技术投入周期的一致性为 0.42 和 0.24。金融市场周期与高密度技术创新行业的技术周期的一致性高于低密度技术创新行业，例如资本市场周期（s_t）与汽车制造业和通信设备制造业技术投入周期的一致性为 0.47 和 0.41，s_t 与建材工业和交通运输仓储及邮政业技术投入周期的一致性为 0.36 和 0.41。同时，银行信贷周期与行业技术周期的一致性整体上高于金融市场，其经济含义为，当前各行业的技术投入与银行贷款关系更为密切，而只有部分高密度技术创新行业的技术投入与金融市场关系比较密切，这与我国以银行为主的金融结构不无关系。

（3）价格型金融变量的周期中，利率周期与行业技术周期的一致性高于汇率，利率周期与低密度技术创新行业的技术周期的一致性高于高密度技术创新行业。前者主要与我国近年来实施的汇率制度有关，后者主要与以银行贷款为主的金融工具结构有关。

表 7-6　信贷/GDP 与行业技术投入率的交叉谱分析

变量	周期（月）	一致性	相位谱	变量	周期（月）	一致性	相位谱
cre_t 与 pdy_spin_t	95	0.2341	0.2197	cre_t 与 pdy_car_t	95	0.2378	-2.6930
cre_t 与 pdy_chem_t	95	0.2006	-2.8278	cre_t 与 pdy_food_t	95	0.2087	-2.7635
cre_t 与 pdy_build_t	95	0.8011	3.1416	cre_t 与 pdy_comm_t	95	0.4184	0.3760
cre_t 与 pdy_tran_t	95	0.7593	-2.925	cre_t 与 pdy_cul_t	95	0.2973	1.2070
cre_t 与 pdy_agri_t	95	0.2227	-2.7763	cre_t 与 pdy_medi_t	95	0.4510	0.975
cre_t 与 pdy_ws_t	95	0.2435	0.4117	cre_t 与 pdy_nm_t	95	0.1981	-2.762

表 7-7　股票价格指数与行业技术投入率的交叉谱分析

变量	周期（月）	一致性	相位谱	变量	周期（月）	一致性	相位谱
s_t 与 pdy_spin_t	95	0.0980	3.141	s_t 与 pdy_car_t	95	0.47191	0.9024
s_t 与 pdy_chem_t	95	0.0136	1.0152	s_t 与 pdy_food_t	95	0.3317	0.9034
s_t 与 pdy_build_t	95	0.3609	0.9166	s_t 与 pdy_comm_t	95	0.4142	-2.3052
s_t 与 pdy_tran_t	95	0.4097	0.6567	s_t 与 pdy_cul_t	95	0.1572	-0.5335
s_t 与 pdy_agri_t	95	0.3291	0.8793	s_t 与 pdy_medi_t	95	0.1678	1.7258
s_t 与 pdy_ws_t	95	0.3189	-2.179	s_t 与 pdy_nm_t	95	0.3345	0.9187

表 7-8　利率与行业技术投入率的交叉谱分析

变量	周期（月）	一致性	相位谱	变量	周期（月）	一致性	相位谱
i_t 与 pdy_spin_t	95	0.8267	1.2464	i_t 与 pdy_car_t	95	0.2723	-2.4707
i_t 与 pdy_build_t	95	0.7125	3.1416	i_t 与 pdy_food_t	95	0.2387	-2.3527
i_t 与 pdy_medi_t	95	0.6632	0.0231	i_t 与 pdy_comm_t	95	0.2355	0.6747
i_t 与 pdy_chem_t	95	0.5780	3.1416	i_t 与 pdy_cul_t	95	0.3523	-2.8661
i_t 与 pdy_agri_t	95	0.2312	-2.3448	i_t 与 pdy_tran_t	95	0.2294	-2.2924
i_t 与 pdy_ws_t	95	0.2083	0.8712	i_t 与 pdy_nm_t	95	0.2484	-2.3587

表 7-9　汇率与行业技术投入率的交叉谱分析

变量	周期（月）	一致性	相位谱	变量	周期（月）	一致性	相位谱
e_t 与 pdy_spin_t	95	0.1566	3.1416	e_t 与 pdy_car_t	95	0.1851	0.6471
e_t 与 pdy_chem_t	95	0.1331	0.7616	e_t 与 pdy_food_t	95	0.1727	0.5679
e_t 与 pdy_build_t	95	0.1919	0.5808	e_t 与 pdy_comm_t	95	0.1395	-2.5949
e_t 与 pdy_tran_t	95	0.1289	0.4277	e_t 与 pdy_cul_t	95	0.3790	-0.2679
e_t 与 pdy_agri_t	95	0.1638	0.5571	e_t 与 pdy_medi_t	95	0.1369	0.4650
e_t 与 pdy_ws_t	95	0.1376	-2.4445	e_t 与 pdy_nm_t	95	0.1789	0.5768

第五节 周期波动中主要金融变量对不同行业技术投资的影响比较

本章将企业分为高密度技术创新行业和低密度技术创新行业两类，分别在代表性行业的技术投资的收缩期和扩张期采用最小二乘法估计不同金融变量周期波动对行业技术投资波动的影响。根据第二部分统计数据，高密度技术创新行业主要为通信设备制造业、汽车制造业、医药工业，低密度技术创新行业主要为农业、建筑工业、交通运输及仓储邮政业。结合第三节测算的行业周期，分别界定出这6类行业的技术投资收缩期和扩张期，并以同期金融变量作为解释变量，估计结果如表7-10、表7-11所示。

一 技术投资收缩周期中不同金融变量的解释作用与经济结构变化

分析表7-10可以初步得出四个基本事实：一是根据各被解释变量滞后一期的解释系数显著性可知，无论是高密度技术创新行业还是低密度技术创新行业的技术投资周期均具有明显的惯性。这意味着行业的技术创新需要持续性投资，否则总是具有创新模仿路径依赖，难以突破引领该行业的技术前沿。二是在技术投资的收缩期，金融市场一般对行业技术投资具有显著的抑制性，例如高密度技术创新行业的汽车制造业、医药工业和低密度技术创新行业的农业、建材工业、交通运输仓储及邮政业。这表明金融市场萧条时，投资者对参考点附近的投资损失具有强烈的反应，产生群体性抛售，发挥多数人决策的筛选机制，进而影响行业的技术研发投资效率。比较而言，金融市场对高密度技术创新行业的筛选效应更强一些（s_t对pdy_car_t、pdy_medi_t的解释系数分别为0.0003和0.0012），对低密度技术创新行业的筛选效应较弱一些（s_t对pdy_agri_t、pdy_build_t、pdy_tran_t的解释系数分别为0.0002、0.0001和8.10E-5）。三是在技术投资的收缩期，银行对创新密度高低不同的行业具有显著不同的效应，对高密度技术创新行业的技术投资具有显著的抑制性，例如cre_t对pdy_comm_t、pdy_medi_t的解释系数分别为1.9675和0.0014，这表明在该类行业技术投资收缩期，银行贷款发挥了进一步助推研发投资率下行的作用；对pdy_agri_t、pdy_build_t、pdy_tran_t的解释系数分别为-0.1347、-0.0867和-0.0765，这表明在该类行业的技术投资收缩期，银行贷款产生反向阻碍作用，即相对加大该行业的贷款规模，阻止了该行业技术投资下行。四是在技术投资收缩期，汇率贬值提高了产品价格优势但并未助推该行业的技术创新研发。房产价格上涨主要对高密度技术创新行业的技术研发投资产生抑制作用，例如 h_t 对 $pdy\_\ comm_t$、$pdy\_\ car_t$ 的解释系数为-0.1119 和-0.0093。

由于金融市场投资者存在非对称风险偏好行为（Kahneman and Tversky，1979），金融市场所主要依赖的多人共同选择控制预期投资损失的机制，在收缩期可能出现竞争式抛售的羊群效应，引发企业技术投资资金的进一步紧张和恶化，影响其相关行业的技术创新进程。银行的非对称风险投资行为则较弱一些，同时在收缩期抑制了低密度技术创新企业的经营恶化。因此，综合技术投资收缩期各金融变量的作用效应，可加大对高密度技术创新行业研发的银行贷款比重，同时引导金融市场投资者关注和投资具有核心技术优势的企业，降低盲从抛售和羊群效应，在收缩期减缓技术投资的下降趋势，缩短其下行时间，进而实现产业结构和经济结构优化。

表 7-10　收缩期金融变量与技术投资

变量	$pdy\_\ comm_t$	$pdy\_\ car_t$	$pdy\_\ medi_t$	$pdy\_\ agri_t$	$pdy\_\ build_t$	$pdy\_\ tran_t$
常数	8.1914 [1.5932]	1.1585** [2.4296]	0.9000 [8.8221]	0.4690 [1.0520]	-0.4284 [-0.7088]	-0.4880 [-1.9089]
$Y(-1)$	0.8054* [0.0000]	0.6065* [8.2426]	—	0.1001 [1.5092]	0.2911* [3.2478]	0.7051* [12.8741]
cre_t	1.9675 [2.4152]	-0.2063*** [-1.7993]	0.0014* [5.2538]	-0.1347 [-1.5249]	-0.0867 [-0.7245]	-0.0765*** [-1.9271]
s_t	-0.0004 [-1.0370]	0.0003* [5.0671]	0.0012** [2.2178]	0.0002* [7.5528]	0.0001* [7.0641]	8.10E-5* [5.5902]
i_t	-0.1917 [-0.5867]	-0.0042 [-0.1605]	-9.8816 [-0.5524]	0.0256 [0.9245]	-0.0063 [-0.1911]	-0.0023 [-0.2400]
e_t	-0.0971** [-2.5001]	0.0011 [0.2205]	-8.0616* [-5.3433]	-0.0048** [-2.3146]	-0.0115* [-2.7153]	-8.26E-5 [-0.0734]
h_t	-0.1119*** [-1.9591]	-0.0093*** [-1.7761]	—	0.0106** [2.2019]	0.0052 [1.0042]	0.0046 [1.8299]
R^2	0.9855	0.8823	0.9000	0.7257	0.9187	0.9444
调整的 R^2	0.9823	0.8691	0.8924	0.6821	0.9092	0.9392
F 值	310.717	66.4285	22.7315	16.6333	96.8267	182.098
D-W 值	1.9579	1.5808	1.7314	0.6264	1.5403	1.7027

注：$Y(-1)$ 表示被解释变量的滞后 1 期值；* 表示在 1%显著性水平下显著；** 表示在 5%显著性水平下显著；*** 表示在 10%显著性水平下显著。

二 技术投资扩张周期中不同金融变量的推动效应与经济结构变化

分析表 7-11 初步得出以下四个基本事实：一是在各代表性行业的技术投资扩张期，技术投资的惯性效应较收缩期更为明显。二是扩张期内银行贷款对低密度技术创新行业的助推效应大于对前沿发展型的高密度技术创新行业的助推效应，体现为 cre_t 对 pdy_agri_t、pdy_tran_t 的解释系数为 0.1259 和 0.0914，而对 pdy_comm_t、pdy_car_t、pdy_medi_t 的解释系数均不显著。三是在技术投资扩张期，金融市场对前沿发展型的高密度技术创新行业的助推作用大于对低密度技术创新行业的助推作用，体现为 s_t 对 pdy_agri_t、pdy_build_t 的解释作用不显著，对 pdy_tran_t 的解释系数为 2.86E-5，而对 pdy_comm_t、pdy_car_t 的解释系数分别在 10%和 5%显著性水平下显著，为 0.00017 和 0.0003。四是汇率并未对行业技术投资产生显著的推动作用。房产价格上涨助推了农业和建材工业的技术研发投资，其原因可能在于：土地价格上涨提高了农业的收入，缩小了农业耕地规模，便利了且迫使农业进行技术投资。

这在一定程度上说明，银行和金融市场可能对技术创新密度和水平不同的行业具有不同的筛选投资效应，银行对低密度技术创新的成熟型行业的投资推动作用更为显著，金融市场对高密度技术创新前沿型行业的投资推动作用更为显著（龚强等，2014），这一规律随着金融环境的恶化而减弱。在技术投资繁荣周期阶段，金融市场和银行对技术投资均具有正向推动作用，相比较而言，由于金融市场投资者的非对称风险偏好，金融市场对企业技术投资的紧缩效应更为强烈。

表 7-11 扩张期金融变量与技术投资

变量	pdy_comm_t	pdy_car_t	pdy_medi_t	pdy_agri_t	pdy_build_t	pdy_tran_t
常数	-0.6047* [-2.9089]	0.5150** [2.2143]	0.2909** [2.0837]	0.3995 [1.1957]	-0.7483* [-3.386]	0.0187 [0.0658]
$Y(-1)$	0.9973* [82.7203]	0.8986* [98.9796]	0.9923* [80.9927]	0.8962* [163.375]	0.8915* [163.255]	0.7737* [10.5092]
cre_t	-0.0192 [-0.4908]	-0.0104 [-0.1725]	0.0033 [0.1179]	0.1259*** [1.6348]	0.0477 [0.7377]	0.0914** [1.6545]
s_t	0.00017*** [1.8607]	0.0003** [2.0425]	-1.56E-6 [-0.2242]	-1.24E-5 [-0.7172]	-8.40E-7 [-0.0611]	2.86E-5** [1.9003]
i_t	-0.0299*** [-2.7619]	-0.0203 [-1.1724]	-0.0002 [-0.0382]	-0.0103 [-0.4965]	-0.0277*** [-1.8471]	-0.0168 [-0.6806]

续表

变量	pdy_comm_t	pdy_car_t	pdy_medi_t	pdy_agri_t	pdy_build_t	pdy_tran_t
e_t	0.0049* [3.7803]	-0.0015 [-0.6570]	-0.0021** [-2.4035]	-0.0022 [-0.6702]	0.0062** [2.8936]	-0.0008 [-0.3836]
h_t	0.0049** [2.4079]	0.0028 [1.2565]	-0.0019 [-1.3942]	0.0083** [2.3832]	0.0141* [5.9678]	0.0015 [0.6647]
R^2	0.9963	0.9921	0.9961	0.9966	0.9972	0.8611
调整的 R^2	0.9961	0.9916	0.9958	0.9965	0.9970	0.8498
F 值	5211.61	2061.32	4735.17	5384.38	5982.62	76.1699
D-W 值	1.6420	1.7546	1.5347	1.3425	1.3972	2.2591

注：$Y(-1)$ 表示被解释变量的滞后 1 期值；* 表示在 1%显著性水平下显著；** 表示在 5%显著性水平下显著；*** 表示在 10%显著性水平下显著。

第六节　TVP-VAR 下金融周期对行业技术周期的影响冲击

本节根据第三节的周期测算，利用时变参数 VAR 方法估计各金融变量周期波动对不同行业技术创新的影响冲击，避免固定系数模型造成的估计偏差，进一步验证本章的命题。

一　方法与模型

本章采用 TVP-VAR（时变参数向量自回归）模型，利用贝叶斯估计得到的马尔可夫链—蒙特卡罗（MCMC）模拟各金融变量对行业技术创新投资的冲击，可以解决变量之间的同时性问题，分离各变量对自身和其他变量冲击的动态反应，并有效观察变量之间的非线性关系和系统结构性变化。本章构建的 TVP-VAR 模型如下：

$$pdy_t = c_t + b_1 pdy_1 + \cdots + b_{nt} pdy_{t-n} + A_{K\times K}X_{K\times K} + e_t,\ e_t \sim N(0,\ \Omega_t)$$

其中，$t = 1,\ \cdots,\ n+1$；pdy_t 是一个 $K\times 1$ 阶向量，即行业技术投入率；$b_1,\ \cdots,\ b_{nt}$ 是 $K\times K$ 阶时变系数矩阵；Ω_t 是 $K\times K$ 阶协方差矩阵，$\Omega_t = Z_t^{-1}\sum_t\sum_t(Z_t')^{-1}$，$Z_t$ 是下三角矩阵，$\sum_t = \mathrm{diag}(\sigma_{1t},\ \cdots,\ \sigma_{Kt})$；$e_t = Z_t^{-1}\sum_t\varepsilon_t$。

$$\begin{aligned} \beta_{t+1} &= \beta_t + u_{\beta t} \\ a_{t+1} &= a_t + u_{at} \\ h_{t+1} &= h_t + u_{ht} \end{aligned} \quad \begin{pmatrix} \varepsilon_t \\ u_{\beta t} \\ u_{at} \\ u_{ht} \end{pmatrix} \sim N\left(0, \begin{pmatrix} I & 0 & 0 & 0 \\ 0 & \sum_\beta & 0 & 0 \\ 0 & 0 & \sum_\alpha & 0 \\ 0 & 0 & 0 & \sum_h \end{pmatrix}\right)$$

其中，$\sum_\alpha$ 和 $\sum_h$ 为对角矩阵；$\beta_{t+1} \sim N(\mu\beta_0, \sum_{\beta_0})$；$\alpha_{t+1} \sim N(\mu\alpha_0, \sum_{\alpha_0})$；$h_{t+1} \sim N(\mu h_0, \sum_{h_0})$。

由于金融变量周期不同步，行业技术投资周期也不同步，因此选择产生系统性经济周期的时间拐点。本章选择三个时间点：一是 2004 年 12 月，经济体系确定上行周期，金融变量和行业技术投资周期都处于扩张阶段；二是 2008 年 12 月，全球经济体系开始进入萧条期，金融变量和行业技术投资周期都处于收缩阶段；三是 2011 年 12 月，国内经济体系出现紧缩苗头，可观察近几年金融冲击与行业创新反应情况。根据有关研究文献，宏观经济金融变量滞后期一般为半年，同时考虑到各金融变量的异步性和冲击时滞的差异性，本章根据 AIC 准则，选择滞后期为 6。

二 估计与分析

采用 TVP-VAR 模型模拟创新密度高、低两类行业对金融周期冲击的响应，结果如图 7-8 所示。分析图 7-8 可以看出：

（一）不同金融变量的周期波动对同一行业的技术创新投资冲击效应差别显著

对于本章选择的 6 个行业，就单个行业而言，6 个金融变量中，银行贷款和股票指数波动对行业的技术投入率冲击影响都比较显著，利率、汇率、房产价格指数等金融变量的相关冲击效应不但显著性有所下降，而且收敛性也不同程度受损。例如通信设备制造业，股票指数的负向冲击效应在 -0.3—-0.1，银行贷款的负向冲击效应在-0.06—0，利率的冲击效应在 -0.04—0.01。对于汽车制造业，股票指数的负向冲击效应在-0.16—0、正向冲击效应在 0—0.1，银行贷款的负向冲击效应在-0.008—0，利率的冲击效应在-0.03—0.01。又如交通运输仓储及邮政业，银行贷款的冲击效应大于股票指数的冲击效应，也大于利率的冲击效应。这不但印证

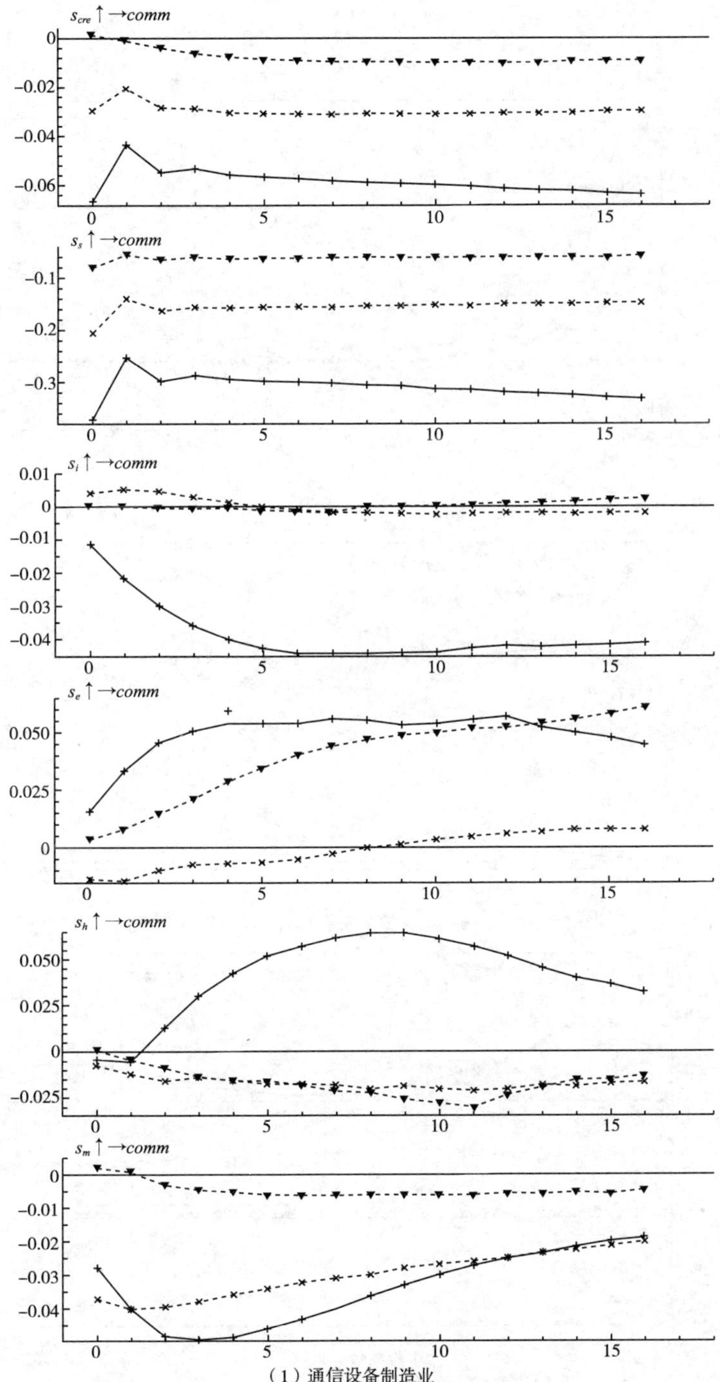

（1）通信设备制造业

图 7-8　行业技术投入率对金融周期冲击的动态响应

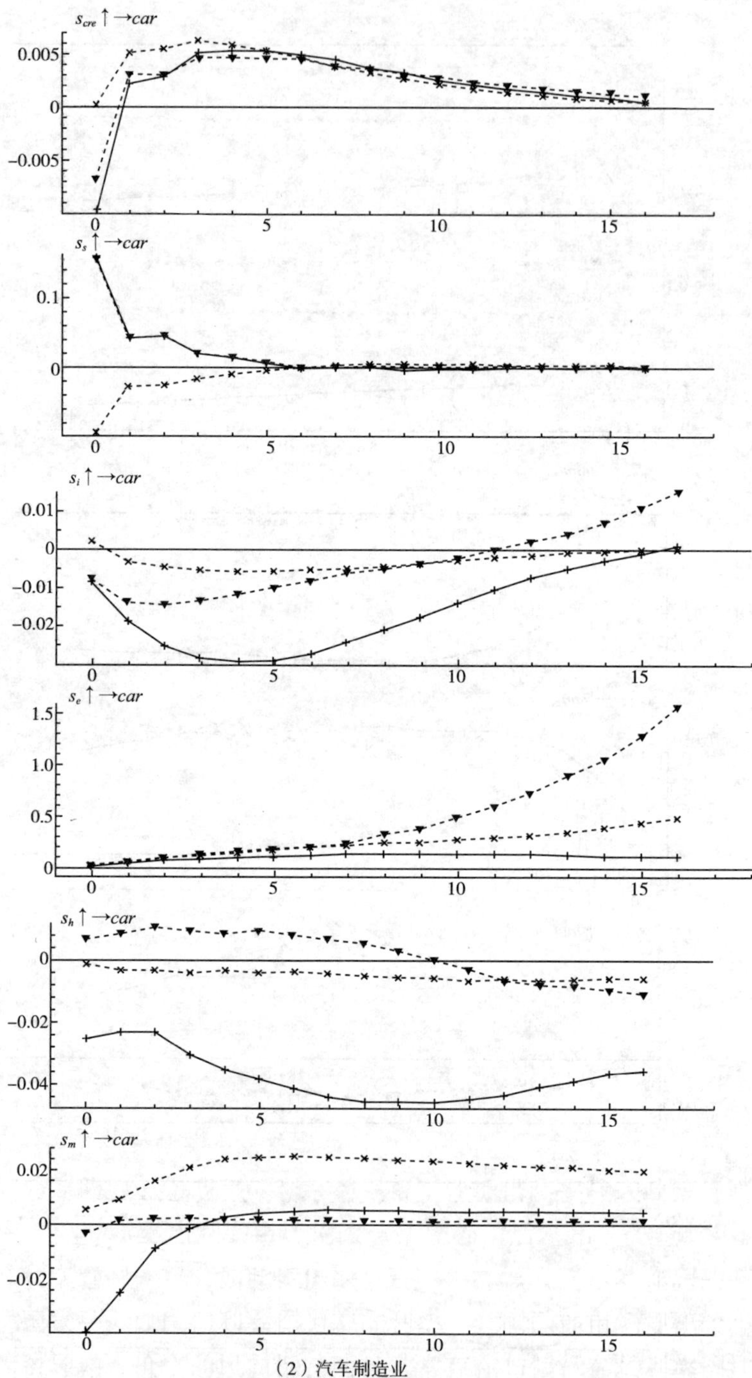

（2）汽车制造业

图 7-8 行业技术投入率对金融周期冲击的动态响应（续）

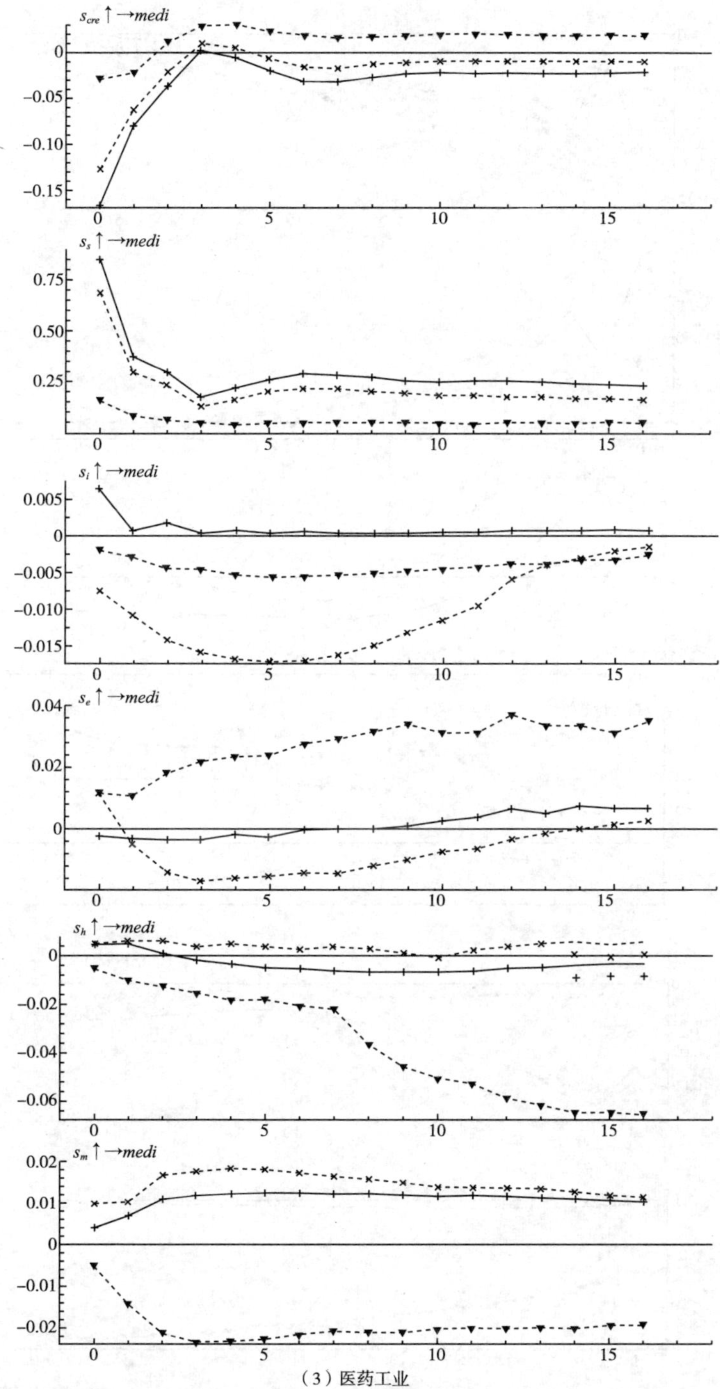

（3）医药工业

图 7-8　行业技术投入率对金融周期冲击的动态响应（续）

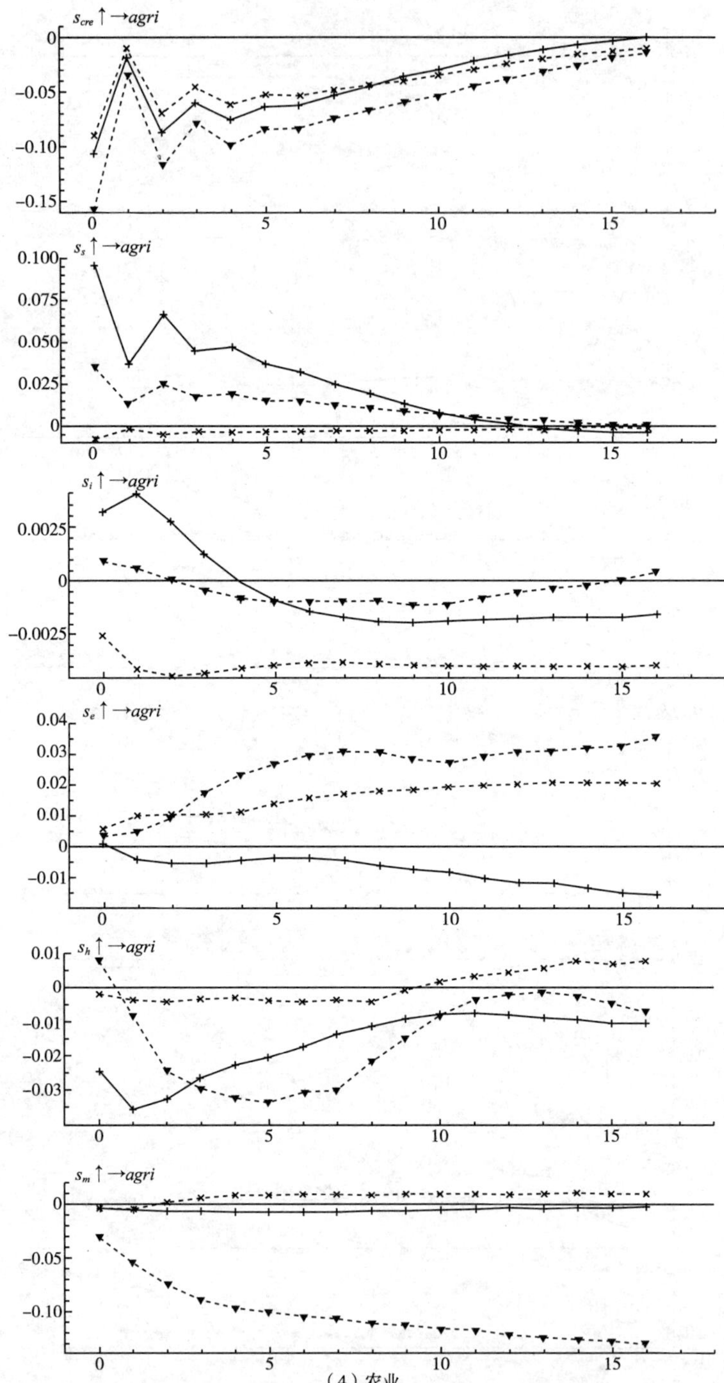

（4）农业

图 7-8 行业技术投入率对金融周期冲击的动态响应（续）

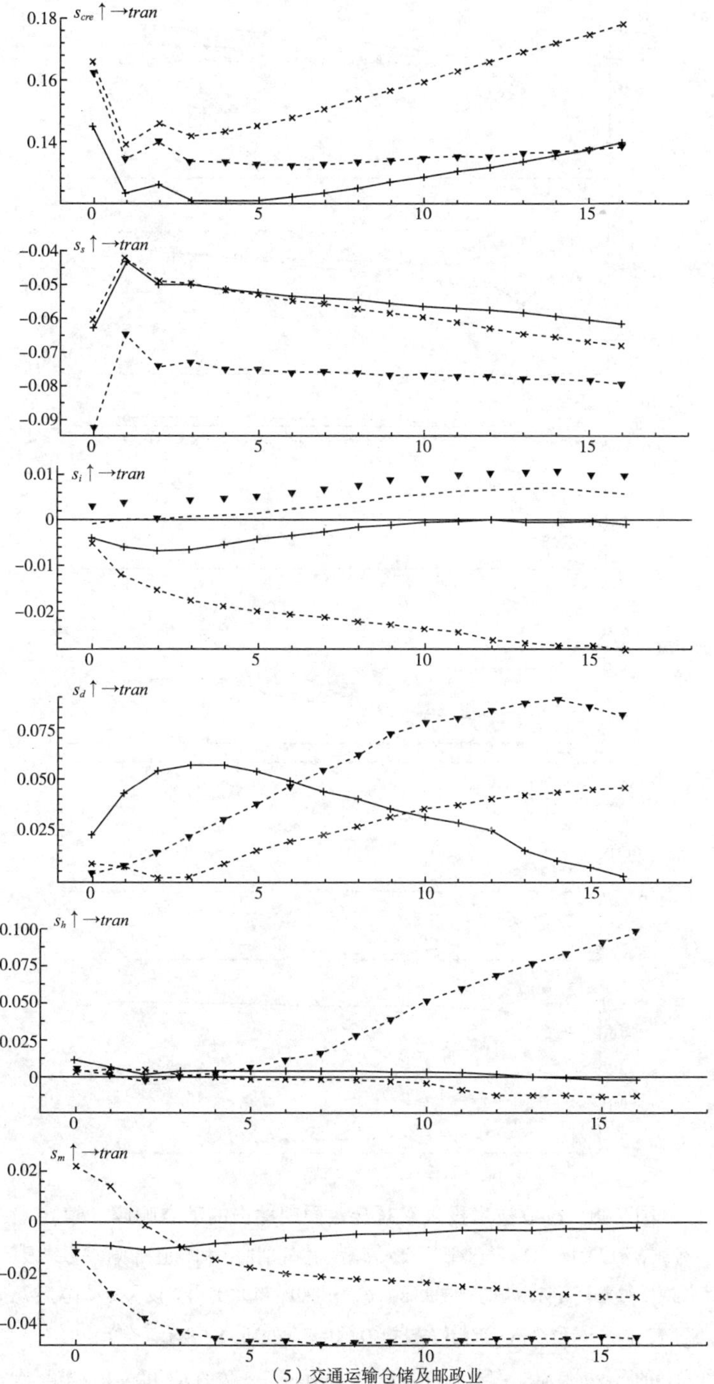

（5）交通运输仓储及邮政业

图 7-8　行业技术投入率对金融周期冲击的动态响应（续）

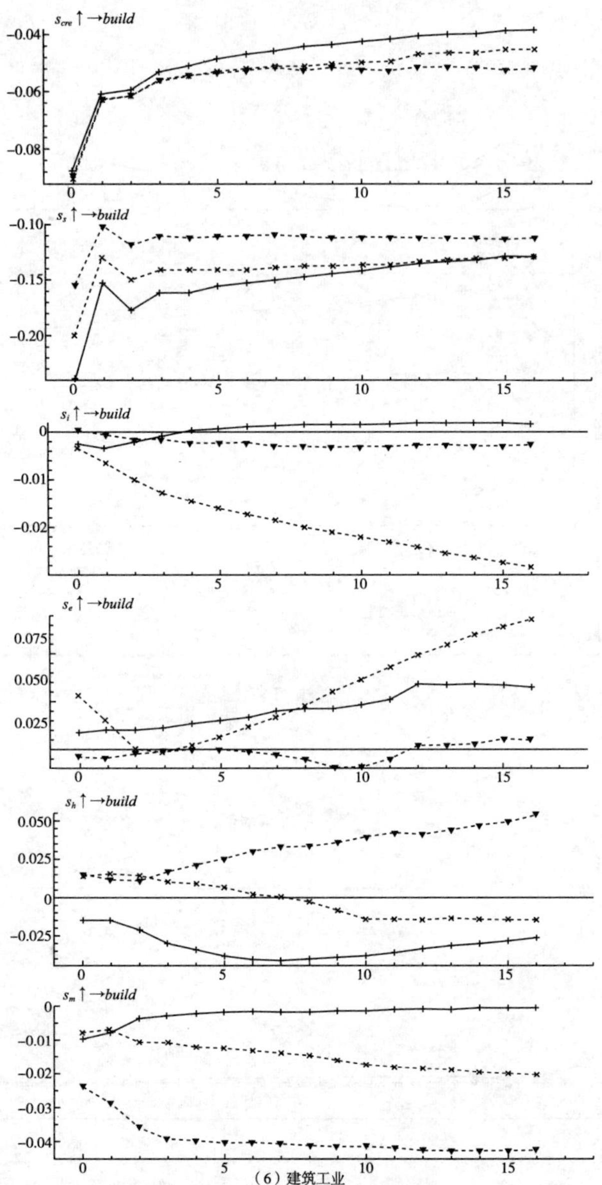

（6）建筑工业

图 7-8 行业技术投入率对金融周期冲击的动态响应（续）

注：＊号线表示 2004 年 12 月行业技术投入率对金融周期冲击的响应曲线，+号线表示 2008 年 12 月行业技术投入率对金融周期冲击的响应曲线，▼表示 2011 年 12 月行业技术投入率对金融周期冲击的响应曲线。S_{cre} 表示一个单位的私人部门信贷占 GDP 比率的变动；S_S 表示一个单位的沪市股指的变动；S_i 表示一个单位的同业拆借加权平均利率的变动；S_e 表示一个单位的人民币对美元实际有效汇率的变动；S_h 表示一个单位的房产价格指数的变动；S_m 表示一个单位的广义货币增长率的变动。

了上文的分析结果，而且意味着人们可以针对具体需要重点发展和调整的行业，加大对其影响更为显著的金融变量的调整和调控，从而达到发展或约束该行业的目的。

（二）相同金融变量的周期波动对不同行业技术创新投资冲击效应差别显著

在本章选择的 6 个行业中，对于创新密度较高的行业，股票指数的冲击效应多大于银行贷款，例如通信设备制造业，股票指数的负向冲击效应在-0.3—-0.1，银行贷款的负向冲击效应在-0.06—0。又如汽车制造业，股票指数的负向冲击效应在-0.16—0、正向冲击效应在 0—0.1，银行贷款的负向冲击效应在-0.008—0。对于创新密度较低的行业，银行贷款的冲击效应大于股票指数，例如交通运输仓储及邮政业。但如果该行业对银行贷款依赖程度较高，则依然表现为银行贷款冲击效应较高，例如建材工业。这意味着，人们可以考虑适度提高技术创新重点发展行业在金融市场上的融资便利，在一定的银行信贷基础上增加金融市场直接融资比例，并发挥金融市场对企业技术创新的筛选机制和监督作用。

（三）在不同的技术周期，金融变量表现出不同的冲击效应

本章选择的时点是 2004 年 12 月、2008 年 12 月、2011 年 12 月，但在这三个时点上，相同的金融变量波动对不同行业的技术投资周期产生了不同的冲击效应。例如，股票指数波动对通信设备制造业的冲击都表现为负效应，对汽车制造业则表现出正负两种冲击效应（2004 年 12 月和 2011 年 12 月为正，2008 年 12 月为负），对医药工业的冲击效应都表现为正，对建筑工业和交通运输仓储及邮政业的冲击效应都表现为负。银行贷款对通信设备制造业的冲击都表现为负效应，对汽车制造业的冲击也主要表现为负效应，对医药工业的冲击都表现为正效应，对农业和交通运输仓储及邮政业表现为负向冲击效应，对建材工业都表现为正向冲击效应。这说明，在不同的技术周期，可以采用效应显著的金融变量加速或延缓该行业的技术投资发展，并进一步调整该行业在整个经济体系中的结构比重。

本章小结

根据上文分析可得出如下简要结论：金融变量周期具有异步性，不同金融工具在收缩期和扩张期对行业技术投资的助推或抑制作用不尽相同；

在技术投资扩张期，金融市场和银行对技术投资均具有正向推动作用，但金融市场对高密度技术创新行业的投资推动作用更为显著，银行对低密度技术创新行业的投资推动作用更为显著；在技术投资收缩期，由于投资者强烈的非对称风险偏好，金融市场对高密度技术创新行业的紧缩效应更为强烈，银行却对低密度技术创新行业的技术投资下滑起到缓解作用。

根据这些事实和规律，可以引导利用各金融变量对具有发展前景的行业强化技术创新投资助推作用，提升经济结构优化效率。一是对代表着社会未来发展方向的电子信息、医药卫生、新能源汽车等创新型行业，在其发展扩张期，规范融资项目的信息披露和融资行为，提供更多的金融市场融资便利，培育市场对创新型行业企业的甄别和投资；对于达到一定规模并拥有经过市场竞争而认可的创新技术的企业，通过加大财政补贴和政府扶持力度，引导银行信贷积极支持，发挥金融体系对技术创新的筛选和助推作用。在其收缩期，通过政府投资向具有技术领先优势的企业提供一定的技术投资资金，稳定金融市场的预期，减缓金融市场的恐惧性抛售，减少对有技术发展潜力企业的错杀和损害；通过减缓重点行业在收缩期技术投资的下降速度，提升其扩张期的发展速度，达到助推该行业技术迅速发展、提高经济结构比重的目的。二是对技术体系已经较为稳定且在社会经济中处于支柱地位的成熟型行业，鼓励企业发展内源性技术投资，同时借助银行贷款和金融市场投资的便利，提高技术精度水平，延长行业生命周期中的发展成熟阶段，在优化稳定型企业产品质量的基础上，优化高密度技术创新行业与低密度技术创新行业的结构比重。

第八章

中国金融周期波动与货币政策效应

本章通过构建理论模型和计量模型，研究货币政策调整对银行存款、股票价格、货币供给等金融变量波动的冲击效应，进而为货币政策的完善提供参考。

第一节　引言

20 世纪 90 年代以来，许多国家的宏观经济普遍呈现出一个新的特征，即高通货膨胀率得到了控制，物价趋于稳定，同时金融资产价格的波动显著加剧，金融不稳定成了一个突出问题。金融不稳定造成经济剧烈波动，甚至萧条衰退，对社会福利的冲击不亚于严重的通货膨胀，甚至可引发通货膨胀。因此，资产价格波动引发的金融周期已影响到经济政策调控效力和社会福利状况，成为货币政策难以规避的议题。

由于影响资产价格因素的复杂性，诸多学者不主张货币政策关注金融资产价格波动，代表性研究如 Bernanke 和 Gertler（1999）、Woodford 和 Walsh（2005）、Rigobon 和 Sack（2001）、Mishkin（2001）等。但还有一些学者则认为，货币政策不但应关注金融资产价格，而且可以有所作为，代表性文献如 Goodhart（2001）、Cecchetti 等（2000）、Bernanke 等（2001）、Kontonikas 和 Montagnoli（2006）、Castro（2008）等。国内学术界对货币政策怎样关注金融资产价格也进行了比较深入的探讨，一是分析金融资产价格对货币政策的影响，通过建立 IS-LM-PC 模型推理出纳入金融资产价格后的利率规则（或泰勒规则）并进行适用性检验。典型的研究文献如瞿强（2001）、于长秋（2006）、余元全和余元玲（2008）、殷波（2009）、唐齐鸣和熊洁敏（2009）、李成等（2010）等。二是建立金融状况指数，将其作为货币政策中介目标，改善资产价格稳定情况。代表性文献如封北麟和王贵民（2006）、卞志村（2008）、戴国强和张建华（2009）、赵进文和高辉（2009）等。

毋庸置疑，上述文献为深入研究这一问题提供了重要的思路和便利，在此基础上，本章着力从如下三个方面进行探索：一是根据中国货币政策目标，构造货币稳定指标，采用加权法和 VAR 法估计其经验值。本章根据居民及企业货币购买种类——商品劳务、投资资产、储蓄外汇，构造货币稳定指数并将其作为货币政策目标，将金融波动纳入货币稳定指数。二是将货币稳定指数缺口和经济产出缺口两者的平方和的最小现值作为货币政策目标函数，结合资本有限流动条件下半强式有效资本市场理论和前瞻性 IS 曲线、PC 曲线，以及货币操作函数，推导出最优货币政策的利率规则和供给量规则函数。本章以货币稳定指数作为政策目标并推理货币政策反应函数，不仅将资产价格与货币政策目标、工具及规则有机联系在一起，而且从政策根源上达到系统治理资产价格、通货膨胀和经济增长的目的，尽管是一种冒险的尝试，但具有重要的意义。三是结合中国以货币供给量为中介目标的货币政策，推理包括通货膨胀、产出、金融资产价格和汇率的最优利率规则反应函数和最优货币供给量反应函数，利用 1993 年第一季度至 2011 年第四季度的数据进行 OLS、GMM 估计，不仅推理某一种规则反应函数，而且比较分析两种货币政策规则对产出和货币稳定的反应特征，并透析两种规则是否协调、何者更优，为科学制定执行货币政策提供参考。

第二节 数理模型与经济解释

一 模型建立

经典的货币政策目标函数一般以社会福利达到最优为其目标。Barro 和 Gordon（1983）分析政府决策并将其简化为函数模型：$U_g = \tau_1(y - y_n) - \tau_2(\pi - \overline{\pi})^2$。Woodford（1999）提出，在假定理性行为的经济中，社会福利目标函数表现为个体各期效用贴现值之和，并构造货币政策的目标函数为：$\min\sum_{i=0}^{n}\rho_i L_{t+i}(y_t, \pi_t)$，$L_t = 1/2[(y_t - y_t^*)^2 + \lambda(\pi_t - \pi_t^*)^2]$。其中，$L_t$ 是损失函数；ρ_i 是贴现因子；$(y_t - y_t^*)$ 是产出缺口，$(\pi_t - \pi_t^*)$ 是通货膨胀率缺口，y_t^* 和 π_t^* 分别是产出和通货膨胀率的最优

值或目标值；λ 是货币稳定指数相对于经济增长率的权重。理论上讲，经济达到长期均衡状态时，产出缺口和通货膨胀率缺口皆应选择 0。但由于现实中工资刚性、垄断竞争、扭曲性税率、央行的政治压力及信息约束等因素的存在，两者往往不选择 0。同时，λ 也反映了在不同经济时期中央银行的偏好，即对货币稳定相对于经济增长的重视程度。货币政策的最终目标是通过采取相机或规则行为，达到损失函数最小值。因此，根据最新文献，在资本有限流动的开放经济条件下，结合非有效资本市场假说和纳入资产价格的 IS-LM-PC 模型，构造基于货币稳定和经济稳定目标的货币政策损失函数：

$$\min L(\pi_{t+i}^2,\ y_{t+i}^2) = \min \frac{1}{2} E_t \sum_{i=1}^{+\infty} \tau^i [\lambda y_{t+i}^2 + p_{t+i}^2] \tag{8-1}$$

其中，y_{t+i} 表示未来 $t+i$ 期相对于自然失业率时的产出缺口；p_{t+i} 表示未来 $t+i$ 期相对于最优通胀率的通货膨胀缺口；λ 为不同政策目标的权重；τ^i 为贴现因子。

式（8-1）满足的条件如式（8-2）至式（8-7）所示：

$$p_{t+i} = \omega_1 \pi_{t+i} + \omega_2 ap_{t+i} + \omega_3 e_{t+i} \tag{8-2}$$

式（8-2）为货币稳定指数缺口计算式。同以往研究文献中货币政策目标函数所不同的是，p_{t+i} 表示货币稳定指数缺口，不仅包括通货膨胀率缺口 π_{t+i}，而且包括资产价格（主要指股票和房产价格）波动率缺口 ap_{t+i} 和汇率波动率缺口 e_{t+i}，ω_1、ω_2、ω_3 分别表示三者的权重。借鉴 Alchian 和 Klein（1973）、Hiroshi Shibuya（1992）、F. Smets（1997）的研究方法，本章将货币稳定指数具体表示为商品劳务价格和资产价格的加权平均，如式（8-2）所示。这显著异于 Eika 和 Nymoen（1996）、Ericsson 等（1998）利用加权平均的短期利率和汇率构建的货币状况指数（Monetary Condition Index，MCI），也不同于 Goodhart 和 Hofmann（2001）、封北麟和王贵民（2006）对 MCI 指数扩展后所构建的金融状况指数（Financial Condition Index，FCI），它是货币购买力稳定的综合体现。此时，货币政策目标为产出缺口和货币稳定缺口平方和最小。

$$y_{t+1} = \beta_1 y_t - \beta_2 [i_t - E_t(\pi_{t+1})] + \sum_{i=1}^{n} \beta_{3i} ap_{it} + \beta_4 e_t + \eta_{t+1} \tag{8-3}$$

式（8-3）为典型的动态 IS 曲线，用以刻画总需求。从目前国外研究来看，总需求模型可分为后顾性模型和前瞻性模型。在假设资本固定的封闭经济条件下，新凯恩斯模型的总需求函数为：$yt = (1-\mu)\alpha y_{t-1} +$

$\mu y^e t+1-\beta(i_t-\pi^e t+1-i^*)+\varepsilon_t$。国内外的实证研究表明，各国资产价格对总需求具有不同程度的作用，考虑到这一点，本书借鉴刘斌和张怀清（2001）根据中国相关数据实证得出的需求模型，构建的总需求函数为式（8-3）。其中，$i_t-E_t(\pi_{t+1})$ 表示实际汇率；ap_{it} 表示资产价格；e_t 为汇率；η_{t+1} 为外生的总需求冲击；β_1 表示产出缺口的惯性系数；β_2 表示利率对产出缺口的逆向作用；β_{3i} 表示资产价格影响总需求的财富效应、资产表效应、投资托宾 Q 效应的解释系数；β_4 表示汇率波动影响净出口和增长的解释系数。

$$\pi_{t+1}=\alpha_1\pi_t+\alpha_2 y_t-\alpha_3 e_t+\varepsilon_{t+1} \tag{8-4}$$

式（8-4）为典型的加速菲利普斯曲线，用以刻画总供给。新菲利普斯曲线纳入了前瞻因素和后顾因素，但未考虑开放经济下汇率的影响，本书在上述经典模型基础上参考 Goodhart 和 Hofmann（2001）、Kontonikas 和 Montagnoli（2006）、卞志村（2008）、殷波（2009）的研究，构造资本有限流动开放经济下菲利普斯曲线方程为式（8-4）。其中，通胀的变化是滞后 1 期产出缺口和外生的总供给冲击 ε_{t+1} 的正函数，ε_{t+1} 是均值为 0、方差为常数的随机过程。式（8-4）表明，短期内通货膨胀与产出有正向关系；经济存在明显的通货膨胀惯性，央行的利率工具干预有明显的显效时滞；降低通货膨胀会有产出损失成本；宏观经济管理者总是追求高于自然率水平的产出时，通货膨胀会加速上涨。这与改革开放以来中国宏观经济波动的经验观察基本吻合（殷波，2009）。α_1 表示通货膨胀惯性系数；α_2 表示通货膨胀对总需求的敏感程度；α_3 表示间接标价法下有效汇率下降时本国出口价格下降、净出口增加。

$$ap_{it}=ap_{it}^*+b_i ap_{i(t-1)}=-\delta_{1i}[i_t-E_t(\pi_{t+1})]+\delta_{2i}E_t(y_{t+1})+b_i ap_{i(t-1)}+\mu_{it} \tag{8-5}$$

式（8-5）为非有效金融市场下资产价格 i 的动态变化特征。根据 Kontonikas 和 Montagnoli（2006）、殷波（2009）、李成等（2010）等有关研究文献，由于资产价格的惯性效应，资产价格上涨会推动 ap_{it} 上升，即 $ap_{i(t-1)}>0$，通过正效应推动资产价格上升，拉升总需求；一旦资产价格出现反转，即 $ap_{i(t-1)}<0$，资产价格会持续下降一段时间，直至盘整到逆转。b_i 刻画了惯性冲击系数的强弱；δ_{2i} 表示预期产出对资产基本价值具有正向效应；$-\delta_{1i}$ 表示实际利率对资产基本价值存在逆向效应。

式（8-6）为类似于资产价格波动效应的有效汇率动态变动行为

特征。

$$e_t = e_t^* + be_{t-1} = \delta[i_t - E_t(\pi_{t+1})] + be_{t-1} + \nu_t \tag{8-6}$$

$$m_{0t} = h - \theta i_t + \kappa_t \tag{8-7}$$

式（8-7）为货币供给操作经济过程函数，用以刻画货币政策工具——基础货币供给和央行基准利率的关系。中央银行通过公开市场操作、存款准备金率、再贷款再贴现利率等手段改变基础货币的发放，影响同业拆借利率，进而左右其他市场利率。因此，多数国家将同业拆借利率看作是货币政策操作的基准利率目标，公开市场业务、存款准备金率、再贴现率等是政策工具，刻画这一经济过程的函数为式（8-7）。其中，m_{0t} 是基础货币存量对数值；h、θ 为大于零的常数；κ_t 是外在的货币供给扰动。

式（8-1）至式（8-7）均满足：$\beta_1 > 0$，$\beta_2 > 0$，$\beta_{3i} > 0$，$\beta_4 > 0$，$\alpha_1 > 0$，$\alpha_2 > 0$，$\alpha_3 > 0$，$\delta_{1i} > 0$，$\delta_{2i} > 0$，$b_i > 0$，$\delta > 0$，$b > 0$，$\theta > 0$，$0 < \omega_1 < 1$，$0 < \omega_2 < 1$，$0 < \omega_3 < 1$，$\alpha_1 \to 1$，$\beta_1 \to 1$。

二　模型求解：货币稳定目标的最优货币政策规则

根据上文所建立的函数模型，进一步推理最优的货币政策规则——最优利率规则和最优货币供给量规则。

将式（8-4）、式（8-5）、式（8-6）代入式（8-3），可得出式（8-8）：

$$y_{t+1} = \varphi_1 y_t - \varphi_2 i_t + \varphi_3 \pi_t + \sum_{i=1}^{n} \varphi_{4i} \times ap_{i(t-1)} + \varphi_5 \times e_{t-1} + \zeta_{t+1} \tag{8-8}$$

其中：

$$\varphi_1 = \frac{\left[\beta_1 + \alpha_2\beta_2 - \alpha_2\beta_4\delta + \sum_{i=1}^{n}(\delta_{1i}\beta_{3i})\right]}{1 - \sum_{i=1}^{n}(\delta_{2i}\beta_{3i})}$$

$$\varphi_2 = \frac{\left[\beta_2 - \delta\beta_4 + \sum_{i=1}^{n}(\delta_{1i}\beta_{3i})\right]}{1 - \sum_{i=1}^{n}(\delta_{2i}\beta_{3i})}$$

$$\varphi_{4i} = \frac{b_i\beta_{3i}}{1 - \sum_{i=1}^{n}(\delta_{2i}\beta_{3i})}$$

$$\varphi_3 = \frac{\left[\alpha_1\beta_2 - \alpha_1\beta_4\delta + \sum_{i=1}^{n}(\delta_{1i}\beta_{3i})\right]}{1 - \sum_{i=1}^{n}(\delta_{2i}\beta_{3i})}$$

$$\varphi_5 = \frac{b\left[\alpha_3\beta_4\delta - \alpha_3\beta_2 - \sum_{i=1}^{n}(\delta_{1i}\beta_{3i})\right]}{1 - \sum_{i=1}^{n}(\delta_{2i}\beta_{3i})}$$

$$\zeta_{t+1} = \sum_{i=1}^{n}\beta_{3i}\mu_{it} + \beta_4\nu_t + \eta_{t+1}$$

由于产出及通货膨胀的惯性，β_1 明显大于其他系数，可推理出 $\varphi_1 > \varphi_2$，$\alpha_1 \approx 1$，$\beta_1 + \alpha_2\beta_2 - \alpha_2\delta\beta_4 = \beta_1 + \alpha_2(\beta_2 - \delta\beta_4) > \beta_2 - \delta\beta_4$，$\varphi_2 \approx \varphi_3$。根据实际利率与产出的逆向波动关系和资产价格与产出的正向波动关系，可判断 $\varphi_2 > 0$，$\varphi_3 > 0$，$1 - \sum_{i=1}^{n}(\delta_{2i}\beta_{3i}) > 0$。将函数式（8-3）、函数式（8-4）转化得出函数式（8-9）、函数式（8-10）：

$$\phi_{t+1} = \varphi_1 y_t - \varphi_2(i_t - \pi_t) + \sum_{i=1}^{n}\varphi_{4i}ap_{i(t-1)} + \varphi_5 e_{t-1} + \zeta_{t+1} = \phi_t + \zeta_{t+1} \tag{8-9}$$

$$\chi_{t+1} = \alpha_1\pi_t + \alpha_2 y_t - \alpha_3 e_t + \varepsilon_{t+1} = \chi_t + \varepsilon_{t+1} \tag{8-10}$$

采用贝尔曼方法，得出货币政策最小损失函数的期望现值为：

$$V(\chi_t, \phi_t) = \min E_t\{1/2[\lambda(\phi_t + \zeta_{t+1})^2 + (\omega_2 ap_{t+i} + \omega_3 e_{t+i} + \omega_1\chi_t + \omega_1\varepsilon_{t+1})^2] + \tau V(\omega_1\chi_{t+1} + \omega_2\mu_{it} + \omega_3\nu_t)\} \tag{8-11}$$

函数式（8-11）遵循运动规则：$\chi_{t+1} = \chi_t + ay_t - \alpha_3 e_t + \omega_{t+1}$，$\omega_{t+1} = \varepsilon_{t+1} + a\zeta_{t+1}$，其中，$\chi_t$ 为状态变量。将其代入函数式（8-11）得出：

$$V(\chi_t, \phi_t) = \min E_t\{1/2[\lambda(\phi_t + \zeta_{t+1})^2 + (\omega_2 ap_{t+i} + \omega_3 e_{t+i} + \omega_1\chi_t + \omega_1\varepsilon_{t+1})^2] + \tau V(\omega_1\chi_t + a\omega_1 y_t - \alpha_3\omega_1 e_t + \omega_{t+1}\omega_1 + \omega_2\mu_{it} + \omega_3\nu_t)\} \tag{8-12}$$

为求解极小值，对函数式（8-12）求 ϕ_t 的一级导数并令之为 0，得出：

$$\delta V(\chi_t, \phi_t)/\delta\phi_t = \lambda\phi_t + a\tau E_t V'(\omega_1\chi_t + a\omega_1 y_t - \alpha_3\omega_1 e_t + \omega_{t+1}\omega_1 + \omega_2\mu_{it} + \omega_3\nu_t) = 0$$

根据包络定理得到：

$$E_t V'(\chi_{t+1}) = E_t(\chi_{t+1}) - E_t(\phi_{t+1})\lambda/a$$

其中，$E_t(\phi_{t+1}) = (1 + ac)\phi_t + \alpha_3\Delta e_t$

结合移动定律条件$\chi_{t+1} = \chi_t + ay_t - \alpha_3 e_t + \omega_{t+1}$，得到等式：

$$\lambda\phi_t + a\tau(\omega_1\chi_t + a\omega_1 y_t - \alpha_3\omega_1 e_t - E_t(\phi_{t+1})\lambda\omega_1/a) = 0$$

假设$\phi_t = c\chi_t$，可将上式转化为：

$$\lambda c\chi_t + a\tau\left[\omega_1\chi_t + a\omega_1 y_t - (\lambda c/a)\chi_t(1+ac) - (\lambda\alpha_3/a)\Delta e_t - \alpha_3\omega_1 e_t\right] = 0$$

长期内，假设货币政策可以实现自然失业率的经济增长和最优通货膨胀，汇率也将趋于均衡，即$\Delta e_t \to 0$，则可得出：

$$\lambda c\chi_t + a\tau\left[\omega_1\chi_t + a\omega_1 y_t - (\lambda c/a)\chi_t(1+ac)\right] = 0$$

即$\lambda a\tau c^2 + (\lambda\tau - \lambda - a^2\tau\omega_1)c - a\tau\omega_1 = 0$。可将其视为关于$c$的一元二次方程，根据求解公式得出$c$满足：

$$c_{1,2} = \frac{-(\lambda\tau - \lambda - a^2\tau\omega_1) \pm \sqrt{(\lambda\tau - \lambda - a^2\tau\omega_1)^2 + 4\lambda a^2\tau^2\omega_1}}{2\lambda a\tau}$$

$c_1 c_2 = -\omega_1/\lambda$

因此，我们推理得出式（8-13）：

$$\varphi_1 y_t - \varphi_2 i_t + \varphi_3\pi_t + \sum_{i=1}^{n}\varphi_{4i}\Delta ap_{it} + \varphi_5\Delta e_t = c[\omega_1(\pi_t + ay_t - \alpha_3 e_t) + \omega_2\Delta ap_t + \omega_3\Delta e_t] \quad (8\text{-}13)$$

假设货币政策目标通胀率为π^*，长期均衡利率为i^*，汇率预期为静态预期（等于滞后1期有效汇率缺口），最优货币政策反应函数规则分别为：

$$i_t^* = i^* + f_y(y_t - y^*) + f_\pi(\pi_t - \pi^*) + \sum_{i=1}^{n} f_{api_i}(ap_{it} - ap_{it}^*) + f_e(e_t - e_t^*) \quad (8\text{-}14)$$

$$m_{0t}^* = m_0^* - \theta f_y(y_t - y^*) - \theta f_\pi(\pi_t - \pi^*) - \theta\sum_{i=1}^{n} f_{api_i}(ap_{it} - ap_{it}^*) - \theta f_e(e_t - e_t^*) \quad (8\text{-}15)$$

其中：

$$f_y = \frac{\varphi_1 - ca\omega_1}{\varphi_2} = \frac{\left[\beta_1 + \alpha_2\beta_2 - \alpha_2\beta_4\delta + \sum_{i=1}^{n}(\delta_{1i}\beta_{3i})\right] - ca\omega_1\left[1 - \sum_{i=1}^{n}(\delta_{2i}\beta_{3i})\right]}{\beta_2 - \delta\beta_4 + \sum_{i=1}^{n}(\delta_{1i}\beta_{3i})}$$

$$f_\pi = \frac{\varphi_3 - c\omega_1}{\varphi_2} = \frac{\left[\alpha_1\beta_2 - \alpha_1\beta_4\delta + \sum_{i=1}^{n}(\delta_{1i}\beta_{3i})\right] - c\omega_1\left[1 - \sum_{i=1}^{n}(\delta_{2i}\beta_{3i})\right]}{\beta_2 - \delta\beta_4 + \sum_{i=1}^{n}(\delta_{1i}\beta_{3i})}$$

$$f_{api_i} = \frac{\varphi_{4i} - c\omega_2}{\varphi_2} = \frac{b_i\beta_{3i} - c\omega_2\left[1 - \sum_{i=1}^{n}(\delta_{2i}\beta_{3i})\right]}{\beta_2 - \delta\beta_4 + \sum_{i=1}^{n}(\delta_{1i}\beta_{3i})}$$

$$f_e = \frac{\varphi_5 + \alpha_3 c\omega_1 - c\omega_3}{\varphi_2}$$

$$= \frac{b\left[\alpha_3\beta_4\delta - \alpha_3\beta_2 - \sum_{i=1}^{n}(\delta_{1i}\beta_{3i})\right] + (\alpha_3 c\omega_1 - c\omega_3)\left[1 - \sum_{i=1}^{n}(\delta_{2i}\beta_{3i})\right]}{\beta_2 - \delta\beta_4 + \sum_{i=1}^{n}(\delta_{1i}\beta_{3i})}$$

式（8-14）可被视为扩展利率规则和通货膨胀目标制规则。泰勒（Taylor，1993）提出两个比较典型的利率规则，即检验等式规则 $i_t - r^* - \pi^* = (1-\rho_i)(i_{t-1} - r^* - \pi^*) + \rho_t(y_t - y^*) + \rho_\pi(\pi_t - \pi^*)$ 和实证结果等式 $i_t = r^* + \pi^* + 0.5(y_t - y^*) + 1.5(\pi_t - \pi^*)$。Clarida、Gali、Gertler（2000），Batini-Nelson（2000），Batini-Pearlman（2002）等学者在此基础上提出通货膨胀目标制规则等式 $i_t = \rho i_{t-1} + (1-\rho)[\bar{i} + f_\pi(\pi_t - \pi^*)]$。通过比较，规则等式（8-14）是利率规则通货膨胀目标制的扩展和综合，可被视为扩展的泰勒规则。规则等式（8-15）可被视为扩展的货币供给量（汇率）规则和钉住物价水平规则，类似于 Svensson（1999c）、Woodford（1999a）、Vestin（2000）提出的货币供给量规则和物价规则，检验等式为 $i_t = i_{t-1} + \alpha(m - m^*) + \beta(e_t - e^*)$ 和 $i_t = \pi_t + r^* + \lambda_p(p_t - p_t^*)$。模型分析结果表明，货币政策目标是充分就业经济增长和货币稳定，而货币稳定则包括了购买商品劳务的价值稳定、购买股票房产的价值稳定和购买外汇资产的汇率稳定，而且货币政策操作理论上可以对资产价格及汇率异常波动做出有效的调整。有效的货币政策工具至少包括两种，一是基准利率，二是基础货币供给量。究竟何者为最优政策规则，应根据经济环境和规则系数的敏感度来选择。

根据最优货币政策规则等式（8-15）可知，最优利率规则的产出缺口反应系数主要受产出缺口平滑系数β_1、真实利率产出敏感度β_2、资产价格波动的产出效应β_{3i}、汇率波动的产出效应β_4、真实利率波动的资产价格效应δ_{1i}、产出预期的资产价格效应δ_{2i}、汇率波动的利率效应δ、滞后1期产出缺口对通货膨胀的影响α_2、货币政策目标函数中产出缺口的权重c、通货膨胀的产出缺口惯性系数a、货币稳定指数中传统通货膨胀率的比重ω_1等因素影响。最优货币供给量规则主要受上述因素和货币供给的利率敏感系数θ的影响。这一结论在一定程度上体现了早期凯恩斯主义与早期货币主义的货币政策传导机制之争，即货币政策是通过利率直接对投资和产出产生调控影响，还是通过调控货币供给量变动左右支出和产出。本书分析结论认为，货币政策传导机制与一定经济环境、制度环境下当局选择的货币政策工具密切相关，如果选择货币供给量规则，则直接通过货币供给调控总支出（货币主义政策传导机制）；如果选择利率规则，则主要通过利率的储蓄效应和替代效应影响消费、投资和产出（凯恩斯主义货币政策传导机制）。这一结果同时表明，最优货币政策规则都取决于损失函数中各目标的权重（卡尔·瓦什，2000；刘斌、张怀清，2001），在上述所有影响因素中，这一参数和货币稳定指标权重是政策当局可以决定的。

第三节 实证检验与经济解释

一 数据来源与处理

（一）通货膨胀数据

我们选择消费者物价指数CPI衡量通货膨胀。何种指标能准确、全面衡量物价波动，至今尚有争议，最优利率规则和货币规则中的通胀指标孰为最优也未有定论。泰勒（1993）采用年度GDP缩减指数的变动来衡量通胀水平，随后，其他研究者采用了一些替代的价格指数。Kozicki采用四种测算美国通胀水平（年度通胀率和预期通胀水平）的方法比较了泰勒规则，即用CPI、核心CPI、GDP缩减指数计算年度通胀率，用私人部门的平均预期计算预期通胀水平。国内衡量通货膨胀率的方法有两种，即采用消费者价格指数（CPI）与商品零售价格指数（RPI），研究货币规则时多选择 CPI 指标，为不失一般性，本书也选择 CPI 表示通胀状况。

（二）产出缺口数据

准确估计潜在产出和产出缺口决定了检验最优货币规则反应函数的效果，我们首先将名义产出 GDP 换算为真实产出 GDP，其次采用时间趋势法（H-P 滤波）估计出真实的潜在产出，最后利用真实产出减去潜在产出，得出产出缺口。第一步，用季度名义产出 GDP 除以季度 CPI 即可得出真实产出，虽然也有采用名义产出除以 GDP 折算指数或 PPI 估计真实产出的文献，但未见其显著优势，而且 CPI 也是比较公认的监测通货膨胀的指标。第二步，测算潜在产出的方法主要分为两类，一是生产函数法，二是实际产出时间序列趋势分解法。本书用 H-P 滤波法得到我国季度 GDP 的长期趋势值，再引入三个季节虚拟变量，然后用真实 GDP 的对数值与常数项、H-P 滤波值以及季节虚拟变量作回归，最后根据回归方程得到潜在 GDP 的季度估计值。第三步，可利用真实产出减去估算的潜在产出的差除以潜在产出得到产出缺口。产出缺口时间序列如图 8-1 所示。

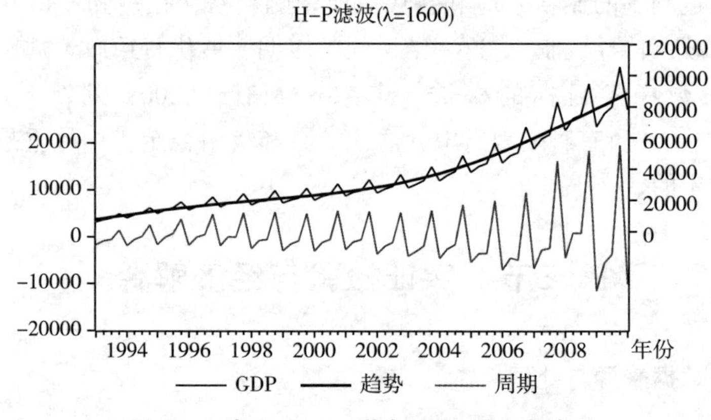

图 8-1 真实 GDP、潜在 GDP 及产出缺口

（三）利率和基础货币供给数据

我们分别选择 1 年期存款利率和银行同业拆借利率代表政策规则中的利率指标。2000 年提出利率市场化改革，先外币后本币、先贷款后存款，逐步放开利率管制。尽管如此，仍缺少一个发挥核心指示器作用的基准利率。发达国家一般以国债利率作为基准利率，我国国债市场规模较小，不足以成为引导融资价格的风向标，而且常常存在与银行存款利率倒挂的现象。1984 年以来，我国同业拆借市场发展迅速，反映货币市场的资金供求状况，可以作为市场化利率的代理变量。在此我们参考赵进文、高辉

(2009) 选取7天拆借利率作为市场化利率的代表变量（1993—1995年选取上海融资中心同业拆借利率，1996—2010年选取央行7天同业拆借利率)。但同业拆借利率不足以说明政策当局的对利率水平的判断和调控倾向，因此，我们引进1年期银行存款利率作为衡量利率政策的另一指标。我们用平均利率指标减去平均通胀率后，根据其趋势值得到均衡利率。1993—1995年数据转引自谢平、罗雄（2002)，1996—2010年数据来自《中国统计年鉴》和中国经济信息网。

中国人民银行从1994年开始公布货币供应量统计指标，并逐步将其作为货币政策中介目标。货币供给数据直接采用历年《中国统计年鉴》公布的货币供给量数据。按照流动性和可控性，货币供给口径分为M_0、M_1、M_2，由于M_2可控性较低，我们分别采用M_0、M_1的增长率m_0、m_1表示规则政策函数的货币供给波动率。

（四）资产价格数据

鉴于规模和经济影响，我们考察的资产主要是股票和房产。我们选取上证综合指数收盘值（sp）来描述上海股票市场的价格波动，选取深圳成份指数收盘值（zp）来反映深圳股票市场的价格波动。我们选取房地产销售价格指数作为中国房屋价格指数的代理变量。资产价格表示为上证指数、深证指数、房产价格指数除以当期CPI。数据来自历年《中国统计年鉴》和中经信息网。

（五）汇率数据

有效汇率数据来自历年《国际金融年鉴》。

上述数据选择时段皆为1993年1月至2011年12月，这一期间至少存在两个比较完整的经济周期，可以完整反映相关经济指标。为统一各指标单位，我们都采取比率的形式，上述各变量缺口=（实际值-潜在值）/潜在值。

二　货币稳定指数估计：VAR加权法

目前尚未有货币稳定指标的概念和计算方法，在此我们借鉴估计FSI的方法。估计金融状况指数的方法主要有三种：一是大规模联立方程；二是缩减的总需求模型（IS曲线)；三是VAR脉冲响应。大规模联立方程要求具备巨大的数据信息；缩减的总需求模型只不过是对无约束的VAR模型设定了特殊的系数限制，理论预设较强；VAR脉冲响应不但具有联立方程对多个经济变量的相互影响进行分析的特点，而且由于解释变量不包含任何当期变量，避免了联立方程的有关问题，具有建模的实用性。因此，本书尝试采用VAR脉冲响应估计货币稳定指数（FSI）中各变量的权重系数。根据函数式（8-2），假设货币稳定指数缺口待估方程为：

$$p_t = w_1\pi_{t-}\ gap + w_2wp_{t-}\ gap + w_3e_{t-}\ gap + w_4hp_{t-}\ gap + w_5zp_{t-}\ gap \tag{8-16}$$

其中，$w_i = |z_i| / \sum_{i=1}^{k} z_i$，是变量 i 的缺口值的权重系数，z_i 是变量 i 的缺口值的单位Cholesky信息（Innovation）冲击在随后 k 个季度内对CPI通货膨胀率的平均脉冲响应；$\pi_{t-}\ gap$、$wp_{t-}\ gap$、$e_{t-}\ gap$、$hp_{t-}\ gap$、$zp_{t-}\ gap$ 分别为通胀率缺口、真实房产价格指数缺口、真实有效汇率缺口、沪指缺口、深指缺口。为了获得脉冲响应系数 z_i，我们建立一个包括 k 个变量的VAR模型：

$$Y_t = A_1Y_{t-1} + A_2Y_{t-2} + \cdots + kY_{t-k} + \varepsilon_i \tag{8-17}$$

其中，Y_t 是内生变量列向量；A_k 为参数矩阵；ε_i 是随机扰动列向量；下标 k 代表滞后阶数。通过标准的Cholesky分解识别结构冲击。将一般预期不会或很少对其他变量产生影响的变量放在最后，则变量顺序为：CPI通胀率缺口、真实房地产价格缺口、真实有效汇率缺口和真实股权价格指数缺口。

（一）单位根检验

在进行参数估计之前，我们对相关解释变量和被解释变量的时间序列数据进行平稳性检验，结果如表8-1所示。根据平稳性检验结果易知，各变量时间序列数据表现平稳，下文的计量估计不会出现伪回归问题。

表8-1 变量时序数据的ADF检验

变量	T统计量	T临界值	P值	结果
i_1	-2.6833	-2.5903	0.0442	平稳**
i_2	-3.0549	-2.9069	0.0351	平稳**
m_0	-3.9025	-3.5402	0.0035	平稳*
m_1	-3.6217	-3.5384	0.0079	平稳*
$gdp\_\ gap$	-3.4967	-3.5366	0.0112	平稳*
$\pi\_\ gap$	-4.1368	-3.5332	0.0017	平稳*
$wp\_\ gap$	-3.5253	-2.9297	0.0118	平稳**

续表

变量	T 统计量	T 临界值	P 值	结果
hp_ gap	-7.7714	-3.5316	0.0000	平稳*
zp_ gap	-7.8932	-3.5300	0.0000	平稳*
e_ gap	-6.4390	-3.5300	0.0000	平稳*

注：* 表示在 1%显著性水平下显著；** 表示在 5%显著性水平下显著。

（二）滞后阶数的选择

运用赤池信息准则与施瓦茨信息准则选择最优滞后阶数，避免滞后期数太少而影响参数估计的一致性，同时防止滞后期数太多而影响参数估计的有效性。运用 EViews6.0 进行检验，结果表明，按照赤池准则和施瓦茨准则，VAR 模型都应选择最优滞后阶数 $k=6$，方程式（8-16）中通胀缺口对资产价格缺口波动及汇率缺口波动冲击的脉冲响应分析如图 8-2 所示。

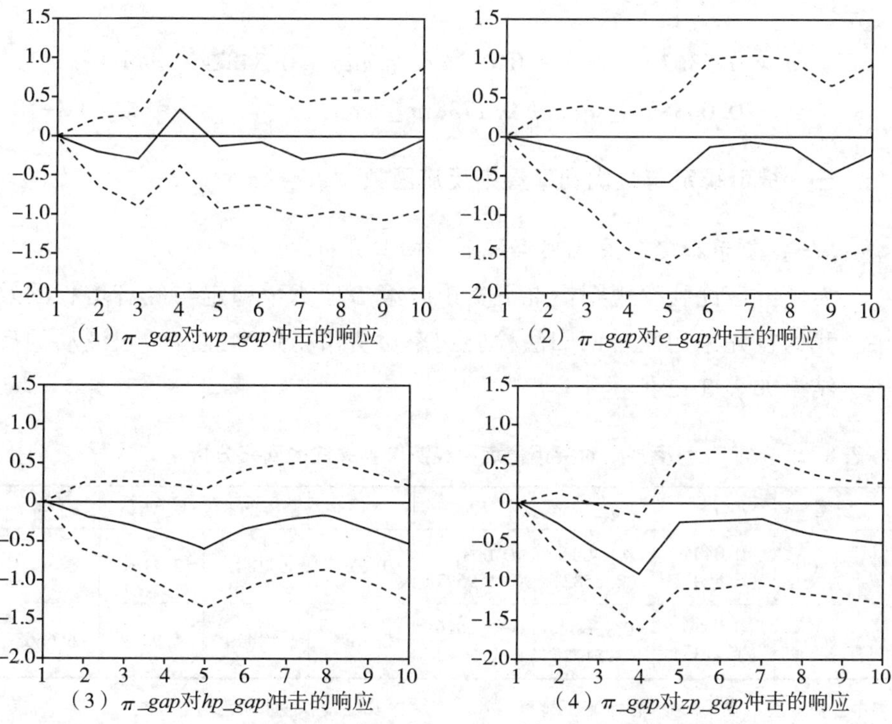

图 8-2　通货膨胀对资产价格的脉冲响应

(三) 货币稳定指数缺口估算

根据 VAR 估计结果，计算出方程式（8-16）各解释变量滞后 6 阶系数的平均数，然后对各解释变量系数进行加权处理，得出货币稳定指数缺口的估计方程，如式（8-18）所示，进而估计出 VAR 法下货币稳定指数的时序数据，如图 8-3 所示。

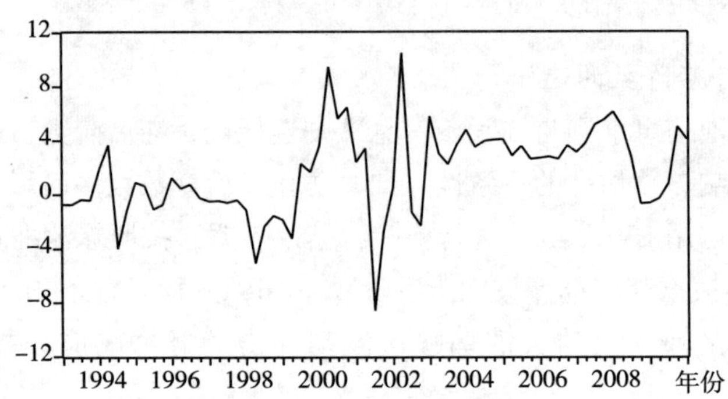

图 8-3 货币稳定指数变动走势

$$p_t = 0.4367\pi_{t-}\ gap + 0.0324wp_{t-}\ gap + 0.3482e_{t-}\ gap + 0.0088hp_{t-}\ gap + 0.1738zp_{t-}\ gap \quad (8-18)$$

三 货币稳定与最优利率规则反应函数

(一) 货币稳定与最优利率规则：回归分析

为分析最优利率规则标准下货币政策治理货币稳定与经济增长的效果，我们首先采用简单回归法检验利率对货币稳定和经济增长波动的反应，结果如表 8-2 所示。

表 8-2 利率规则对货币稳定和经济增长关注的回归分析

模型	c	$gdp\_\ gap$	FSI	R^2	调整的 R^2	D-W 值	F 值
模型 1（i_1）	0.0406 (6.6901)	0.1408* (3.6582)	-0.0033*** (-1.9597)	0.2087	0.1847	2.2161	8.7044
模型 2（i_2）	0.0086 (1.4153)	0.1360* (3.5177)	-0.0016 (-0.9342)	0.1681	0.1429	1.9159	6.6665

注：* 表示在 1%显著性水平下显著；*** 表示在 10%显著性水平下显著。

分析表 8-2 可得出，利率对产出缺口波动的反应系数为 0.1360 和 0.1408，且 T 检验值显著，利率对货币稳定缺口的反应系数为-0.0016 和

-0.0033，且T检验值不太显著，特别是央行颁布的1年期存款利率减去通货膨胀率CPI后对货币稳定反应不显著。这表明，利率规则下的货币政策焦点放在产出缺口波动上，当实际产出大于潜在产出、产出缺口为正时，央行货币政策手段为提高利率，但其对货币稳定缺口反应不足，且两者的偏相关系数为负。

（二）利率规则政策治理货币稳定的GMM估计

为检验利率规则对货币稳定反应不足的原因是对通货膨胀率反应不足，还是未关注股票、房产及外汇等资产价格波动，我们进一步参考谢平、罗雄（2002），卞志村（2006）的分析方法，将方程式（8-14）转化为计量方程式（8-19），利用我国1993年第一季度至2010年第一季度的相关数据检验得出各参数估计值和显著水平，结果如表8-3所示。模型1、模型5分别表示最优利率（同业拆借利率和1年期存款利率）规则方程包括常数项、产出缺口和通货膨胀率时的估计结果，模型2、模型6是在模型1、模型2基础上分别纳入房地产价格缺口的估计结果，模型3、模型7是在模型2、模型6基础上分别纳入沪深股市指数缺口的估计结果，模型4、模型8是在模型3、模型7基础上分别纳入汇率缺口的估计结果。

$$i_t = (1-\rho)i_{t-1} + \rho i_t^* = (1-\rho)i_{t-1} + \rho\left[i^* + f_y(y_t - y^*) + f_\pi(\pi_t - \pi^*) + \sum_{i=1}^{n} f_{api_i}(ap_{it} - ap_{it}^*) + f_e(e_t - e_t^*)\right] \tag{8-19}$$

表8-3　最优利率规则方程的GMM估计

模型	ρ	f_y	f_π	$f_{api\_wp_i}$	$f_{api\_hp_i}$	$f_{api\_zp_i}$	f_e	Hansen T	D-W值	调整的R^2
模型1	0.0763** (2.526)	0.2372** (2.249)	0.0034 (1.408)	—	—	—	—	0.5611	2.1414	0.8931
模型2	0.1567* (11.378)	0.0432** (2.809)	0.0010*** (1.536)	0.0001 (0.507)	—	—	—	0.5713	2.2624	0.8585
模型3	0.1646* (10.783)	0.0360** (2.678)	0.0009 (1.506)	0.0008*** (1.641)	0.0032 (0.044)	0.0035 (0.519)	—	0.4631	2.3199	0.8538
模型4	0.2001* (11.640)	0.0413* (3.069)	0.0045 (1.323)	0.0012 (1.237)	0.0003 (0.098)	0.0004 (0.831)	0.0134* (3.631)	0.4153	2.3962	0.8873
模型5	0.0645* (22.006)	0.1517** (2.445)	0.0037 (0.828)	—	—	—	—	0.5917	1.1917	0.8978

续表

模型	ρ	f_y	f_π	$f_{api\_wp_i}$	$f_{api\_hp_i}$	$f_{api\_zp_i}$	f_e	Hansen T	D-W 值	调整的 R^2
模型6	0.1923 * (15.296)	0.0064 *** (2.145)	0.0004 (0.276)	0.0001 (1.357)	—	—	—	0.5791	2.0787	0.8974
模型7	0.1918 * (14.895)	0.4324 ** (2.331)	0.0003 (0.217)	0.0001 (1.416)	0.0004 (0.750)	0.0001 (0.093)	—	0.5104	2.1070	0.8958
模型8	0.2024 * (15.505)	0.0019 *** (2.046)	0.0005 (0.374)	0.0001 *** (1.725)	0.0004 (0.728)	0.0001 (0.220)	0.0096 ** (2.436)	0.5317	2.2624	0.9070

注：* 表示在 1%显著性水平下显著；** 表示在 5%显著性水平下显著；*** 表示在 10%显著性水平下显著。$f_{api\_wp_i}$、$f_{api\_hp_i}$、$f_{api\_zp_i}$ 分别为利率规则方程中房产价格指数偏离最优缺口的系数、上证指数偏离最优缺口的系数、深证指数偏离最优缺口的系数。

分析利率规则 GMM 估计结果（见表 8-3）可得出四点结论：一是估计结果较为显著。随着资产价格变量的加入，调整的 R^2 总体呈上升趋势，相关冲击变量的估计参数 T 检验值显著，D-W 值检验表明变量之间不存在显著的序列相关问题，而且关键指标 Hansen T 过度识别约束检验值表明上述模型所使用的工具变量有效。二是利率调控呈现平滑性特征。平滑系数 $1-\rho$ 数值在 0.79—0.94，表明货币政策采用利率工具时考虑了利率对实体宏观经济的冲击，因此具有平稳过渡特征；但相对而言，1 年期存款利率的平滑系数平均值（0.8372）小于银行同业拆借利率平滑系数（0.8506），表明利率政策调控平滑性低于市场利率平滑性。三是利率规则政策对产出、通货膨胀、房产价格、股票价格、汇率等变量关注程度不一，重点在于产出增长。利率规则估计方程中 f_y 的取值为 0.2 左右（同业拆借利率对产出缺口反应系数大于 1 年存款利率），对通货膨胀率缺口的反应系数 f_π 取值在 0.001—0.005（同业拆借利率对通货膨胀缺口反应系数）和 0.0003—0.003（1 年存款利率对通货膨胀缺口反应系数），对汇率缺口的反应系数 f_e 为 0.01 左右，对房地产价格缺口和股指缺口的反应系数 f_{api_i} 取值在 0.0001—0.003，由此得出，利率政策对汇率水平关注程度高于通货膨胀，对房产价格和股票资产价格异常剧烈波动关注程度最低，几乎可以忽略不计。这一研究结论同刘斌（2004）、卞志村（2006）、余元全（2008）、李成等（2010）分析一致，也验证了周小川“货币政策不针对资产价格”的表态。所不同的是，本书检验的利率政策对通货膨胀反应水平较低，远低于理论值 1，也低于其他文献检验值，其缘由可能在于 f_π 为通胀率缺口的系数，而其他文献该参数多是通胀率的系数。四是利率政策对货币稳定指数关注程度不显著的原因在于：其对资产价格异常剧烈波动几乎不关注，对通货膨胀关注程度也较低。

四　货币稳定与最优货币供给规则反应函数

利率规则未能有效兼治货币稳定与经济增长，其原因可能在于中国利率尚未市场化，无代表政策倾向的基准利率，而且自 1994 年以来实行的是以货币供给量为中介目标，货币供给规则可能更代表货币政策的调控行为。因此，我们进一步检验代表央行政策倾向的基础货币对货币稳定和产出增长波动的反应参数。

（一）货币稳定与最优货币供给规则：回归估计

利用简单的回归法进行分析，结果如表 8-4 所示。分析表 8-4 可得出，货币供给增长率（m_0、m_1）对产出缺口波动的反应系数为 0.1408 和 0.1506，且显著（1%显著性水平），对货币稳定指数缺口的反应系数为 -0.0033和 -0.0008，且 T 检验值显著性水平较低（5%或 10%显著性水平）。结果表明，货币供给规则下的货币政策关注重点仍是产出增长和稳定，当实际产出大于潜在产出、产出缺口为正时，央行增加基础货币供给，通过货币乘数扩大流通货币量，但其对货币稳定缺口反应明显不足，且两者的偏相关系数为负。

表 8-4　货币供给规则对货币稳定和经济增长关注的回归分析

模型	c	gdp_gap	FSI	R^2	调整的 R^2	D-W 值	F 值
模型 1（m_0）	0.0406 (6.6901)	0.1408* (3.6582)	-0.0033** (-1.9597)	0.2087	0.1847	2.2161	8.7044
模型 2（m_1）	0.0473 (9.5277)	0.1506* (4.7864)	-0.0008*** (-1.5644)	0.2609	0.2385	2.0859	11.6505

注：* 表示在 1%显著性水平下显著；** 表示在 5%显著性水平下显著；*** 表示在 10%显著性水平下显著。括号内为 T 值。

（二）货币稳定与货币供给量规则：GMM 估计

为检验货币供给量规则对货币稳定反应不足的原因，参考上述利率规则分析方法，将方程式（8-15）转化为计量方程式（8-20），利用我国 1993 年第一季度至 2010 年第一季度的相关数据检验得出各参数估计值和显著水平，结果如表 8-5 所示。模型 1、模型 5 分别表示最优货币供给量（基础货币供给量 M_0和广义货币供给量 M_1）规则方程包括常数项、产出缺口和通货膨胀率时的估计结果，模型2、模型6是在模型1、模型2基础上分别纳入房地产价格缺口的估计结果，模型3、模型7是在模型2、模型6基础上分别纳入沪深股市指数缺口的估计结果，模型4、模型8是在模型3、模型7基础上分别纳入汇率缺口的估计结果。

$$m_t = (1-\varpi)m_{t-1} + \varpi m_t^* = (1-\varpi)m_{t-1} + \varpi[m_0^* - \theta f_y(y_t - y^*) - \theta f_\pi(\pi_t - \pi^*) - \theta\sum_{i=1}^{n} f_{api_i}(api_t - api_t^*) - \theta f_e(e_t - e_t^*)] \tag{8-20}$$

分析货币量规则GMM估计结果（见表8-5）得出以下结论：一是估计结果较为显著。随着资产价格变量的加入，调整的R^2总体呈上升趋势，相关冲击变量的估计参数显著，D-W值检验表明变量之间不存在显著的序列相关问题，而且关键指标Hansen T过度识别约束检验值表明，上述模型所使用的工具变量有效。二是货币供给量调控呈现平滑性特征。平滑系数$1-\varpi$在0.6—0.9，表明货币政策采用利率工具时考虑了货币供给量对实体宏观经济的冲击，因此具有平稳过渡特征；但相对而言，基础货币供给量增长率m_0的平滑系数平均值（0.7107）小于广义货币供给量增长率m_1的平滑系数（0.8646），表明在货币供给具有一定内生性的前提下，货币政策调控平滑性低于市场平滑性。三是货币供给量规则政策对产出、通货膨胀、房产价格、股票价格、汇率等变量关注程度不一，重点在于产出增长。货币供给量规则估计方程中$-\theta f_y$在0.5—2.0（基础货币供给对产出缺口反应系数小于广义货币供给），其数值为正，这更直观地反映出货币供给对经济增长的偏好和政策当局为满足经济增长而具有货币扩张倾向，即使产出大于潜在产出时基础货币仍具有增长趋势。基础货币对通货膨胀率缺口的反应系数$-\theta f_\pi$在-0.013—0.006，表明货币供给量政策在一定程度上兼顾了通货膨胀，当通胀率大于潜在值时，减少了基础货币供给；然而由于"倒逼机制"及货币外生性，广义货币供给对通货膨胀缺口反应系数在0.0001—0.005，表明市场压力下的货币供给量对通胀显示出顺周期性，这与苗文龙（2006，2010）的研究结论具有一致性。基础货币对汇率缺口的反应系数$-\theta f_e$为0.0066，广义基础货币供给对汇率缺口的反应系数为-0.0865，表明货币供给政策在间接标价法下有效汇率升值时，为保持稳定而增加基础货币供给，以缓解升值压力，但市场力量在投机谋利驱动下，降低了广义货币供给，因此与后者呈负相关性。货币供给量规则对房地产价格缺口和股指缺口的反应系数 $-\theta f_{api_i}$ 在 -0.004—0.006，由此得出货币供给量政策对汇率水平关注程度高于通货膨胀，对房产价格和股票资产价格异常剧烈波动关注程度最低，几乎可以忽略不计。这一研究结论同上述利率规则分析较为一致，从另一角度验证了货币政策对资产价格关注不足的论断。因此，1996 年以来，钉住货币供给量政策（万晓莉，2010）并未有效同时治理通货膨胀和经济增长。四是货币供给量规则政策对货币稳定指数关注程度不显著的原因在于：其对资产价格异常剧烈波动几乎不关注，对通货膨胀关注程度也较低。

表 8-5　　最优货币供给量规则方程的 GMM 估计

模型	ϖ	$-\theta f_y$	$-\theta f_\pi$	$-\theta f_{api\_wp_i}$	$-\theta f_{api\_hp_i}$	$-\theta f_{api\_zp_i}$	$-\theta f_e$	Hansen T	D-W 值	调整的 R^2
模型 1	0.1698 (1.484)	0.8898* (3.695)	-0.0126 (-1.123)	—	—	—	—	0.4911	2.0328	0.1536
模型 2	0.3591** (2.719)	0.6480* (4.899)	-0.0072*** (-1.611)	0.0004*** (1.803)	—	—	—	0.4773	2.4708	0.350
模型 3	0.3105** (2.288)	0.6697* (4.291)	-0.0077 (-1.507)	0.0004*** (1.546)	-0.0004 (-0.228)	-0.0017 (-0.946)	—	0.4915	2.2746	0.3551
模型 4	0.3179** (2.306)	0.6785* (4.277)	-0.0070 (-1.337)	0.0003*** (1.503)	-0.0004 (-0.214)	-0.0016 (-0.948)	0.0066 (0.485)	0.5104	2.2287	0.3428
模型 5	0.2581** (2.493)	0.5552* (4.566)	0.0017 (0.308)	—	—	—	—	0.4330	1.6355	0.288
模型 6	0.1115 (0.964)	1.2170* (4.645)	0.0048 (0.494)	0.0007 (0.154)	—	—	—	0.3792	1.4799	0.2924
模型 7	0.1050*** (1.890)	1.3004* (4.479)	0.0051 (0.483)	0.0001 (0.254)	-0.0019 (-0.472)	0.0031 (0.853)	—	0.3918	1.5169	0.2713
模型 8	0.0672 (0.581)	1.9985* (4.560)	0.0002 (0.015)	0.0002 (0.315)	-0.0031 (-0.507)	0.0054 (0.966)	-0.0865** (-1.989)	0.4072	1.7546	0.3203

注：括号内为 T 值，* 表示在 1%显著性水平下显著；** 表示在 5%显著性水平下显著；*** 表示在 10%显著性水平下显著。

第四节　进一步检验：利率政策工具传导机制、金融波动与经济影响

一　利率工具的政策传导与经济调控

回归估计得出表 8-6。分析表 8-6 可知，管制利率——1 年期存款利率对市场利率和货币供给量缺口作用显著，解释系数分别在 1.02—1.13

和1.66—1.93，在1%显著性水平上显著，存款利率上调1%会推动市场利率上升1.1%左右，推动存款规模上涨1.66%—1.93%。法定存款准备金率对市场利率和货币供给缺口也具有显著影响，存款准备金率上调1%，可引起市场利率上浮0.12%—0.19%，使存款规模降低0.38%—0.54%，在1%显著性水平上显著。汇率对市场利率和货币供给缺口具有重要影响，汇率对市场利率的解释系数为0.9315，对货币供给缺口的解释系数为-2.3383，在1%显著性水平下显著。

表8-6 利率传导作用的回归分析

	r_{market_t} (1)	r_{market_t} (2)	m_2 (1)	m_2 (2)	cpi (1)	cpi (2)	y_gap (1)	y_gap (2)
c	-1.4263* (-3.7284) [0.0004]	-8.9499* (-6.3453) [0.0000]	16.2967* (10.7442) [0.0000]	35.1827* (5.6268) [0.0000]	-2.3778* (-2.9569) [0.0042]	-1.3047 (-0.861) [0.3917]	-0.0368 (-0.7302) [0.4676]	-0.0197 (-0.0891) [0.9292]
r_{dept_l}	1.1266* (27.6336) [0.0000]	1.0248* (26.1641) [0.0000]	1.6680* (10.3188) [0.0000]	1.9235* (11.0784) [0.0000]	1.5698* (11.0066) [0.0000]	1.6682* (10.5540) [0.0000]	-0.0020 (-0.3803) [0.7048]	-0.0018 (-0.2949) [0.7689]
r_{dr_legalt}	0.1225* (2.9930) [0.0038]	0.1804* (4.9847) [0.0000]	-0.3876 (-2.3881) [0.0195]	-0.5329* (-3.3215) [0.0014]	0.4162 (0.6942) [0.4898]	-0.1966 (-1.2389) [0.2194]	0.0044 (0.8272) [0.4108]	0.0043 (0.7626) [0.4482]
e	—	0.9315* (5.4803) [0.0000]	—	-2.3383* (-3.1032) [0.0027]	—	120.74** (1.9713) [0.0525]	—	-0.0021 (-0.0792) [0.9370]
R^2	0.9406	0.9581	0.6168	0.6619	0.6273	0.6556	0.0093	0.0094
调整的R^2	0.9389	0.9563	0.6063	0.6479	0.6170	0.6413	-0.017	-0.0318
D-W值检验	0.4798	0.6275	0.4440	0.5299	0.1482	0.1974	2.5881	2.5887
赤池准则	2.9226	2.6004	5.6777	5.5785	5.7002	5.6453	-1.1304	-1.1042
施瓦茨准则	3.0147	2.7231	5.7697	5.7012	5.7929	5.7680	-1.0384	-0.9815
H-Q准则	2.9595	2.6494	5.7145	5.6275	5.7372	5.6943	-1.0936	-1.0551
F统计量	577.65	548.27	58.74	47.00	60.61	45.69	0.34	0.22

注：*表示在1%显著性水平下显著；**表示在5%显著性水平下显著。()内为T值，[ ]内为P值。r_{dept_l}为存款利率上限，r_{dr_legalt}为法定存款准备金率，r_{market_t}为市场利率，m_2为货币供给量缺口，y_gap为产出缺口，cpi为消费价格指数。

管制利率对通货膨胀作用显著，对产出缺口解释不充分。1年期存款利率对通货膨胀的解释系数在1.56—1.67，在1%显著性水平下显著，这说明通货膨胀上升，央行会调高存款利率，抑制通货膨胀。法定存款准备金率对通货膨胀和产出缺口的解释都不显著，表明法定存款准备金率还没有成为调控经济运行的有效变量。汇率对国内通货膨胀具有重要影响，在10%显著性水平下显著。这说明，在经济开放程度提高、外汇贸易规模剧增的情况下，我国通货膨胀与汇率之间存在较高的关联性。

在回归结果基础上进行因果检验，检验结果显著的数据列入表8-7。表8-7表明，1年期存款利率是市场利率变动的格兰杰原因，显著性水平（P值）为0.0009；1年期存款利率、法定存款准备金率是货币供给量变动的格兰杰原因，显著性水平为0.0088、0.0910。因此，存款利率通过两种机制调控货币供给：一是通过有效调控存款规模影响货币供给量；二是存款利率变动也可以传导到市场利率上，通过市场利率调节货币供给。

表8-7　　利率传导作用的因果检验

原假设	F统计值	P值	结论
m_2不是cpi的格兰杰原因	7.70965	0.0011	拒绝
r_{dr_legalt}不是r_{market_t}的格兰杰原因	7.80489	0.0009	拒绝
m_2不是r_{dept_l}的格兰杰原因	4.42982	0.0163	拒绝
r_{dept_l}不是m_2的格兰杰原因	2.50069	0.0910	拒绝
r_{market_t}不是m_2的格兰杰原因	5.14236	0.0088	拒绝

二　经济波动与利率工具反应

为分析利率工具对最终目标的反应程度，考察对不同最终目标的侧重程度，以存款利率和存款准备金率为被解释变量，以通货膨胀率和产出缺口为解释变量，进行回归估计，结果为表8-8。分析表8-8可知，1年期存款利率对通货膨胀率变动反应敏感，显著性水平在1%以下，对产出缺口反应不显著，对汇率变动反应显著；法定存款准备金率对通货膨胀率、产出缺口和汇率反应都不敏感。这表明，中国的货币政策很大程度上依赖于存款利率（管制利率）工具，政策目标更注重于控制通货膨胀率和汇率，对产出缺口反应程度较低。这一政策机制同《中国人民银行法》规定的“保持币值稳定，并以此促进经济增长”相符合，而且同货币理论的有关实证结论——货币供给量同通货膨胀关系密切，但不一定能促进经济增长——相符合。

表 8-8 回归分析

	r_{dept_l}	r_{dr_legalt}
c	0.9168* (53.2400) [0.0000]	0.9938* (83.9167) [0.0000]
cpi	0.0492* (4.0807) [0.0001]	0.0012 (0.0801) [0.9364]
y_gap	−0.0023 (−0.8838) [0.3798]	0.0045 (1.0182) [0.3120]
e	14.9955** (2.1845) [0.0322]	14.2397 (1.1707) [0.2456]
R^2	0.9813	0.9458
调整的 R^2	0.9805	0.9435
D-W 值	1.9516	1.5309
赤池准则	1.3669	2.4388
施瓦茨准则	1.4906	2.5623
H-Q 准则	1.4163	2.4882

注：* 表示在 1%显著性水平下显著；** 表示在 5%显著性水平下显著。() 内为 T 值，[ ] 内为 P 值。

为进一步验证变量之间的因果关系，进行因果检验，结果见表 8-9。分析表 8-9 得出，通货膨胀率（消费者物价指数）是存款利率和市场利率的格兰杰原因，显著性水平为 0.0006、0.0027，物价变动导致存款利率和市场利率做出反应和调整。货币供给量与产出缺口互为因果，显著性水平（P 值）为 0.0167、0.0622，表明货币供给具有内生性。该检验结果支持何东、王红林（2011）的研究结论“中国的利率传导机制是有效的，市场利率随存款利率和准备金率上升而上升”，与万晓莉（2011）的研究结论“央行利率调控效果因没有从管制利率有效传导到市场化利率而减弱”不一致。同时，不同于上述文献的是，中国利率政策有效是因为管制利率可以有效控制存款利率和货币供给，进而实现了稳定物价的政策目标，尽管管制利率能有效影响市场利率，但市场利率只是在金融机构资金短缺头寸补充的范围起作用，并不能通过这一渠道调控宏观经济。

表 8-9 因果检验

原假设	F 统计值	P 值	结论
m_2 不是 y_gap 的格兰杰原因	4.39954	0.0167	拒绝
y_gap 不是 m_2 的格兰杰原因	2.91715	0.0622	拒绝
cpi 不是 r_{dept_l} 的格兰杰原因	8.33687	0.0006	拒绝
cpi 不是 r_{dr_legalt} 的格兰杰原因	6.43932	0.0027	拒绝

三　存款利率、居民储蓄与银行利差

现实证明，中国的管制利率一定程度上扩大了银行利差，巨额利差的存在保障了中国银行业经营安全。李成（2004）认为，利差包括商业银行存贷利差、中央银行贷款与商业银行贷款的利差、国内与国际金融市场利差三个层次。盛松成（2007）认为，三个层次的利差反映了不同市场的资金供求状况、竞争态势以及利益关系。就影响来看，第一个层次的利差最为重要。银行存贷利差通常用净利差和毛利差①两类数据衡量。显然，净利差更能反映银行的经营管理水平和实际利差水平。在此，我们根据 2010 年《中国金融年鉴》数据计算描述 2008 年、2009 年几大国有银行净利差变动，如图 8-4 所示，净利差水平已上升至 3%左右。在 1994 年以前，我国社会资金供不应求，为解决国有企业资金短缺，一直实行较低的存贷利差，1 年期存贷毛利差多小于 1%；1996 年之后，毛利差在 3%左右；1996 年毛利差为 4. 59%，1997 年毛利差为 5. 31%（见图 8-5）。毋庸置疑，巨大的利差为银行改善金融结构、提升金融服务赢取了时间和空间，但如果银行趁机大张旗鼓地瓜分利润，作为改善自身薪酬福利的资本，那么政府管制利率政策的初衷就无法达到。

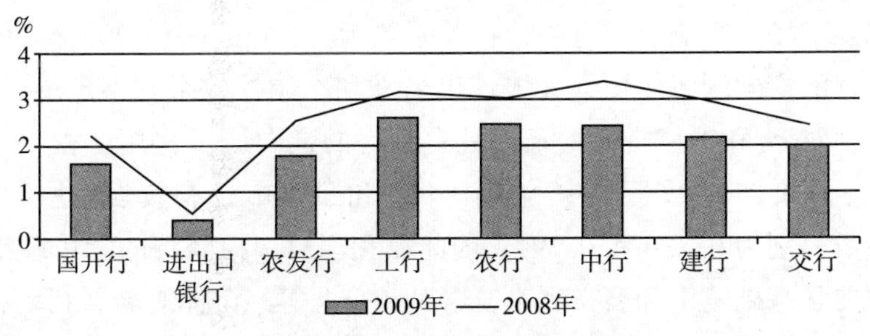

图 8-4　几大国有银行净利差

四　基础货币、利率与金融发展水平

代表我国货币政策动向的最主要的变量是基础货币 M_0和利率 r，它们同金融发展水平变量之间协同性的显著水平不同。首先，基础货币增长率

① 净利差是指银行的净利息收入（利息收入减去利息支出）除以银行总资产或利息类资产。毛利差为平均贷款利率减去平均存款利率。

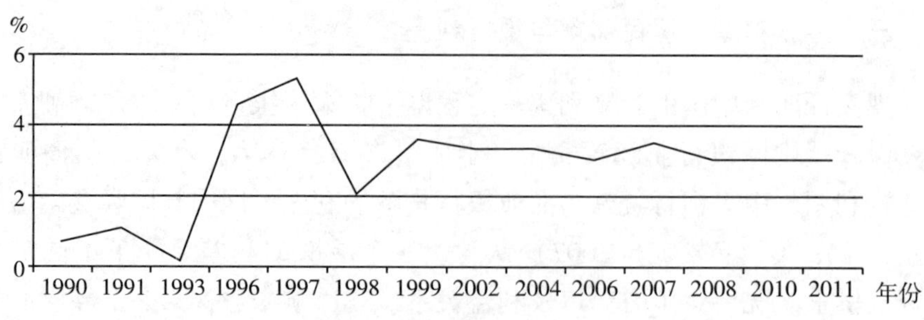

图 8-5 毛利差变动趋势

m_0同广义货币供给增长率 m_2、银行贷款增长率 bd 的走势协同，其相关系数分别为 0.376 和 0.617。这表明 m_2具有较强的内生性，基础货币对广义货币供给的调控力度非常有限，相关程度仅为 0.376；m_0与银行贷款增长率之间具有较强的相关性，相关系数为 0.617，在一定程度上说明基础货币对银行信贷具有较好的调控效果。但基础货币对股票市场和保险市场的调控力度非常有限，相关系数分别为 0.0151 和-0.154，皆为弱相关。其次，名义利率同广义货币供给增长率和银行贷款增长率的相关性较高，相关系数分别为 0.665 和 0.672，这说明名义利率对广义货币增长率和银行贷款增长率具有较显著的调控作用。类似于基础货币，名义利率对股票市场和保险市场的影响非常有限，相关系数为 -0.140和 -0.209，既体现出名义利率的逆向调节作用，又体现出名义利率调控效果并不理想。最后，实际利率对 m_2和银行贷款增长率具有显著的逆向调节作用，相关系数为 -0.464和 -0.754；实际利率与保险市场和股票市场有较强的协同作用，相关系数分别为 0.239 和 0.599。因此在我国，调控经济的货币政策工具变量主要是基础货币和名义利率，居民和企业等经济体对名义利率和实际利率的反应较为强烈，从利率角度看居民行为不存在“货币幻觉”。

第五节 金融周期波动中的货币政策效应

一 金融变量平稳性检验

为满足货币数量论要求，一般研究多将货币供给、贷款、保费收入等变量绝对值转化为对数形式，鉴于对数变量对时间求导可以得出其增长率变量，因此我们直接采用变量的增长率进行计算。利用 EViews5. 0 软件中的 Dickey-Fuller 平稳检验法进行检验，结果如表 8-10 所示。平稳检验结果表明，广义货币供给增长率 m_2、银行贷款变动率 bd 、保费收入增长率 ii 、基础货币供给增长率 m_0 和名义利率 nr 皆滞后 1 阶时拒绝原假设，股指波动率 sm 滞后 2 阶时拒绝原假设，显著性水平为 1%。因此，我们选取的金融变量除股指波动率外都是一阶单整序列，可以满足下一步分析要求。

表 8-10　　金融周期变量的单位根检验

变量	差分阶数	ADF 检验值	ADF 检验临界值			P 值	样本区间
			1%	5%	10%		
m_2	1	-6. 536555	-3. 562669	-2. 918778	-2. 597285	0. 0000	1953—2006 年
m_0	1	-7. 000192	-3. 737853	-2. 991878	-2. 635542	0. 0000	1953—2006 年
bd	1	-6. 561475	-3. 562669	-3. 562669	-3. 562669	0. 0000	1953—2006 年
sm	2	-2. 969444	-4. 297073	-3. 212696	-2. 747676	0. 0719	1993—2006 年
ii	1	-5. 592917	-3. 769597	-3. 004861	-2. 642242	0. 0002	1985—2006 年
nr	1	-6. 275346	-3. 565430	-2. 919952	-2. 597905	0. 0000	1953—2006 年
rr	1	-12. 02016	-3. 562669	-2. 918778	-2. 597285	0. 0000	1953—2006 年

二　金融变量周期波动的 VAR 分析

一般研究文献对选取的经济变量取对数，检验其平稳性。我们在此直接选取变量的增长率，经检验，变量具有平稳性。因此，在 EViews5. 0 下运算，根据 AIC 准则、SC 准则，我们选择滞后 2 期变量。金融变量周期波动 VAR 的运行结果如表 8-11 所示。可以看出，各 VAR 结果是稳定的。

分析表 8-11，我们易得出：首先，解释变量对各金融周期变量的解释程度较显著，R^2 介于 0. 869—0. 998，综合解释力度较高；对数似数值、AIC、SC 等检验值通过检验标准。因此，可以认为我国金融周期波动当中存在显著的货币政策效应。其次，货币政策工具变量 m_0 和 nr 对金融周期波动解释作用显著，但不同的滞后阶数解释力度不同，政策变量一般滞后 1—5 阶解释力最高，即货币政策实施后 1—5 年对金融市场的影响达到最高，此后影响力趋弱并逐渐消失。其中 m_0 对 m_2 影响值最显著的是 m_0（-4），影响系数为 0. 8200；nr 对 m_2 影响值最显著的是 nr（-5），影响系数为 0. 0177；m_0 对 bd 影响值最显著的是 m_0（-3），影响系数为-0. 8662；

nr 对 bd 影响值最显著的是 nr (−2)，影响系数为 4.3444；m_0 对 ii 影响值最显著的是 m_0 (−5)，影响系数为 1.4663；nr 对 ii 影响值最显著的是 nr (−5)，影响系数为 8.5057；m_0 对 sm 影响值最显著的是 m_0 (−1)，影响系数为 58.6464；nr 对 sm 影响值最显著的是 nr (−1)，影响系数为 −111.9970。可见，基础货币和实际利率作为主要货币政策工具，其调控效果均为显著。但从解释系数的贡献大小来看，基础货币增长率对 m_2 的解释系数范围在 0.49—0.83，结合上文解析两者的相关系数仅为 0.376，因此可以认为由于货币制度、经济体制和支付偏好等因素的变迁，m_2 的内生性逐渐增强，利用 m_0 来调控 m_2 的效果在逐渐减弱，单纯依靠 m_0 来调控货币供给进而调控经济运行的时代已成为过去。多年来的理论分析一直认为，我国利率调控经济金融的绩效不甚理性，但本书研究发现，尽管我国利率尚未完全实现市场化，却不失为理想的政策工具。当然，本书分析也存在一定的缺陷。

表 8-11　　金融变量周期波动的 VAR 估计

被解释变量 / 解释变量	m_2	bd	ii	sm
X (−1)	−0.924977	−1.160653	−0.346784	−10.433370
X (−2)	−0.758302	−0.747392	0.892309	6.164303
X (−3)	−0.876561	0.251798	−0.512364	−5.388305
X (−4)	−0.513377	−1.351947	0.237174	—
X (−5)	−1.101793	−1.124461	0.568762	—
X (−6)	0.323324	−2.759167	−0.356452	—
m_0 (−1)	0.777007	−0.675692	−1.085882	58.646360
m_0 (−2)	0.496066	0.221656	1.352298	−6.741348
m_0 (−3)	0.759334	−0.866236	1.455919	26.528640
m_0 (−4)	0.820029	−0.224069	0.385056	—
m_0 (−5)	0.637392	0.047069	1.466335	—
m_0 (−6)	0.751368	0.361685	0.061175	—
nr (−1)	−0.010190	3.382106	−15.397540	−111.997000
nr (−2)	−0.003710	4.344377	7.146913	−38.400140
nr (−3)	0.004847	3.659796	−2.290511	92.546310
nr (−4)	0.008595	2.516645	0.556201	—
nr (−5)	0.017744	−0.273977	8.505674	—
nr (−6)	−0.004712	2.858133	−7.523680	—

续表

解释变量＼被解释变量	m_2	bd	ii	sm
C	0.137161	1.102848	-0.104874	-8.053201
R^2	0.997248	0.933259	0.868890	0.919996
对数似然值	254.41061	213.89737	126.86191	117.984842
AIC	-23.219146	-13.536125	-10.748753	11.366392
SC	-22.276883	-12.593861	10.196291	10.728115

注：$X(-1)$ 至 $X(-6)$ 在表中第 2 列至第 5 列分别表示 m_2、bd、ii 和 sm。由于我国 1992 年才建立股票市场，因此年度样本数据较少，不满足 VAR 的滞后 6 阶检验；而且，经赤池准则、施瓦茨准则验证，选择滞后 3 阶较为合理。

三　金融变量对货币政策的脉冲响应分析

为进一步分析货币政策变量对金融周期冲击的力度和时滞，Cholesky 脉冲响应分析结果如图 8-6 所示。

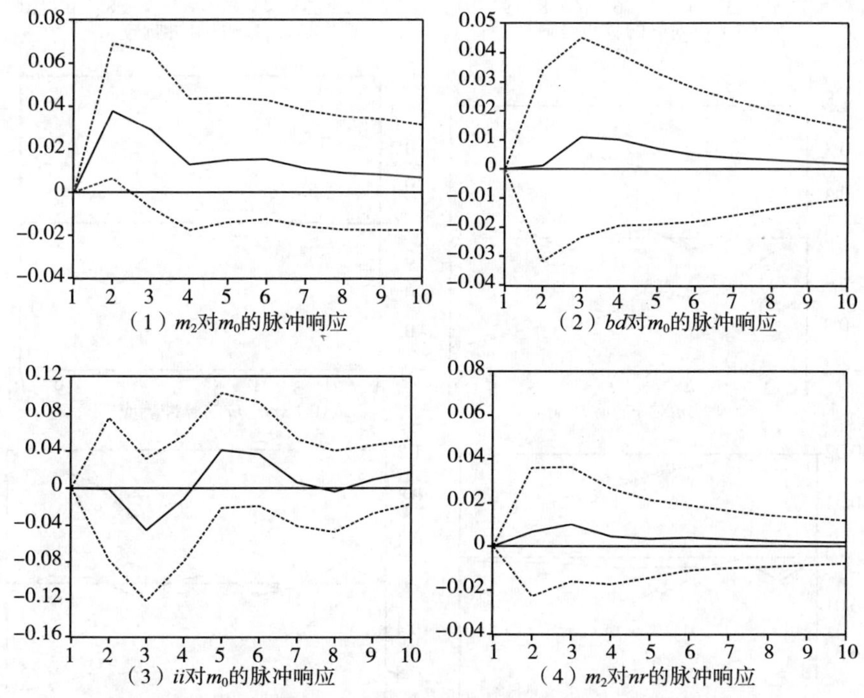

图 8-6　金融周期对货币政策冲击的 Cholesky 脉冲响应分析

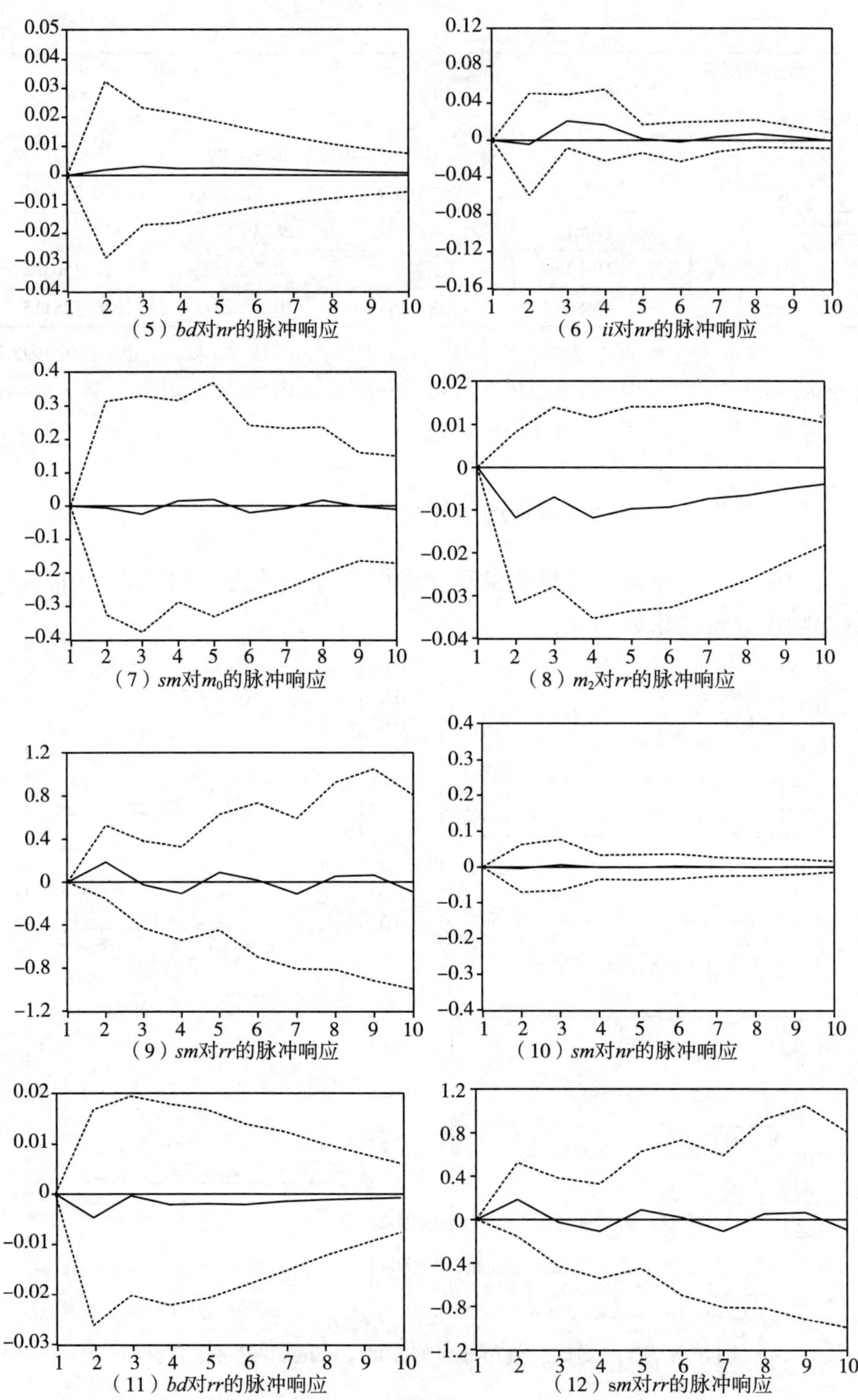

（5）*bd*对*nr*的脉冲响应

（6）*ii*对*nr*的脉冲响应

（7）*sm*对m_0的脉冲响应

（8）m_2对*rr*的脉冲响应

（9）*sm*对*rr*的脉冲响应

（10）*sm*对*nr*的脉冲响应

（11）*bd*对*rr*的脉冲响应

（12）s*m*对*rr*的脉冲响应

图 8-6 金融周期对货币政策冲击的 Cholesky 脉冲响应分析（续）

分析可得：

（1）金融周期波动变量对货币政策调控变量 m_0 冲击的响应时滞和强度不同，相对于 *nr* 和 *rr* 来讲，冲击响应最为显著。其中，政策变量 m_0 冲击使 m_2 在第 2 年响应达到峰值 0.37，使 *bd* 在第 3 年达到峰值 0.12；而股指和保费的变动率对 m_0 冲击的响应曲线均为余弦函数形状，但振幅有所不同，股指和保费的变动率都在第 3 年达到谷值，分别约为 -0.4 和 -0.05，在第 5 年达到峰值，分别约为 0.4 和 0.05。但大约 9 年后响应曲线都趋于 0。

（2）金融周期波动变量对货币政策调控变量 *nr* 冲击的响应时滞和强度不同，相对于 m_0 和 *rr* 来讲，冲击响应最弱。其中，货币供给增长率 m_2 和保费收入增长率 *ii* 对 *nr* 冲击的响应均较为显著，大约在第 3 年达到响应曲线的峰值；银行贷款和股指变动率对名义利率冲击响应均较平淡，几乎可以忽略。这同上文分析结论相符。然而，这种不同于其他市场经济国家的现象值得深思。

（3）金融周期波动变量对货币政策调控变量 *rr* 冲击的响应时滞和强度不同，冲击响应介于 m_0 和 *nr* 之间。m_2 对货币政策调控变量 *rr* 冲击的响应较为显著，在第 4 年达到最小值-0.13；*bd* 对 *rr* 冲击的响应于第 2 年达到最小值-0.04；此后两者的响应皆趋于 0。保险市场和股票市场对实际利率响应曲线呈正弦函数特征，都在第 2、第 5、第 8 年达到峰值 0.2，在第 4、第 7、第 10 年达到谷值-0.2。结果说明，我国的居民更关注实际利率，较少存在货币幻觉。

从脉冲响应角度分析金融周期中的货币政策效应，结果表明，m_0 冲击使 m_2 响应较弱，基础货币未能有力控制货币供给，从而表现为基础货币调节经济情况下货币政策绩效差强人意。国内以黄达（1998）为代表的学者认为，“过于单独依靠扩大货币供给这一个杠杆的‘启动’，给人的印象是，货币政策得心应手，是极有力的工具。但实践证明，过分高估其效能，不是实现不了设想的目标，就是在强力贯彻实施中带来很大的副作用”。令人始料未及的是，中国利率虽未实现市场化，但其对金融经济变动的调控效果却非常显著，这同许多研究结论有出入。

第六节　进一步讨论

一　中国的利率政策能否用“利率双轨制”来描述

如何回答这一问题决定了利率政策甚至货币政策的操作工具、操作目标、传导机制等内容。中国至1994年成立中央银行后，开始实施利率市场化改革。近年来，不少研究文献以“利率双轨制”为基础分析中国货币政策如何熨平宏观经济波动。万晓莉（2011）通过构建中国利率双轨制和汇率稳定下的货币政策反应函数实证认为，管制利率在1996年之后表现出逆向调控特征，但由于管制利率没有有效传导到市场化利率，央行利率调控效果减弱，中国管制利率和市场利率都对通胀反应不足。与此结论截然相反的是何东、王红林（2011）的研究，他们在区分存款利率上限有效、贷款利率下限无效的基础上实证检验存款基准利率、存款准备金率、央票发行利率等货币政策工具对市场利率的解释影响，结果认为，“在利率双轨制下，中国的货币政策传导是有效的”。由此引发人们思考，中国利率双规制是否准确描述了中国的货币政策关键特征？管制利率究竟是否左右着市场利率？

尽管前文也划分了管制利率和市场利率，但我们认为，中国实施的是以经济运行状况为基础、以管制利率为主体、以市场利率为补充的利率政策。这可以从四个方面来阐明：一是中国的利率体系不是简单的管制与市场共同作用的双轨制，因为两者的经济作用范围和金融影响规模并非势均力敌、在伯仲之间，而是相差悬殊、主次分明。我们利用1996年1月至2011年10月的相关数据来说明这一点。管制利率主要是存贷款利率，管制利率决定的各项存款规模占金融机构资金来源的80%—90%，而用于弥补银行资金不足的同业拆借规模占金融机构资金来源的比例不到4%。显然，管制利率与市场利率不可同日而语，主次之分显而易见（见图8-7）。二是管制利率虽由央行决定，但央行的决策是由经济运行的冷热状况决定的，并非主观臆断、简单的行政偏好。由此可以认为，存贷利率表面是管制利率，实质上反映经济运行状况。张屹山、张代强（2008）从市场利率和管制利率两方面实证得出，利率能够保证当我国经济运行偏离均衡状态或央行目标时采取正确的政策调整方向，从而保证经济的平稳运行。三是存贷款利率主要用于调控储蓄、投资、产出等实体经济运行，保障金融机构利差，维护金融体系稳定，同业拆借利率则主要用于金融机构特别是银行机构短期资金流动周转困难，解决燃眉之急。两者的经济作用显著不同，同业拆借只是存贷款的一个补充或拐杖。四是两者因果关系不同。上文实证得出，管制利率决定市场利率，市场利率对管制利率做出积极反应，但管制利率不以市场利率为参考，而是由通货膨胀、货币缺口来决定的。因此，管制利率与市场利率之间体现为单向因果关系。由此可知，中国的存贷款管制利率传导机制并未不畅，它既可以控制存款规模和货币供给，又可以决定市场利率。

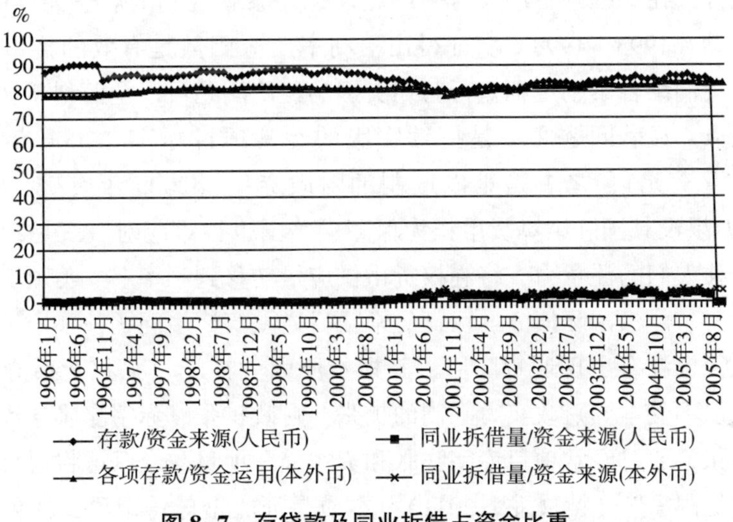

图 8-7　存贷款及同业拆借占资金比重

二　中国的利率政策是否遵循了泰勒规则（利率规则）？是否适合遵循泰勒规则

既然中国有核心基础利率，并受央行所控制，那么是否就可以认为，中国应该或已经遵循了所谓的泰勒规则？不少文献已开始对这个问题进行探索和研究。谢平、罗雄（2002）实证检验认为，中国货币政策并非完全按照泰勒规则行事，但泰勒规则可以作为中国货币政策一个衡量松紧的参照尺度。陆军、钟丹（2003）将中国同业拆借利率引入泰勒规则，实证认为，泰勒规则适合充当货币政策决策的依据。王建国（2006）实证检验认为，基于利率平滑假设基础上的泰勒规则模型可以较好地拟合利率变动，并且我国利率水平弹性不足，加大了产出和物价的波动。卞志村

(2006) 实证认为，泰勒规则未能基于中国经济背景进行改进，目前不适合在中国运用。

本书认为，泰勒规则不仅不适合被简单移植，而且不一定适合被改进后用于实践。一是泰勒规则产生的经济背景不适合中国。美元是国际结算货币，美国可以不用把关注点放在货币供给量和汇率稳定上，而在中国这两者是必须考虑的。美国货币政策也不适合把货币供给量作为操作目标，因为美元供给量可分为美国本土流通和国际流通两部分，国内流动量（包括储蓄等）可以根据本国经济发展形势来确定，国际流通量却很难估计和把握。在中国则不涉及这一问题。二是泰勒规则的后遗症难以医治。尽管泰勒（1993，1998）实证得出，利率反应函数是有效的货币政策框架，但我们结合泰勒规则盛行时期美国的经济问题可以全面判断这一规则的优缺点。显著问题之一是持续膨胀的经常项目赤字（2006 年峰值为 8000 多亿美元），之二是难以遏制的财政赤字（2009 年突破 1 万亿美元）。如果没有国际结算货币作为保障，美国也很难应对。三是泰勒规则可能转移人们的注意力，将霸权货币供应量转移到利率上。美国出现巨额财政赤字、巨额国际债务、巨额经常项目逆差等诸多问题，采用量化宽松货币政策也没有出现通货膨胀，其根本原因就在于"强权货币导致该国政府可以不受本国财政实力限制的扩张，财政扩张、赤字膨胀导致了货币供给扩张，通过经常项目赤字膨胀和资本金融项目盈余巨增将通货膨胀转嫁给其他国家"（苗文龙，2011），本质是征收全球铸币税，如果将货币供给量作为美国货币政策操作目标，不仅操作上具有困难，而且容易引起其他国家对美元供给量和美元世界铸币税的关注。泰勒规则在这一政策框架下巧妙地将世界的注意力转移到利率上，世界则争论的是货币供给量与利率孰优孰劣的问题。四是利率对经济影响并不比货币供给量更易于精确控制，货币政策目标在于物价稳定和产出稳定，货币供给量同物价的关系是非常确定的（Mishkin F. S.，1998），泰勒规则函数中的潜在产出、最优通货膨胀率、均衡利率至今（或许永远）都难以准确估计，而这必然影响规则函数的准确性和科学性。

三 中国的货币政策是否必须向价格型货币政策（利率规则）转化

不少研究文献主张，我国不适合将基础货币作为货币政策的操作目标，货币市场利率应成为我国的货币政策操作目标。针对这一观点应该首先考虑中国以存贷款利率为工具、以信贷管理为途径、以货币供应量为中间目标的货币政策是否达到了熨平经济波动、维护金融稳定的目的。如果没有达到政策目的，政策转化势在必行，如果达到了，谈论转化问题则可能纯属理论争议。

本书认为，中国的货币政策一定程度上实现了政策目标，数量型货币政策与价格型货币政策孰优孰劣尚无定论。对于两种货币政策工具选择方面比较经典的文献是 Mishkin（1998），讨论了利率与货币总量两者选一的经济影响。一是选用货币总量的目标会造成利率失去控制。假定货币需求曲线位于 M^{d*}，但由于产出量的意外增减或物价波动，或者公众持币还是持债券偏好变化，该曲线在 $M^{d'}$ 和 $M^{d''}$ 之间变动，如果将货币供给量固定在 M^S，货币曲线变动使利率在 i' 和 i'' 之间波动。这一过程描述为图 8-8。二是选用利率目标会造成货币供给量失控。货币需求曲线位于 $M^{d'}$，但由于产出规模、物价水平或公众持币偏好变动，货币需求曲线在 $M^{d'}$ 和 $M^{d''}$ 之间变动，进而引起利率在 i' 和 i'' 之间波动，为稳定利率，央行实施公开市场操作，而公开市场操作必然引起货币供给量不稳。这一过程描述为图 8-9。

即便是以货币政策较为纯熟而著称的美国，也是在 20 世纪 50—60 年代采用利率工具政策，70—80 年代则改为货币量工具政策，90 年代又改为利率工具。究竟采用何种工具，取决于经济状况和工具对政策目标的调控效果。利率与物价稳定的关系并不确定，而“通货膨胀无论何时何地都是一个货币现象”（Mishkin，1998），货币量与物价相关程度最高。因此，中国采取货币量中间目标，变动管制利率水平。

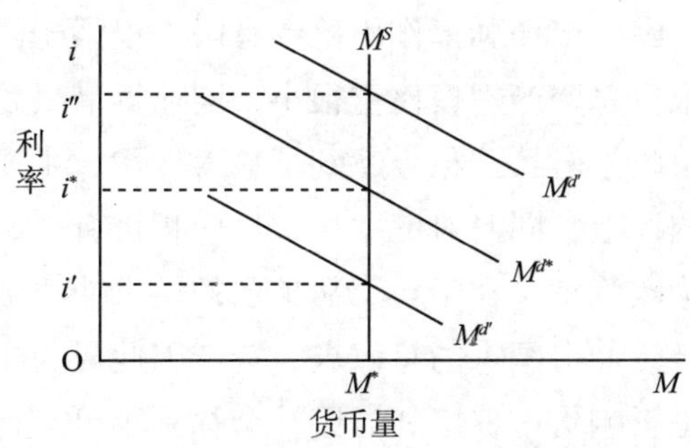

图 8-8　以货币供应量为中间目标的结果

由此看来，中国货币政策改革的关键不在于是数量型政策工具还是价

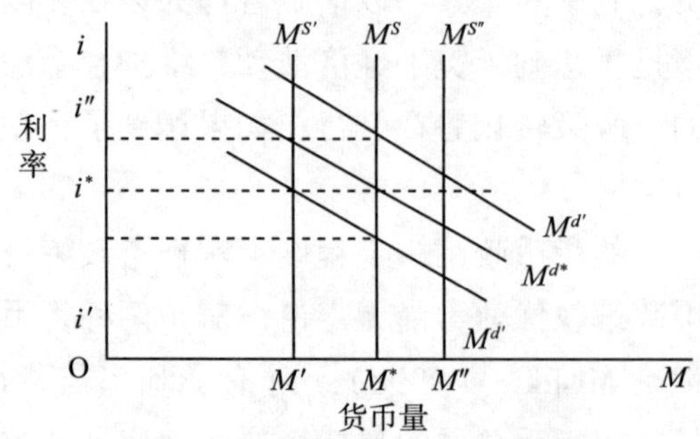

图 8-9　以利率为中间目标的结果

格型政策工具，而在于在达到调控通货膨胀、产出波动和兼顾金融稳定的框架下，如何使管制利率逐渐更客观地反映市场经济和资金需求状况，逐渐减小储户对金融机构的利息补贴，取消银行的政策性利差。

本章小结

通过上文分析，我们得出如下结论：①中国的利率和货币供给量主要服务于产出增长，对货币稳定反应不足，体现为利率规则和货币供给量规则对通货膨胀的关注程度低于经济增长，而且对股市、房地产等金融资产周期波动反应不足，体现不出显著“关注”的政策定位，相比之下，货币政策对汇率比较关心。因此，货币政策对金融周期波动的冲击效应较低。②利率传导机制是有效的，传导机制通过调控存款规模和货币供给实现稳定物价的目标，管制利率对市场利率有显著作用，但并非通过这一传导机制调控经济，因为市场利率作用范围有限，仅限于同业拆借范畴，而同业拆借规模占银行总资产规模比重很小，同业拆借只是存贷款的一个补充或拐杖。③货币政策对经济稳定起到了显著作用，主要体现在对通货膨胀的敏感反应和调控上，同时对汇率稳定反应积极有效。

本章分析结论政策意义在于：①从扩展的供求曲线可以看出，金融资产价格剧烈波动必然冲击国家的总供求，资产因此成为作用于经济运行态势的重要变量，是影响货币稳定和居民社会福利不可忽视的因素，在资本有限流动的开放经济中，将股票、房产、外汇等金融资产价格纳入货币政策目标函数和操作规则很有必要，而且可行。②政策当局的理性选择是准确计算货币稳定指标中各项资产的权重，将资产价格精确地纳入货币政策目标，进而根据经济环境动态调整最优货币政策规则反应函数，调节利率水平和货币供给量，适度权衡经济增长和货币稳定。这样一方面可以通过“政策风向器”作用预防资产泡沫，改变人们的通胀预期，减弱信息约束下的“羊群效应”及由此导致市场的金融周期振幅加剧；另一方面可以降低虚拟经济对实体经济的冲击效应，维持经济健康平稳，最终实现社会福利损失最小的目标。③最优利率规则反应函数需要利率能够灵活地调整，需要目标利率能成为左右其他市场利率的基准利率，能够反映现实中资金供求状况，需要利率的传导渠道畅通高效；最优货币供给量规则反应函数需要央行提高货币供给的外生性，加大公开市场业务规模和力度，组合选用再贴现贷款、直接信用控制工具和间接信用指导工具，需要信贷渠道运行无阻。因此，应加快利率市场化进程，扩大公开市场业务工具规模，使利率、货币供给工具的运用得心应手。此外，货币政策需要有力的稳定监管手段相配合，包括完善证券市场、规范房贷市场、加强银行体系监管等，以此来降低资产价格的波动幅度，从而共同促进金融体系和实体经济的稳健运行。

第九章

中国金融周期波动与财政政策效应

本章通过分析财政政策对金融运行的冲击机理，进而以中国 1997 年 1 月至 2012 年 6 月的相关数据和 1982—2012 年数据为基础，利用谱分析和 Copula-GARCH 模型实证得出，政府财政支出波动通过对基础货币变动、再贴现规模变动、公开市场拆借规模变动产生显著的冲击效应，进而对银行信贷、通货膨胀等产生显著影响。财政支出波动与金融波动之间存在密切的周期联动关系，但具体对各金融变量的影响程度各不相同，财政政策对中国银行信贷、国际贸易的调控效应比较显著，对股指的长期走势影响较小。财政余额对金融运行冲击效应低于财政支出，且经济危机时期财政余额的冲击效应相比经济平稳期有所降低。

第一节　引言

一　政府、财政行为与金融周期

政府作为一个特殊群体，在市场经济中一般是制定规则、监督规则执行的一方，因此需要制定各种规则来约束政府行为，避免其再作为市场交易主体进行交易，或者进行有失公允价值的交易。中国在经济赶超时期，需要政府发挥更大作用，成为经济增长主要原动力。但值得注意的是，政府官员仍符合经济人假设。因此，理性政府首先满足个人理性，同时满足政府理性，即政府在满足消费者最大化效用、企业最大化利润的税率条件下，征收财政收入，进而调整消费性财政支出与生产性财政支出结构，分配时既要满足财政支出社会效益最大化，也要满足个人效用最大化（苗文龙，2012）。政府通过调控财政支出，同时调整了个人收益和社会效益。政府作为一个持续强势的市场主体，必然有持续的、偏离稳态的冲动，除非规则能够有效约束，并且这种规则需要不断改进。当政府换届时，偏离稳态的冲动表现得更为显著。

许多研究文献论证政府通过财政政策变化满足自身偏好，进而导致金融波动和经济波动的行为。例如，西方国家政府换届时，为获取选票、谋求连任，具有在选举前扩大总需求以显示其富有才能的倾向，而扩大总需求的主要路径之一就是超额增加货币供给。苗文龙（2010）实证得出，随着中央政府换届而引致地方政府交流周期，地方政府产生纵向、横向上的财政扩张竞争，通过银行软预算约束以及货币信贷倒逼机制，使政府在财政扩张的同时积极实施金融扩张，加剧金融周期振幅和频率。所以，已有研究文献从不同侧面论证了政府财政政策对金融体系的影响。

二　典型事实

为更为直观地阐述经济内部政府行为变化通过财政政策对金融周期波动的影响关系，笔者通过 H-P 滤波，以 1978 年为基期价格，绘制出 1952—2011 年真实 GDP、消除通货膨胀后的财政支出及银行贷款、财政支出占 GDP 比重、银行贷款占 GDP 比重等指标的波动轨迹和周期成分，结果见图 9-1、图 9-2。

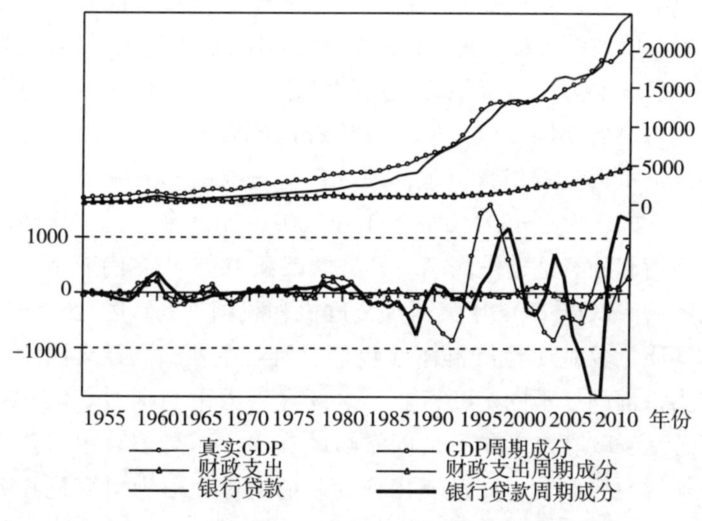

图 9-1　真实 GDP、财政支出、银行贷款波动周期

观察图 9-1、图 9-2 初步得出，在 1986 年之前，经济波动幅度一般比较低，最大的两次波动是在 1957—1963 年和 1966—1971 年。前一次是大炼钢铁的经济上升和三年灾荒的经济萧条，此时，财政支出和银行贷款亦随

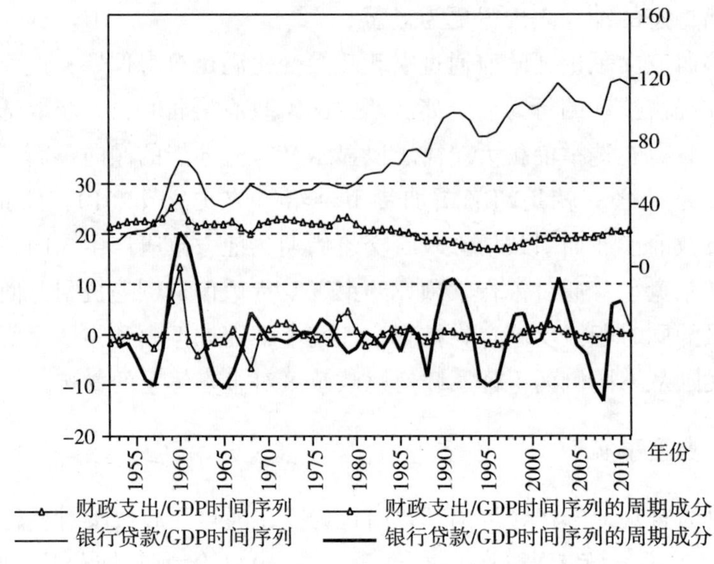

图 9-2 财政支出/GDP、银行贷款/GDP 波动周期

之巨幅震荡；后一次是“文革”到“林彪事件”，此时经济、财政、金融波动要小得多。1987 年之后，经济体系内部群体竞争加剧，不同群体的经济力量涨消速度不一，这使得整个经济体系的振幅和频率都有所增强。这一期间，财税制度改革加剧了地方政府竞争，但同时也削弱了地方财政力量，凝聚了中央财政实力，所以地方政府间竞争导致的财政支出波动周期振幅较小，频率与政府换届一致。但地方政府在预算内财政支出之外，利用政治权力和经济权力影响银行贷款，因此银行贷款周期的振幅远高于经济振幅。波动最大的两次是 1992—2001 年和 2003—2011 年，前一次经历了邓小平南方谈话引起的经济建设高潮、经济繁荣和 1998 年东南亚金融危机引起经济衰退；后一次以 2007 年美国次贷危机和我国“4 万亿元”政府投资为标志，这实质上反映了经济群体（包括政府与企业、利益集团构成、出口部门与非出口部门、不同垄断行业）之间经济力量的剧烈变化。2008 年我国“4 万亿元”政府投资并不是依靠财政支出，而是依靠银行贷款，所以银行贷款振幅更为剧烈。财政支出作为政府群体竞争力量变化和突破平稳路径冲动的体现，对金融周期的冲击影响不言而喻。

第二节 理论模型

本节主要通过建立政府目标函数、政府行为约束条件，推导财政政策对货币金融冲击的主要途径，为下文实证提供理论基础。

一　政府目标函数

政府以国家经济发展、民生福利改善、国际地位提升为主要目标，而这些目标的实现主要依赖于经济良性发展和物价平稳运行。因此，政府的决策目标往往把经济增长摆在第一位，并兼顾就业水平、物价波动、收支平衡及总供求等因素，而经济增长往往和就业水平、物价、总供求及国际收支正相关。政府决策简化函数模型为：

$$U_g = \psi_1(y - y^*) - \psi_2(\pi - \pi^*)^2 \tag{9-1}$$

即政府的效用取决于经济增长水平和物价稳定情况。其中，y 为实际经济增长率；y^* 为经济自然增长率；π 为通货膨胀率；π^* 为最优通胀率；ψ_1、ψ_2 是政府设置在经济增长提高与持久性通货膨胀之上的相对权重。政策目标是寻求上述函数的最大值。

二　政府预算约束

在政府主导市场中，政府可以容易地控制国有企业，主要路径就是人事任命，其次是政府投资及项目审批；而国有企业既是政府收入的重要来源，又是政府维稳的首要阵地。由于政府在人事和经济上的遥控，本书将政府范畴扩展为大政府——政府及政府类企业。政府公共支出 G_t 可初步细分为政府消费性支出 G_{Ct} 和投资性支出 G_{It}，此外政府需支付上期债务所欠的利息 $i_{t-1}B_{t-1}$。政府通过征税 T_t、增发货币（$M_t - M_{t-1}$）、举借债务（例如发行公债）（$Bs_t - Bs_{t-1}$）为政府支出融资。Le_{it} 为单个国有企业的银行贷款，$Rd_t - Rd_{t-1}$ 为央行再贴现金额变动，$\int_{i=1}^{\infty} Le_{it}\mathrm{d}Le$ 为企业贷款规模合计；pe_{it} 为单个企业利润，$\sum_{i=1}^{n} pe_{it}$ 为企业利润合计。大政府预算约束方程初步简化为：

$$\begin{aligned} G_{Ct} + G_{It} + i_{t-1}B_{t-1} + \int_{i=1}^{\infty} Le_{it}\mathrm{d}Le - T_t = (M_t - M_{t-1}) + \\ (Bs_t - Bs_{t-1}) + (Rd_t - Rd_{t-1}) + \sum_{i=1}^{n} pe_{it} \end{aligned} \tag{9-2}$$

用式（9-2）除以名义 GDP（P_tY_t），以实际值表示的政府预算约束式为：

$$g_{ct} + g_{it} + \bar{i}_{t-1}b_{t-1} + \int_{i=1}^{\infty} le_{it}\mathrm{d}le - \tau_t = (bs_t - bs_{t-1}) + \sum_{i=1}^{n} pe_{it} + (rd_t - rd_{t-1}) + m_t - \frac{m_{t-1}}{(1+\pi_t)(1+\mu_t)} \tag{9-3}$$

实际回报率 $\bar{i}_{t-1} = \frac{1 + i_{t-1}}{(1+\pi_t)(1+\mu_t)} - 1$，为区分预期通货膨胀 π_t^e 和非预期通货膨胀 $\pi_t - \pi_t^e$，式（9-3）进一步刻画为式（9-4）：

$$g_{ct} + g_{it} + i_{t-1}\left[b_{t-1} + \int_{i=1}^{\infty} le_{it}\mathrm{d}le\right] - \tau_t = (bs_t - bs_{t-1}) + \frac{\pi_t - \pi_t^{\ e}}{1+\pi_t}(1 + i_{t-1})\left[b_{t-1} + \int_{i=1}^{\infty} le_{it-1}\mathrm{d}le\right] + \sum_{i=1}^{n} pe_{it} + (rd_t - rd_{t-1}) + \int_{i=1}^{\infty} le_{it-1}\mathrm{d}le + \left[m_t + \frac{m_{t-1}}{1+\pi_t}\right] \tag{9-4}$$

铸币税收入：$s_t = (m_t - m_{t-1}) + \frac{\pi_t}{1+\pi_t}m_{t-1}$

铸币税两个来源：一是高能货币的变化（$m_t - m_{t-1}$），二是通货膨胀税，私人部门为维持不变的实际货币余额，持有的名义货币必须以通货膨胀 π_t 的速率增加，以抵消通胀对实际货币余额的影响，考虑到人口增长和实际产出增长的人均形式为：

$$s_t = (m_t - m_{t-1}) + \frac{(1+\pi_t)(1+n_t)(1+\lambda_t) - 1}{(1+\pi_t)(1+n_t)(1+\lambda_t)}m_{t-1}$$

根据式（9-4）可得出命题9-1：政府财政支出波动很可能对基础货币变动、再贴现规模变动、公开市场拆借规模变动产生显著的冲击效应，进而对银行信贷、通货膨胀等产生显著影响。

对式（9-4）向前积分求解，得出政府视角的均衡价格水平：

$$P_t^* = \frac{le_t + rd_t + b_t}{\sum_{\iota=0}^{\infty} \lambda_{t,\,t+\iota}(\tau_{t+\iota} + \tau_f + e_t + s_{t+\iota} + pe_t - g_{t+\iota})} \tag{9-5}$$

其中，$g_t = g_{ct} + g_{it}$，$\tau_f = m_t - m_{t-1}$，$s_t = \frac{\pi_t}{1+\pi_t}m_{t-1}$，$e_t = \frac{\pi_t - \pi_t^{\ e}}{1+\pi_t}(1 + i_{t-1})b_{t-1}$，$le_t = \int_{i=1}^{\infty} le_{it}\mathrm{d}le$，$pe_t = \sum_{i=1}^{n} pe_{it}$。

此时，大政府可以通过税收、征收通胀税、铸币税、企业利润、预期外通胀对公债和银行贷款利息的抵免等收入来支撑企业的政府支出和企业投资，此时的均衡价格还取决于企业的银行贷款规模。

据此得出待检验命题9-2：一国长期稳态价格不仅取决于政府债务规模、税收与支出，而且受国有企业投资、贷款与利润影响；政府常倾向于优先经济增长、次控制通货膨胀，而这表现出来的是金融控制、金融膨胀及通货膨胀。

三　财政政策传导与金融波动

一般研究文献认为，通货膨胀是一个货币问题（弗里德曼，1993）。最新研究文献表明，价格水平决定的财政理论命题成立。我们从这两个方面分析最优解。

（一）最优货币政策解

经济增长由卢卡斯总供给函数给定，其形式为：

$$y = y^* + a(\pi - \pi^e) + e$$

通货膨胀则由货币供给增长率、货币流通速度干扰和经济增长率等因素决定，但鉴于货币流通速度受制度性因素决定短期内不变，我们假设 $\pi = \Delta m$ 。政府设定 Δm 时，给定公众预期通胀率 π^e 。将两者代入巴罗函数得偏好于经济增长政府的目标决策函数式（9-1），那么，政府此时决策就是求解函数式（9-1）取最大值时的货币供给增长率 Δm 和经济增长率 y。此时求解 $U_g = \psi_1[a(\Delta m - \pi^e) + e] - \psi_2(\Delta m - \pi^*)^2$ 的最大值。在已知 e 和给定 π^e 的条件下，选择最优 Δm 的一阶条件为：

$$\Delta m^* = \frac{a\psi_1}{2\psi_2} + \pi^*$$

（二）最优政府支出解

假设政府支出与产出呈逻辑曲线关系，当政府支出为0时，产出为 γ ，随着政府支出增加、产出增加，且速率增加；当政府支出增加到一定水平后，继续增加的挤出效应越来越显著，产出增加速率下降，最终产出趋于某一值。因此，假定产出与政府支出满足关系式 $y = \ln[g_t - \bar{g}]$ 。由函数式（9-5）推出：

$$\pi = \frac{b + rd + le}{\lambda(\mu\Delta m + s_g + pe - g_t)} = \Delta m$$

其中，μ 为货币变动的铸币税弹性。将其代入式（9-1），得：

$$U_g = \psi_1[\ln(g_t - \bar{g}) - y^*] - \psi_2(\Delta m - \pi^*)^2$$

$$g_t = \mu\Delta m + s_g + pe - \frac{b + rd + le}{\Delta m}$$

$$\Delta m = \frac{g_t - pe - s_g \pm \sqrt{(s_g + pe - g_t)^2 + 4\mu(b + rd + le)}}{2\mu}$$

根据符号经济意义得出：

$$\Delta m = \frac{g_t - pe - s_g + \sqrt{(s_g + pe - g_t)^2 + 4\mu(b + rd + le)}}{2\mu}$$

将其代入政府目标函数得出式（9-6）：

$$U_g = \psi_1[\ln(g_t - \bar{g}) - y^*] - \psi_2\left[\frac{g_t - pe - s_g + \sqrt{(s_g + pe - g_t)^2 + 4\mu(b + rd + le)}}{2\mu} - \pi^*\right]^2 \quad (9-6)$$

求解式（9-6）关于 g_t 的导数，得出式（9-7）：

$$\frac{dU_g}{dg_t} = \frac{\psi_1}{g_t - \bar{g}} - \frac{\psi_2}{\mu}\left[1 - \frac{(s_g + pe - g_t)}{\sqrt{(s_g + pe - g_t)^2 + 4\mu(b + rd + le)}}\right] \quad (9-7)$$

政府支出变动最优值：

$$\frac{(s_g + pe - g_t)^2}{(s_g + pe - g_t)^2 + 4\mu(b + rd + le)} = \frac{\psi_2^2(g_t - \bar{g})^2 - 2\psi_2\mu\psi_1(g_t - \bar{g}) + \mu^2\psi_1^2}{\psi_2^2(g_t - \bar{g})^2} \quad (9-8)$$

分析政府的货币增长最优值可以得出，最优政府支出 g_t^* 取决于政府债务规模、国有企业贷款规模、国有企业利润规模、政府投资和通货膨胀权重，且政府债务规模、国有企业贷款规模、国有企业利润规模越大，视角的货币增长最优值就越高，越利于保障政府投资；而越高的投资越需要更大的政府债务规模、国有企业贷款规模和国有企业利润规模，越有提高货币增长率的需求。因此，这些参数之间形成相互推进的上升螺旋。

根据论述得出命题 9-3：政府支出、政府债务等财政政策变量与银行信贷、货币增长等金融变量之间相互推进。

第三节　实证分析

一　变量选择与数据来源

（一）变量选择

金融周期变量在前文已经有所阐述，本书主要选择银行贷款、股票指数、房产销售价值、利率、汇率五个变量。财政政策变量根据主体范围分为总量财政政策变量、中央财政政策变量和地方财政政策变量，根据财政资产负债表分为财政收入变量、财政支出变量和财政余额变量。根据财政预算制度，分为预算内财政收支和预算外财政收支。根据本书研究分析的层次推进，选择相应变量的规则如下：

在研究财政政策总体对金融周期的影响时，本书分别选择财政支出总额占 GDP 比重（*goo*）、总财政余额占 GDP 比重（*gcc*）等变量，主要用于刻画财政政策总量对金融周期的影响，这与前文的模型推理直接相关。

为进一步深入研究财政政策内部不同部分对金融周期的影响大小，本书选择预算内财政支出占 GDP 比重（*goo_i*）、预算内财政余额占 GDP 比重（*gcc_i*）、预算外财政支出占 GDP 比重（*goo_o*）、预算外财政余额占 GDP 比重（*gcc_o*）等变量，分别用于刻画预算内财政政策、预算外财政政策对金融周期的影响。

从中央与地方财政政策对金融周期影响的角度，进一步深入研究财政政策内部不同部分对金融周期的影响大小时，本书选择中央财政支出占 GDP 比重（*goo_c*）、中央财政余额占 GDP 比重（*gcc_c*）、地方财政支出占 GDP 比重（*goo_d*）、地方财政余额占 GDP 比重（*gcc_d*）等变量，分别用于刻画中央财政政策和地方财政政策对金融周期的影响。

在分析中央地方财政结构对金融周期波动的冲击效应时，由于中央、地方财政结构变量之和等于 1，所以本书只选择中央财政政策结构变量，变量分别为中央预算内收入占全部预算内资金收入比重（*gciir*）、中央预算内支出占全部预算内资金支出比重（*gcior*）、中央预算外收入占全部预算外资金收入比重（*gcoir*）、中央预算外支出占全部预算外资金支出比重（*gcoor*）。同时，在 1995 年中央银行制度确立前，主要金融变量为银行信贷，银行信贷是财政政策的重要辅助性工具。因此，与此对应的金融周期变量为银行信贷年度波动率（*bc*（2））。

相应地，在金融周期变量选择上，由于利率、汇率、股指波动率的统一性，这些变量只在财政总量分析和预算内外分析中使用。在研究财政主体结构变量对金融周期影响时，金融周期对应的结构变量主要是各地的银行贷款。

本书将地方层级界定为省级。

（二）数据来源

根据计量方法和模型，本书使用如下变量：财政支出占 GDP 比率（*goo*），财政余额占 GDP 比率（*gcc*），银行信贷波动率（*bc*（1）），股指波动率（*si*）、银行间隔夜拆借利率波动率（*ri*）、真实有效汇率波动率（*ei*）。这些变量的数据为月度数据，数据区间为 1997 年 1 月至 2012 年 12 月。变量的数据为年度数据，*gciir*、*gcior*、*bc*（2）的数据区间为 1953—2012 年；*gcoir*、*gcoor* 的数据区间为 1982—2012 年。数据来源于历年《中国统计年鉴》和中国经济网，或根据其计算得出。各变量描述统计特征如表 9-1 所示。

表 9-1 财政、金融变量数据描述统计分析

	goo	*gcc*	*bc*（1）	*si*	*ri*	*ei*	*gciir*	*gcior*	*gcoir*	*gcoor*	*bc*（2）
均值	0.0124	0.0666	-0.5247	0.4190	-0.1546	0.1266	39.7567	43.8667	20.0936	19.5194	16.1426
标准差	0.0098	0.3462	7.2238	6.8009	26.5081	1.4556	18.8266	16.0027	15.5226	15.1801	14.4313
偏度	1.4827	2.2051	2.2488	0.4779	-1.1578	-0.0196	0.54287	0.2459	0.4921	0.4910	1.3141
峰度	8.4101	14.8172	28.0395	3.6502	7.6568	3.1870	2.5575	1.9289	1.4025	1.4114	8.6857
样本数	186	186	186	186	186	186	60	60	31	31	60

注：*bc*（1）是银行信贷波动率月度数据，*bc*（2）是银行信贷波动率年度数据。①1993—1995 年和 1996 年的预算外资金收入包括的范围有所调整，与以前各年不可比。从 1997 年起，预算外资金收入不包括纳入预算内管理的政府性基金（收费），与以前各年也不可比。②1993—1995 年和 1996 年的预算外资金收支范围分别有所调整，与以前各年不可比。从 1997 年起，预算外资金收支不包括纳入预算内管理的政府性基金（收费），与以前各年也不可比。③1993—1996 年的预算外资金收支范围分别有所调整，与以前各年不可比。从 1997 年起，预算外资金收支不包括纳入预算内管理的政府性基金（收费）。从 2004 年起，预算外资金收支为财政预算外专户收支。

二 单变量谱分析

单变量谱分析前，需检验变量平稳性。利用 ADF 检验法进行检验，结果见表 9-2。分析结果得出，财政变量一阶平稳，金融变量平稳，可进行谱分析。

表 9-2　股指波动率、汇率波动率的平稳性检验

变量	ADF 检验值	ADF 检验临界值			结果
		1%	5%	10%	
goo *	-34. 6778	-3. 4685	-2. 8782	-2. 5757	一阶平稳
gcc *	-8. 2621	-3. 4687	-2. 8783	-2. 5758	一阶平稳
bc (1) *	-11. 3452	-3. 4658	-2. 8770	-2. 5751	平稳
si *	-8. 1551	-3. 4587	-2. 8739	-2. 5734	平稳
ri *	-10. 4740	-3. 4587	-2. 8739	-2. 5734	平稳
ei *	-10. 0907	-3. 4587	-2. 8739	-2. 5734	平稳
gciir *	-2. 6474	-3. 5461	-2. 9117	-2. 5936	平稳
gcior *	-7. 9395	-3. 5482	-2. 9126	-2. 5940	一阶平稳
gcoir *	-6. 3669	-3. 6793	-2. 9678	-2. 6230	一阶平稳
gcoor *	-6. 1898	-3. 6793	-2. 9678	-2. 6230	一阶平稳
bc (2) *	-3. 7628	-3. 5461	-2. 9117	-2. 5936	平稳

注：* 表示在 1%显著性水平下显著。采用 MacKinnon（1996）单边 P 值检验。

单变量谱分析结果，见表 9-3，财政支出占 GDP 比率 *goo* 、财政余额占 GDP 比率 *gcc* 与银行信贷波动率 *bc* 具有几乎等长的主周期（约 32 年）和次周期（约 6 年），相比之下，股指波动率 *si* 、银行间隔夜拆借利率 *ri* 、真实有效汇率 *ei* 等金融市场价格指标的主周期较短（27. 57 年以下），但仍接近于财政指标波动率，且利率、汇率波动主周期是股指波动周期（13. 79 年）的倍数。因此，从单变量谱分析结果可知，财政支出波动与金融波动之间存在密切的周期联动关系。

表 9-3　变量波动单变量谱分析

变量	主周期（年）	谱密度	次周期（年）	谱密度
goo	32. 12	166. 132	6. 42	643. 318
gcc	32. 12	40. 274	6. 02	156. 217
bc (1)	32. 46	65. 99	6. 49	46. 57
si	13. 79	5074. 39	2. 12	1859. 28
ri	27. 57	6613. 60	3. 06	14626. 81
ei	27. 57	67. 92	8. 27	101. 43

注：为与经济周期传统描述一致，样本数据为月度数据的转化为年度数据。

三 交叉谱分析

为计算金融变量周期之间的相关性和时滞大小，我们需估计三个核心的交叉谱统计量，即一致性、相位谱（可计算出时差）和周期。一致性可用来确定构成现实经济周期各变量间关联性的强弱程度，反映变量的波动关系及其运行规律，取值［0，1］。相位谱用于计算领先指标与联动指标之间的时间差，从而通过领先和滞后关系的测定来预测和推断经济周期可能或应该出现的转折点。周期描述两变量的共振周期。交叉谱分析结果如表 9-4 所示。综合分析交叉谱分析结果得出：第一，财政余额比率与金融波动变量的一致性高于财政支出比率，财政余额占 GDP 比率（*gcc*）与银行信贷波动率（*bc*）、股指波动率（*si*）、银行间隔夜拆借利率波动率（*ri*）、真实有效汇率波动率（*ei*）的一致性一般高于 0.5，而财政支出占 GDP 比率（*goo*）与银行信贷波动率（*bc*）、股指波动率（*si*）、银行间隔夜拆借利率波动率（*ri*）、真实有效汇率波动率（*ei*）的一致性一般低于 0.5。第二，财政政策变量与银行间隔夜拆借利率波动的一致性最高，与真实有效汇率波动的一致性次之。*gcc* 与银行信贷、利率、汇率等金融变量波动的周期一致性都高于 0.5，与股指波动的一致性为 0.43，这一定程度说明财政政策对中国银行信贷、国际贸易的调控效应比较显著，既有短期效应，亦有长期作用，但对股指的长期走势影响较低。

表 9-4　样本国股市波动交叉谱分析

变量	周期（月）	一致性	相位谱	时差	增益
goo 与 *bc*（1）	287.428	0.182	0.144	6.587	287.428
goo 与 *si*	287.428	0.403	-2.309	-105.627	287.428
goo 与 *ri*	164.266	0.494	2.760	72.157	164.266
goo 与 *ei*	143.714	0.343	1.827	41.789	143.714
gcc 与 *bc*（1）	191.619	0.559	2.707	82.556	0.480
gcc 与 *si*	287.428	0.427	0.829	37.923	0.071
gcc 与 *ri*	229.985	0.749	0.713	26.098	0.047
gcc 与 *ei*	191.619	0.669	-1.133	-34.553	0.383

同时，从财政支出、财政余额与银行信贷的滚动相关系数可以看出，财政政策变量因经济状况波动对银行信贷具有间歇性冲击影响，虽然平均相关系数几乎为 0，但峰值多为 0.8，且频率非常高。见图 9-3。

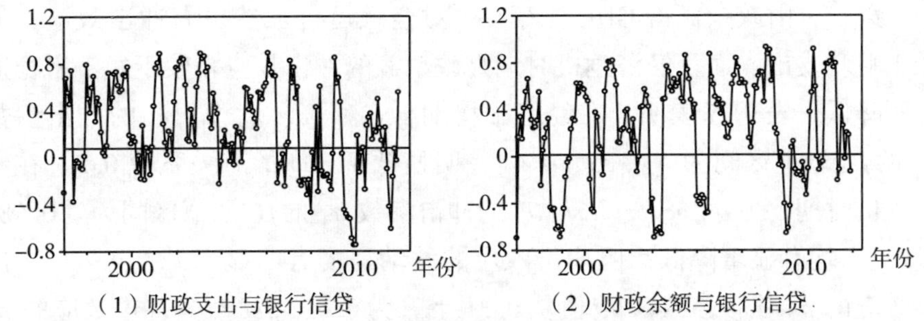

图 9-3　1997 年 1 月至 2012 年 6 月财政政策与银行信贷滚动相关系数

四　金融运行的政府支出冲击效应：Copula-GARCH 模型

金融运行的政府支出冲击效应 Copula-GARCH 检验结果如表 9-5 所示：第一，财政支出占 GDP 比率（*goo*）对金融运行具有明显的冲击效应。*goo* 对银行信贷波动率（*bc*）的冲击系数接近 0.5，且在危机时期 π_1 的依赖参数 β_2 取值从 0.4987 上升到 0.4998，财政支出对银行信贷冲击效应扩大；相应地，*goo* 对银行间隔夜拆借利率波动率（*ri*）在危机时期 π_1 的依赖参数 β_2 取值从 0.4996 上升到 0.4999。*goo* 对股指波动率（*si*）、真实有效汇率波动率（*ei*）的冲击参数 π_1 取值虽然接近 0.5，但经济平稳期与危机期的冲击影响波动不大。这表明，危机时期，政府支出可以影响银行信贷行为，但对更多由经济面决定的股指和由国外经济面决定的真实汇率影响有限。

表 9-5　金融变量多变量转化机制 Copula 模型估计

冲击变量	观察对象	时段	π_1		π_2		γ	似然对数值
			1997 年 1 月至 2007 年 12 月	2008 年 1 月至 2012 年 6 月	1997 年 1 月至 2007 年 12 月	2008 年 1 月到 2012 年 6 月		
		ω	β_1	β_2	β_1	β_2		
goo	*bc*	0.4941	0.4987	0.4998	0.2076	0.4985	126.4503	355.8325
	si	0.4998	0.4999	0.4986	0.0694	0.2042	188.6818	635.4179
	ri	0.4991	0.4996	0.4999	0.0176	0.2378	26.4200	678.1416
	ei	0.4968	0.4992	0.4988	0.0913	0.3795	32.7132	430.4297
gcc	*bc*	0.1435	0.3738	0.1845	0.3064	0.4987	72.1064	296.5654
	si	0.2209	0.2570	0.0851	0.0760	0.1633	10.5560	565.6301
	ri	0.0604	0.3395	0.0641	−0.0490	0.2143	10.0434	609.1037
	ei	0.1551	0.3697	0.1420	0.1441	0.3585	10.8744	374.6996

第二，财政余额占 GDP 比率 *gcc* 对金融运行虽然也有冲击效应，但低于财政支出，而且经济危机时期财政余额的冲击效应相较于经济平稳期有所降低。表 9-5 表明，在经济平稳期 *gcc* 对 *bc*、*si*、*ri*、*ei* 的冲击参数 π_1 的 β_1 取值区间为［0.25，0.4］，明显低于 *goo* 的有关系数 0.5。在经济危机时期，*gcc* 对 *bc*、*si*、*ri*、*ei* 的冲击参数 π_1 的 β_2 取值区间为［0.08，0.19］，均有显著降低；但冲击效应的波动程度有明显上升，*gcc* 对 *bc* 冲击效应的 π_2 依赖参数 β_1 取值从 0.31 上升为 0.50，*gcc* 对 *si* 冲击效应的 π_2 依赖参数 β_1 取值从 0.08 上升为 0.16，*gcc* 对 *ri* 冲击效应的 π_2 依赖参数 β_1 取值从-0.05 上升为 0.21，*gcc* 对 *ei* 冲击效应的 π_2 依赖参数 β_1 取值从 0.14 上升为 0.36。Copula-GARCH 检验结果进一步证明，金融体系面临政府行为时所受到的政府支出冲击效应。

本章小结

通过上述分析可以初步得出：政府财政支出波动通过对基础货币变动、再贴现规模变动、公开市场拆借规模变动产生显著的冲击效应，进而对银行信贷、通货膨胀等产生显著影响。在政府常倾向于优先经济增长、其次控制通货膨胀的条件下，财政对金融的冲击表现为金融膨胀及通货膨胀。中国 15 年来的月度数据表明，财政支出波动与金融波动之间存在密切的周期联动关系，但具体对各金融变量的影响程度各不相同，财政政策对中国银行信贷、国际贸易的调控效应比较显著，既有短期效应，亦有长期作用，但对股指的长期走势影响较低。财政支出对金融运行具有明显的冲击效应，财政余额对金融运行虽然也有冲击作用，但低于财政支出，而且经济危机时期财政余额的冲击效应相比经济平稳期有所降低。其原因可能在于，经济危机时期财政收支规模亦受到冲击，因此造成调控力度下降。本章研究结论的政策含义在于，财政政策在调控经济，特别是危机时期刺激经济时，亦对金融具有显著的冲击作用，这样容易将实体经济的风险转化为金融体系风险，进而财政又不得不对金融风险进行化解。财政政策对经济的调控更应该注重经济的基础层面、产业结构层面和技术发展层面，而不是简单地上项目、增投资。

第十章

中国金融周期与政治经济效应

在梳理政治经济周期理论的基础上，比较中西方国家该理论前提、内在逻辑的差异，并从实际出发提出相关命题，建立计量模型，运用中国1953—2010年的年度数据进行实证研究。结果表明，两会召开周期（中央政府换届）与经济波动周期之间存在较显著的相关性；中央政府换届导致地方政府交流周期，政绩考核晋升机制使地方政府产生纵向、横向上的竞争，并形成周期性的经济发展举措，进而加大了对经济周期的影响；中央政府政治周期使财政政策、货币政策具有一定的顺周期特征，地方政府通过财政项目竞争、软预算约束以及货币信贷倒逼机制，扩大了财政政策、货币政策的顺周期性；在受到国际经济危机异常冲击时，我国财政政策、货币政策表现出平稳经济波动的特征。

第一节　引言

在古典经济学文献中，政治仅作为一种外生变量，对经济周期的影响微乎其微。随着人们对经济波动的研究探索，政治作为一种制度安排，已被界定为经济周期模型中的一个重要内生变量，这也是政治经济周期理论的一个共识。大量研究文献指出，中国经济波动呈现循环周期性（刘树成，1996；Naughton，1986；林毅夫，1998）。毋庸置疑，政治在一定程度上左右着中国经济的波动周期，因而把握政治周期特征对稳定中国经济运行具有重要意义。

凯恩斯主义认为，不稳定性是市场经济所固有的，这种不稳定性会导致产出和就业的波动，使社会福利减少，因此主张政府能够并且应该采用相机抉择的货币政策和财政政策纠正这种不稳定性。在凯恩斯主义革命的初期，熊彼特就意识到，在一个存在竞争选举政治家的民主政体中，经济政策必然会受到影响。20世纪40年代初，卡莱茨基根据美国罗斯福“新政”情况和法国布鲁姆政府经济政策的经验，提出了资本主义将难于避免政治经济周期的结论。此后，关于政治商业周期的研究逐渐发展为两个分支：一是关于机会主义政府政治商业周期，二是关于派性政治周期。有关OECD各国“二战”后的经验证据表现出系统性的选前扩张政策，并且在实际变量和通货膨胀中存在着选后派性周期。

人们倾向于用机会主义政府谋求连任并利用选民的非理性来解释政治商业周期。非理性的选民或理性但拥有不完全信息的选民，在其经济决策和投票决策是回顾式的条件下，通常认为富有才干的执政者其执政期间经济表现出较高的就业率或经济增长率。这诱使政府在选举前扩大总需求，以显示其富有才能，谋求连任；在选举后会立即采取衰退性的经济政策，以便能在下一届选举之前赶上一个经济繁荣时期。因此，政府可以通过故意使经济不稳定，产生政治经济周期的机会主义行为，从而获得收益（Nordhaus，1975）。Alesina 等（1997）提供了关于 OECD 国家选举周期的证据，他们对总需求政策中的政治周期的理论研究进行了考察。福斯特和艾恩斯（1999）从时间序列的角度仔细考察了美国的派性周期。

国内学者也开始关注政治周期对国家商业周期的影响。Tao Yifen（2004）指出，中国的经济周期表现为明显的政治经济周期，自1987年以来，每次中共的代表大会期间，都有放松银行信贷的现象，总固定资产投资增长率的4次峰值分别出现在中共十三大、十四大、十五大和十六大召开的次年。范方志等（2005）研究发现，“每次党代会或重要人代会召开当年或下一年，经济增长率都呈上升趋势，至少要高于上年经济增长率。……政府采取经济调整政策的当年或下一年，经济增长率都出现转折，并呈下降趋势”，并得出“政府对中央银行独立性的控制在中国政治经济周期的形成过程中扮演了重要作用”的结论。祝青（2006）的研究发现，地方政府通过进行管制和信贷干预影响了资本深化路径，进而影响了投资储蓄转化机制，最终影响了经济波动以及经济增长的长期趋势。刘瑞明、白永秀（2007）在一个以控制权收益为基础的晋升激励框架下，考察中国经济周期的形成。本书研究发现，由于政府保持着经济的控制权，政府组织中晋升激励体制的周期性和中央政府的宏观调控共同构成了中国经济周期性波动的主要成因，中国的经济周期本质上是“晋升体制周期”和“宏观调控”结合的产物，这推翻了学界“宏观调控是经济周期的应对手段”的一贯认识。

通过梳理国外政治商业周期文献，我们发现，直接套用现有的理论模型来研究中国问题得出的结论必然将谬以千里，即使对模型进行分割组装或修修补补都不会得出对中国经济发展有实质意义的结论。因为，中国不存在党派竞争，因而不存在人为操纵经济波动而谋求当选的机会主义行为，这使以机会主义假设和派性假设为重要前提的西方政治周期理论不再成立；而且在中国的人民代表大会制度下，经济中具有大量的相异个体，他们的投票评价函数可能具有很大区别，具有最后选票权利的集团偏好峰值往往不同于没有最后选票权利群体的峰值，并且个体选择具有相当的外部性，这样无法形成集中的资源配置趋势，导致政府选择同个体选择出现差异，使政策非相容。在理论前提和实践基础显著不同于西方的情况下，研究中国的政治商业周期必须重建架构。国内研究文献对中国的政治经济周期进行了描述和检验，实证检验了政治周期与经济周期之间的关系。然而，尚未从中央到地方、从财政到货币等角度全方位地剖析政治经济周期的逻辑关系和数量关系。笔者试图弥补这一缺陷，并利用 1953—2010 年的相关数据进行实证。

第二节 理论分析

一 政府主导型经济与政治周期：制度背景

中国是一种自上而下的政府主导型经济，政府在经济发展过程中起着极为重要的导向和调控作用，政府的行为决策周期决定了中国经济的波动周期。管理社会的政府类似于企业的组织，同样依赖于权威的作用才能有效运行（Coase，1937）。刘瑞明、白永秀（2007）将政府控制权为政府组织中等级官员带来的收益称为“政府控制权收益”。中国政府控制权的增大具体表现在两个方面：一是官级的晋升，以及由此而来的名誉满足、福利增加、在职消费和灰色收入等（周黎安，2004；Ye Chen et. al，2005）。二是财政分权下地方政府的经济激励。从政府控制权收益的角度出发，财政分权激励可被理解为一种政府官员的横向“自我晋升”激励，传统的晋升激励可被理解为纵向晋升激励（刘瑞明、白永秀，2007；尚虎平，2007）。在这一制度背景和激励机制下，由于委托—代理（民众—

政府）之间的信息不对称，往往周期性地爆发道德风险（即非持续发展的短期行为），而这种周期性的短期行为必然导致经济的周期性波动。

二 政治经济周期：逻辑分析

中国政府领导换届调整、周期性的经济计划、地方政府交流、不同利益集团影响力变化等因素，导致了不同程度的政治经济周期。

（一）中央换届、发展规划与经济周期

中国政府的政治行为不同于西方国家政府（为了赢得选举而人为地创造周期来为自己选举获得投票，在任期末创造经济的复苏和最符合公民意愿的失业率和通货膨胀率），“两会”产生的政府上任之后在发展经济上表现出一定胜过前任的信心和决心，并由此产生政治行为周期：一是中央政府的“政治动员冲击”所引起的经济扩张期，二是中央政府的“政治命令冲击”所引起的经济收缩期（范方志等，2005）。这体现为：在人代会和党代会召开后，产生新的领导人，提出新的奋斗目标，制定新的经济规划，实施新的经济政策，发出新的总动员，在党内外和全国上下普遍取得共识，掀起新的经济建设高潮，促使经济的繁荣高涨。当新政实施促进经济快速增长过热时，产生通货膨胀、投资过热、重复建设等问题，中央政府实施紧缩性经济政策和产业政策，抑制经济过热，进而引致经济相对衰退。人代会、党代会周期，及五年规划周期，构成了经济周期的政治动力。因此，“两会”周期与经济波动周期之间存在较显著的相关性。

（二）地方交流、考核激励与经济周期

Blanchard 和 Shleifer（2001）认为，中共中央拥有绝对的权威并继续任命地方的官员，因而有能力奖励和惩罚地方官员的行为。因此，中央政府领导的选举换届，往往导致地方政府领导班子调整、交流。地方政府交流期一般为 3—5 年，交流期所管辖地区的相对经济增长速度关系到中央对其的政绩评估和下一步的升迁情况。周黎安（2004）明确指出，“地方官员合作困难的根源并不主要在于地方官员的财税激励及他们所处的经济竞争性质，而是在于嵌入在经济竞争当中的政治晋升博弈的性质”。在政绩考核动力下，交流的干部会对政治晋升激励等做出理性的反应，即为晋升而努力工作，力争取得“突出成绩”，从而获得更大的晋升可能性，但亦存在交流期间具有追求经济增长、缺乏长期动态稳定的短期行为等特征。定期交流变动的“一把手”，不断想方设法拉升经济增长率以高于前

任官员，并通过权威的层级关系，掌控着辖区经济发展的方向和方式。这种周期性地方政府“一把手”交流制度形成了思路、政策、举措等周期性变动的政治动力，进而导致经济增长率、投资、消费等经济指标的周期性波动。地方政府的政治行为合力形成了全国范围内的政治经济周期。因此，不同地方政府换届数据与经济增长率波动之间存在较显著的正相关性。

三 政治经济周期：途径分析

（一）中央政府与宏观调控政策的顺经济周期性

1. 中央政府、政治周期与财政政策顺周期性

财政政策的目标在于通过相机决策促进经济的稳定运行，减少或规避较强的经济波动给市场决策造成的不确定性。尽管理论上分析财政政策具有内在稳定性功能，但能否实现这一目标，无论是发达国家还是发展中国家经验证据都没有对此做出一个明确、肯定、有力的回答。凯恩斯及其追随者认为，财政政策的相机变化可以实现经济稳定。货币学派、新古典学派、真实周期学派等则认为，财政政策的调整不能有效地稳定经济，甚至可能会使经济的波动更加剧烈。本书认为，中央政府换届、党代会等政治周期促进了我国财政政策顺周期性的形成，影响了财政政策的凯恩斯效应。在我国，由于劳动力的充足性，不会临近充分就业状态，自然不符合卢卡斯（1973）和费尔德斯坦（1982）分析的结论，即当经济接近充分就业状态时，财政政策受供给面制约，对实际产出没有影响，扩张性财政政策的唯一结果就是使经济出现价格水平的普遍上升。也就是说，短期内财政政策可以通过意外方式对国民产出产生影响，但长期内也会因预期的逐步理性而变得无效。因此，我国的财政政策可以影响经济增长率的水平及变动，并具有顺周期特征，具体表现为政治行为与财政政策指标的同步周期变动，以及财政政策与经济周期的同步变动。

2. 政治周期、经济增长与货币政策顺周期性

无论从理论上还是从实证上，货币政策能否达到稳定经济发展的目的都存在激烈的争论。我们为不陷入货币供给性质争论的泥沼，在此假定央行可以控制一定数量的货币（至少包括基础货币）；为不陷入货币性质争论的泥沼，我们假定经济运行在非极端古典状态和非极端凯恩斯状态下，此时货币供给增加可以促进经济增长。我们的主要结论是，在中央银行独

立性难以保证的情况下，中央政府政治行为周期左右了货币政策决策，并使其产生顺经济周期特征。

政治经济周期理论的研究证明，政治家并不能最优地使用财政货币工具，货币政策经常成为政客谋求连任的工具，而不是为公众服务稳定经济。西方国家政府在选举日之前成功地通过扩张性货币政策刺激就业与经济增长，将有助于赢得选举，当随后通货膨胀预期缓慢地调整到较高水平时，已经成功当选的政府就需要立即执行一项紧缩性货币政策并忍受由此带来的失业率升高，以此降低通货膨胀预期直至下一个选举日，政府又可以故伎重施，随着选举的临近，以前年度的失业和通货紧缩被通货膨胀所带来的繁荣替代。此外，政府谋求连任的中介目标是政府支出融资，而不是改变通货膨胀和失业率。政治家们用支出计划购买选票，则需要获得更多的铸币税收入的支持，政治经济周期是附带结果，即政治铸币税周期。在我国，中央政府控制中央银行行为、动用货币政策自然不是为了谋求连任，主要目的是为了促进经济增长，惠民利民。但类似于西方政治经济周期理论的是，左右货币政策的路径是相同的，即扩大货币供给、银行信贷、降低利率等措施。因此，中央政府政治周期在一定程度上左右了央行货币政策选择，并使其产生顺周期特征，具体表现为政治周期与货币政策的同步变动以及货币供给、银行信贷的顺周期性。

（二）地方政府：财政预算软约束、货币信贷的倒逼机制与经济周期

信息约束使中央政府直接控制全部社会投资的效率大打折扣，因此试图通过财政分权、利用地方政府积极性提高效率。中国从计划经济体制过渡到市场经济体制，经历了三次财政分权（胡书东，2001）。每次分权在加强地方利益独立性的同时，也在一定程度上减少了地方财政收入比重，但其支出比重却平稳上升，这就更刺激了地方追求本地区总产出最大化的欲望。为了实现最大化，除了与中央讨价还价争取更多的财政拨款以外，争夺国有银行资金、积极引进外资成为首要选择（苗文龙，2007）。中国金融改革近40年，实质上也是地方政府与中央政府为争夺财政、金融资源而不断变化手段的过程。

1. 项目争夺、预算软约束与经济波动

20世纪80年代大规模的财税体制改革共有三次，虽然改革重点各不相同，但其本质相同，被学界称作财政包干制。在财政包干制的激励下，地方政府尽可能地增加地区经济利益，它们一方面通过争取政策以扩大地

方投资来增加财政收入，另一方面通过将预算内收入转化为预算外收入或体制外收入等方式来减少向中央政府应缴的比例。地方政府争项目、争投资的行为一直是推动那个时代经济增长的重要动力，它们就像当时的众多国有企业一样展开竞争。到 90 年代，地方政府的这种兄弟竞争不仅没有终止，反而通过如招商引资、优化投资环境等方式展开更激烈的竞争。1994 年开始的分税制改革虽然在内容和形式上已完全不同于财政包干，但它仍旧沿用财政分权的改革思路，也没有放弃对地方政府的财政激励（改变的只是激励的程度而已）。干部考核体系没有根本的变化，地方政府的投资冲动仍然存在，地方经济增长率仍是政府官员晋升的重要指标。为了减少财政支出压力同时保障经济增长，地方政府一方面通过提高预算外收入和体制外收入比重而增加自己的财政收入，另一方面积极向中央申请重大公共项目。这些措施随交流官员的思路、策略及影响力不同而发生周期性变动，进而导致地方政府投资的顺周期变动。

2. 银行信贷的倒逼机制与经济波动

黄达（1998）、张杰（1998）等学者研究发现，中国的货币供给存在地方政府的倒逼机制。在改革初期，中央不断扩大地方政府事权、财权，扩大企业生产经营自主权，扩大大中城市管理权，这使地方政府的权限得到扩张，一方面提高了地方发展本辖区经济的积极性，另一方面也为其提供了通过行政手段介入银行系统、争夺银行资金的便利条件，不同程度地加强了其控制国有银行的能力。这一时期，地方政府争夺银行资源的竞争表现为不同地区金融机构的竞争和金融规模的“高增长”。巴曙松等（2005）研究提出，中国在 2003 年农信社注资改革过程中，地方政府一方面难以割断争夺国有银行贷款的情结，对其施加影响，另一方面积极控股城市商业银行，利用城市商业银行资金作为国有银行的替代补充。1998 年开始，银行体系实施垂直化管理改革，地方政府也不得不放弃直接行政干预的手段，进而以协助、纵容、默许本辖区企业逃废银行贷款来争夺金融资源，如纵容企业借转制悬空银行债务，“赢了官司输了债”等（巴曙松等，2005）。地方政府争夺银行信贷的周期变动行为必然导致银行信贷的周期波动。因此，地方政府交流周期放大了财政政策、货币政策的顺周期效应。

第三节 实证分析

一 变量与数据说明

我们选取的变量主要有中央政府领导换届（*CG*）（换届时定为1，其他年份定为0）、经济增长率（*GDP*）、广义货币供给变动率（m_2）、金融机构各项贷款变动率（*bd*）、国家财政决算收入中各项税收变动率（*T*）、国家财政预算支出变动率（*G*）等变量。1953—2008年的经济指标数据来源于国家统计局公布的《中国统计年鉴》及中经信息网；其中，1953—1998年经济数据取自《新中国50年统计资料汇编》，1998—2008年各项数据取自各年统计年鉴。政府换届基于人代会和党代会的召开时间，我们根据党史资料获取“两会”的年份。

二 政治经济周期的初步判定

（一）人代会、党代会与经济增长率变动的耦合

为分析政府行为是否对经济造成周期冲击，我们首先观察政治行为变动期（或下期）经济变量是否也发生了变动，如果没有，证明政治不会对经济造成冲击，也就没有再深入论证的必要。由于“两会”对经济一般为正向效应，因此我们采用“峰—峰”分析法。胡鞍钢（1994）根据中华人民共和国经济史资料记载，对中国的政治周期进行了初步划分，我们在其基础上将时间延续到2008年。从1952年至今，按照人代会和党代会的召开为周期计算，共分为12个政治周期，其中1959年、1964年只开了人代会，上一年没有开党代会；1969年只开了党代会，次年没有开人代会；1973年党代会与1975年人代会间隔1年；其他年份都是上年开党代会、次年开人代会，周期为5年。这相应地对应12次财政支出增长率峰值、11个货币供给增长率峰值和10个GDP增长率峰值。具体描述如图10-1所示，政治周期与政策周期、经济周期基本吻合。

（二）政府换届周期与经济周期的H-P滤波分析

为进一步准确判断各指标周期之间的关系，利用H-P滤波法分离各变量的趋势成分与周期成分，结果如图10-2所示。分析发现，虽然GDP、财政支出、税收、货币供给、银行信贷等指标的变动率周期和政

治周期的振幅有所不同，但周期长度、周期频率、抵达周期波峰的时间都非常相似。具体表现为：第一，经济指标变量之间的振动频率相似。在 1978 年之前，各变量的振幅都较大，剧烈年份皆为 1958 年左右、1961 年左右、1969 年左右、1978 年左右；1978 年之后，除税收在 1985 年由于税制改革出现异常波动之外，各变量都比较平稳，从周期方面来说仍都有波峰波谷，一般为 1984 年左右、1993 年左右、2003 年左右。第二，经济指标变量与政治周期（即“两会”及中央政府换届周期）的振动频率相似。第三，扣除波动因素外，趋势的变动规律也较为吻合。因此，我们可以在一定程度上进一步证明中国政治经济周期命题成立。

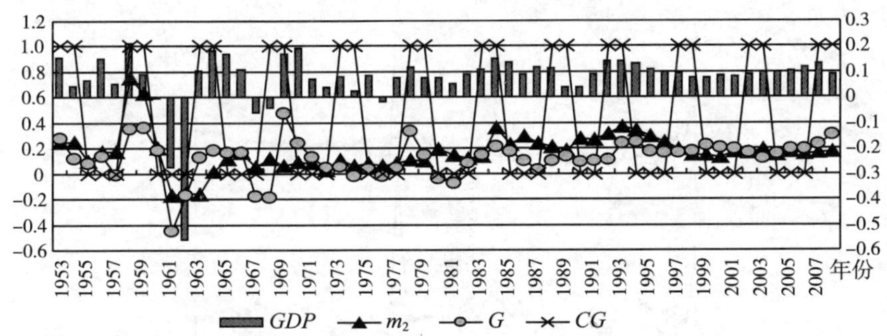

图 10-1　“两会”周期、政策周期与经济周期

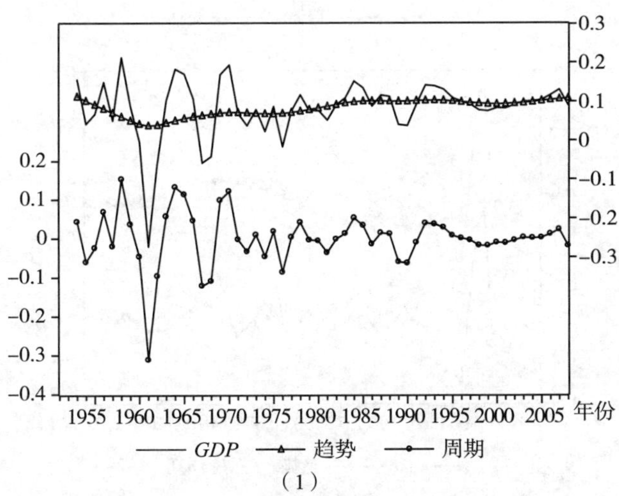

图 10-2　H-P 滤波法下政治周期、政策周期与经济周期（λ=100）

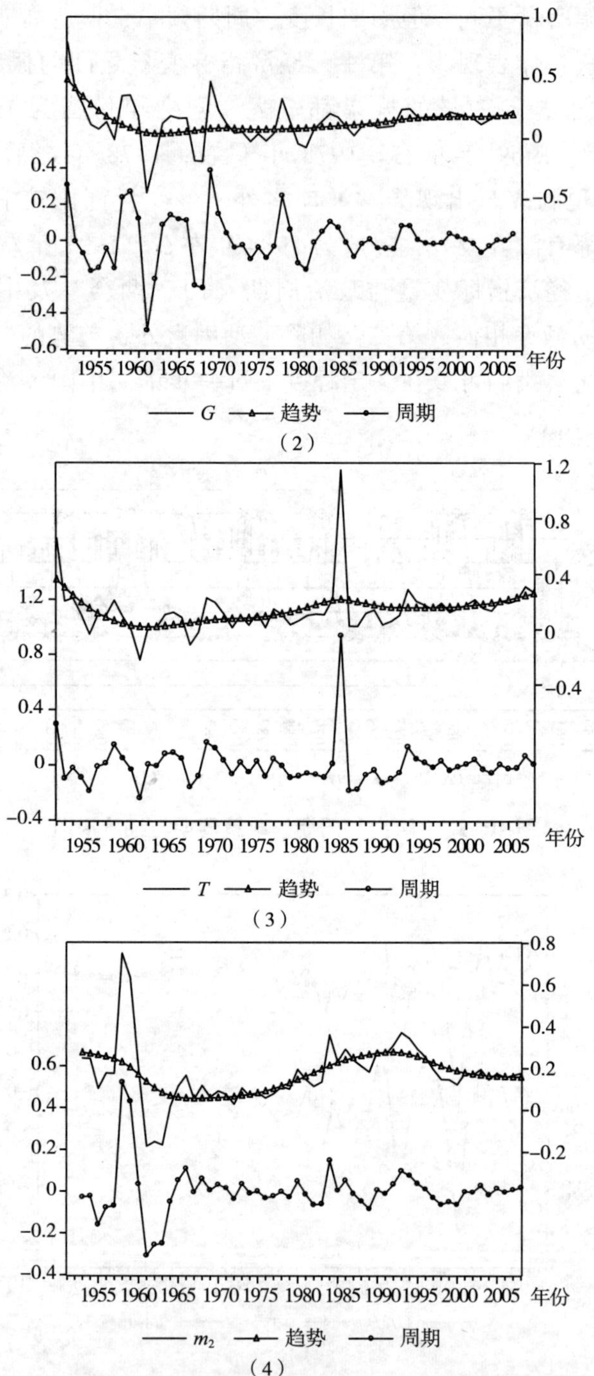

图 10-2 H-P 滤波法下政治周期、政策周期与经济周期（λ=100）（续）

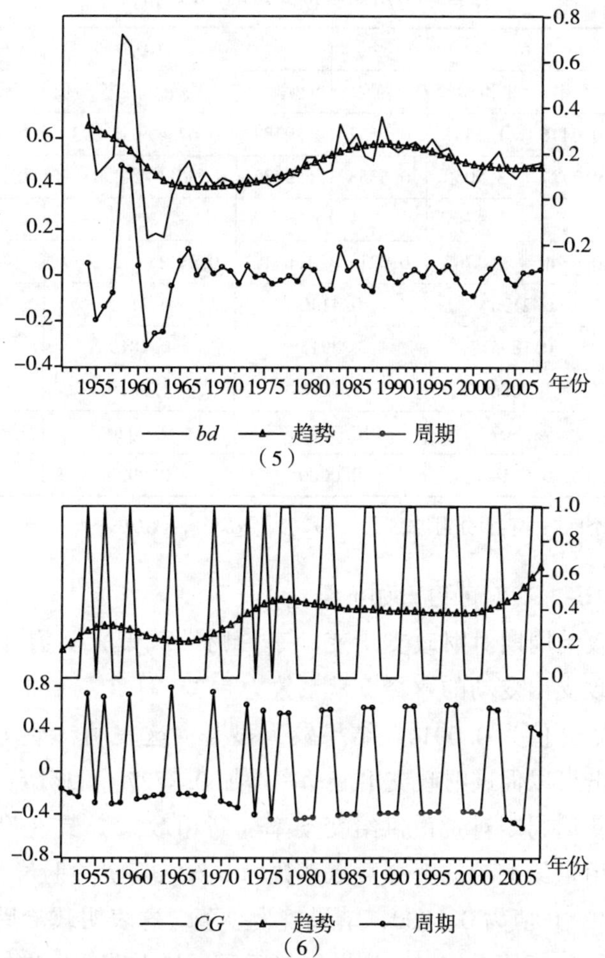

图 10-2　H-P 滤波法下政治周期、政策周期与经济周期（λ=100）（续）

三　政治经济周期的检验：虚拟变量回归与因果判断

（一）包含虚拟变量的 OLS 分析

上文的分析判定只是从定性观察或描述统计的角度论证政治经济周期命题是否成立，但不能准确刻画政治周期对各政策变量、经济变量冲击的贡献度。在此，我们仍遵循由浅入深的原则进行计量分析。由于政治周期变量为非“0”即“1”的是非变量（虚拟变量），因此，首先采用包含虚拟变量的 OLS 进行分析。计量结果归纳为表 10-1。

表 10-1　　包含政治周期虚拟变量的 OLS 估计

被解释变量 / 解释变量	G		m_2		GDP		GDP	
	系数	T 检验值	系数	T 检验值	系数	T 检验值	系数	T 检验值
C	0.0446	1.5837	0.0532	1.9787	0.6754	5.0951	0.0496	5.6524
X	0.3727	3.5050	0.6353	5.9933	0.3611	2.9585	0.4457	11.4841
Z	—	—	—	—	—	—	0.1135	3.0491
CG	0.0840	2.1787	0.0211	1.6412	0.0411	2.2037	—	—
R^2	0.2190		0.4140		0.2122		0.7212	
调整的 R^2	0.1895		0.3915		0.1819		0.7103	
D-W 值	1.8686		1.5828		1.6629		1.2506	
F 值	7.4307		18.3682		7.0020		65.9624	
P 值	0.0014		0.0000		0.0020		0.0000	

注：X 在四个回归方程中分别代表 G_{t-1}、$m_{2(t-1)}$、GDP_{t-1}、GDP。

分析表 10-1 我们可得出如下结论：

第一，政治周期对财政支出变动率（财政政策）具有显著影响。政治周期对财政支出变动的解释贡献系数为 0.3727，T 检验值为 3.5050，F 值为 7.4307、P 值为 0.0014，结果较为显著。这表明，平均而言，每次政治周期冲击可以促进财政支出变动率增加 0.3727 个百分点。

第二，政治周期对货币供给变动率（货币政策）具有显著影响。政治周期对货币供给变动的解释贡献系数为 0.6353，T 检验值为 5.9933，F 值为 18.3682、P 值为 0.0000，结果较为显著。这表明政治周期可以引起货币供给更为显著的增加，政府更依赖于运用货币政策促进经济增长，但也造成货币化指数奇高。“中国的货币化过程从一开始就同时为经济提供着数目可观的金融剩余。中国政府对弱财政与强金融的搭配固然是中国改革成功的一个因素，但这种搭配的实现显然是以中国特有的货币化区间为条件的”（张杰，1998）。检验结果显示，平均而言，每次政治周期冲击可以促进货币供给变动率增加 0.6353 个百分点。

第三，政治周期对经济增长率具有显著影响。政治周期对 GDP 变动率的解释贡献系数为 0.3611，T 检验值为 2.9585，F 值为 7.0020、P 值为 0.0020，结果较为显著。这表明，平均而言，每次政治周期冲击可以促进 GDP 变动率增加 0.3611 个百分点。

第四，政治周期通过财政政策、货币政策传导对经济增长变动率有显著影响。为避免政治周期变量与财政支出、货币供给之间的共线性问题，因此只将财政支出和货币供给变量代入 OLS 模型进行检验，解释贡献系数分别为 0.4457 和 0.1135，T 值、F 值、P 值都较为显著。结果表明，尽管政治周期下政府惯于使用积极的货币政策促进经济增长，但由于货币性质（货币是中性还是非中性）、货币供给性质（货币供给是内生变量还是外生变量）等问题的不确定性，货币供给对经济增长率波动的解释系数为 0.1135。相比之下，政治周期中扩大财政支出，提高投资基础设施、社会保障和社会救济等支出，对经济产生了显著的推动效应，特别是在由于国际冲击造成的经济大萧条期。

（二）多变量 Johanson 协整检验

由于政治周期变量为虚拟变量，单纯地检验上述变量的平稳性意义不大，在此，我们直接采用 Johanson 协整检验法，判断非平稳变量之间的协同变化关系，结果如表 10-2 所示。根据特征根和迹检验值，在 5%的显著性水平下，我们得出政治周期变量、GDP 增长率、货币供给变动率、财政支出变动率之间存在协整关系。这进一步证明了上述变量之间变动的相关性或共振，印证了政治经济周期、财政政策顺周期、货币政策顺周期等命题成立。以最大特征值对应的协整关系作为变量间的长期均衡关系，对第一个协整向量做正则化处理，得到对应的协整方程为表 10-2 最后一栏内容。这进一步证明，政治行为变动显著引起政策、经济的相应变动。

表 10-2　　经济变量的 Johanson 协整检验

原假设	特征根	迹检验统计量	5%显著性水平临界值	P 值	结果
0 个协整向量**	0.5659	125.8989	47.8561	0.0000	拒绝
至少 1 个协整向量**	0.5179	81.6733	29.7971	0.0000	拒绝
至少 2 个协整向量**	0.3833	42.9957	15.4947	0.0000	拒绝
至少 3 个协整向量**	0.2795	17.3745	3.84147	0.0000	拒绝

最优协整方程：

	GDP	G	m_2	CG
协整系数	1.0	0.721	0.508	0.411
T 检验值	(0.265)	(0.228)	(0.079)	
对数似然值	131.467			

注：** 表示在 5%显著性水平下显著。

（三）因果检验

尽管上文比较精确地分析了政府换届、“两会”召开通过调整财政政策、货币政策对经济周期的影响程度及变动关系，但未能证明政治冲击必然就是政策周期和经济周期的原因。为此，我们运用 Granger 因果检验法，以探究 1953—2008 年政治冲击、政策变量与经济增长波动的因果关系，具体结果如表 10-3 所示。

表 10-3　　中国政治周期与相关变量的因果检验

变量	原假设	观测点	概率	结果
CG，GDP	CG 不是 GDP 的格兰杰原因	54	0.08	拒绝***
CG，m_2	CG 不是 m_2 的格兰杰原因	54	0.06	拒绝**
CG，bd	CG 不是 bd 的格兰杰原因	53	0.05	拒绝**
CG，G	CG 不是 G 的格兰杰原因	55	0.09	拒绝***
CG，T	CG 不是 T 的格兰杰原因	56	0.05	拒绝**
m_2，GDP	m_2 不是 GDP 的格兰杰原因	54	0.06	拒绝**
G，GDP	G 不是 GDP 的格兰杰原因	53	0.03	拒绝**
m_2，G	m_2 不是 G 的格兰杰原因	53	0.02	拒绝**

注：** 表示在 5%显著性水平下显著；*** 表示在 10%显著性水平下显著。

从表 10-3 中的结果可以看出，在 10%的显著水平下，政府换届交流形成的政治周期是 GDP 增长变动、货币供给增长变动、财政支出增长变动的格兰杰原因，在 5%的显著水平下是银行信贷增加波动、税收增加波动的格兰杰原因；货币供给增长波动、财政支出增长波动分别在 10%、5%的显著性水平下是经济增长波动的格兰杰原因；货币供给增加波动可导致财政支出增加的波动，这在一定程度上反映了铸币税增加导致财政收入增加，进而影响财政支出的波动。

（四）VAR 脉冲响应分析

政治周期对政策和经济的冲击存在时滞，为检验时滞的长短和冲击的峰值，我们采用 VAR 模型中的脉冲响应分析“两会”后的政府换届交流在晋升激励下对政策变量 i 和经济变量 y 的当期冲击和动态滞后冲击。检验结果如图 10-3 所示。

政府换届交流形成的政治冲击对财政支出具有正面效应，在第 1 年财政支出增加达到峰值，此后效应逐渐降低，在第 3 年甚至稍微有负面效应，此后效应消失。货币供给受政治冲击影响，在第 3、第 4 年达到峰值，此后影响逐渐削弱、消失，这种时滞在一定程度上反映了政治冲击对货币政策的影响时滞长于财政政策。政治冲击对 GDP 增长率的影响，首先在第 2 年表现为负面效应，此后逐渐转化为正面效应，并在第 4 年达到峰值。政治冲击对银行信贷的冲击效应类似于对货币供给的冲击，在第 3、第 4 年达到峰值，表明政府官员交流的中后期单纯依靠财政投资力度有限，必须动用金融储蓄来促进经济增长，因此向银行施加压力，争取更多的额外贷款。在全国范围内，各地政府争夺金融贷款的合力促进了货币供给的不可控性增强。政治周期对税收冲击在第 3 期达到峰值，财政能力达到鼎盛。一般而言，交流周期以 5 年作为分界点，上任初期治理前任遗留问题、中后期逐渐营造出本届领导班子的政绩效果。因此，政治冲击的正向效应出现在第 3 年以后，这同西方政治经济周期存在某种程度上的相似。

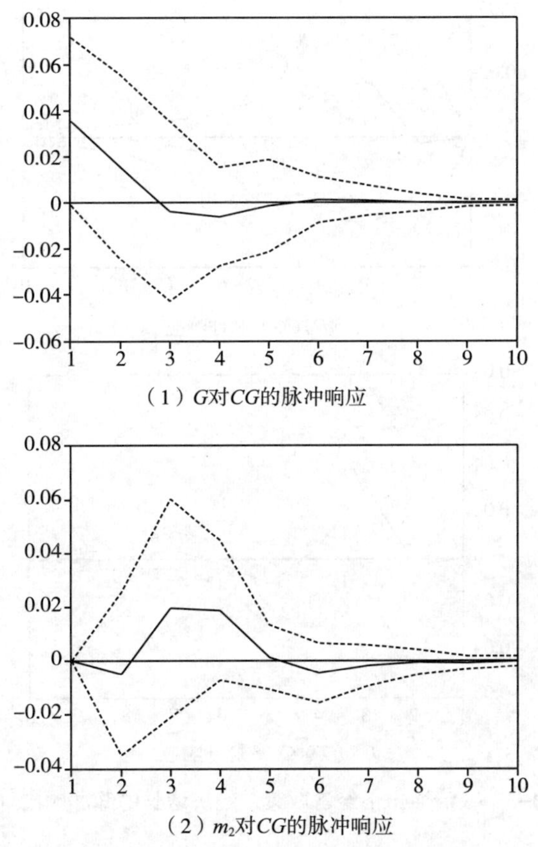

（1）G对CG的脉冲响应

（2）m_2对CG的脉冲响应

图 10-3　政治冲击下经济政策、经济增长的脉冲响应

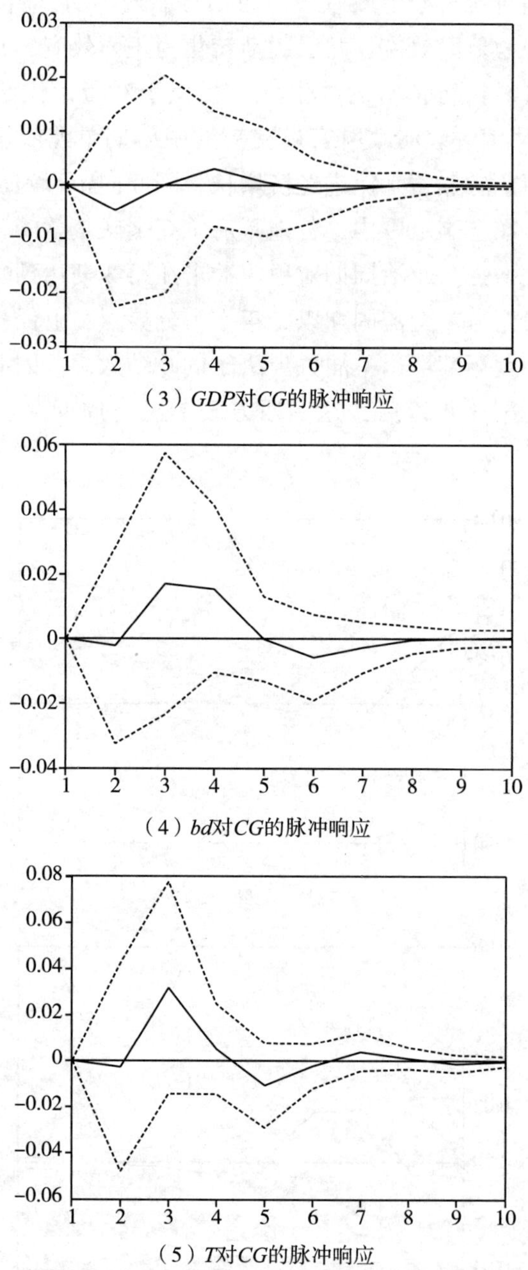

（3）*GDP*对*CG*的脉冲响应

（4）*bd*对*CG*的脉冲响应

（5）*T*对*CG*的脉冲响应

图 10-3　政治冲击下经济政策、经济增长的脉冲响应（续）

第四节　政策建议

基于上述研究结论，为平稳经济波动提出如下建议：

第一，改善政绩考核和晋升激励机制，扬换届交流促进经济增长之长、避力度不稳造成的周期冲击之短，使经济发展更具稳定性和持续性。政治冲击不在于换届交流机制本身，而在于任职（交流）期间政绩考核机制的短期性，无形中使官员把短期内效用最大化行为选择作为最优策略，缺少长期追究责任的压力。因此，“过期作废”的惯性思维和行为使本来很具科学性的换届交流机制对经济形成政治冲击。缓解政治经济周期抽薪止沸的方法就是改善考核晋升机制，增加责任长期追究的威力，随时发现、随时处理、随时发生、随时追究责任到人，使地方政府重大投资项目的问题责任具有“追溯落实法”。

第二，在整个真实经济周期中，以更为对称的方式实施货币政策，以更为不对称的方式实施财政政策，并且注重治理经济波动时财政政策与货币政策的有机配合。在经济上升期，应该积累更多的资本，这不仅有助于抑制信贷过剩，还可以在经济形势不好的时候降低资本要求，使经济避免受到信贷紧缩的冲击。在信贷增长过快时采取从紧的货币政策会缓解信贷过剩的压力，将来也没有必要突然实施可能导致“流动性陷阱”问题的扩张性货币政策。鉴于货币政策对经济平稳调控效果的非对称性，在经济繁荣期，应更多地使用适度紧缩的货币政策，尽量减少财政性购买支出，使财政政策效应接近于零；在经济萧条期，一方面积极实施宽松的货币政策，另一方面加大财政政策力度，大幅拉升投资、消费等需求。在整个经济周期内，货币政策应表现出持续平稳性，而财政政策应表现出非对称性。

第三，逐步加强金融体系的独立性，避免倒逼机制压力使货币金融形成异常扩张，一方面可以降低商业性贷款坏账混同政策性贷款坏账的风险，另一方面可以加强预算的硬性约束，提高项目投资的科学性和效率。货币供给的倒逼问题、预算软约束问题伴随计划经济由来已久，但并没有随着市场经济的发展而消除，根源就在于金融体系仍是国家动用金融剩余、发展经济的重要手段，金融体系独立性仍较弱。如果想根除这些问题，增强以央行为首的金融独立性是关键。

本章小结

尽管形势与动力有所不同，但中国也在一定程度上存在政治经济周期和政治金融周期，具体表现为：人代会、党代会及中央政府换届与经济波动周期之间存在较显著的正相关性；随中央政府换届而引致地方政府交流周期，经济政绩考核下的晋升机制诱使地方政府产生纵向、横向上的竞争，并产生周期性的经济发展举措，进而加大经济周期和金融周期振幅；在中央政治行为周期影响下，财政政策具有一定的顺周期特征，具体表现为政治行为周期变化与财政政策指标的同步变动，以及财政政策与经济周期的同步变动；中央政府政治周期在一定程度上左右了央行货币政策选择，并使其产生顺周期特征，具体表现为政治周期与货币政策的同步变动以及货币供给、银行信贷的顺周期性；地方政府通过财政项目竞争、软预算以及货币信贷倒逼机制，放大了财政政策、货币政策的顺周期性；在受到国际经济危机异常冲击时，国内财政政策、货币政策表现出逆周期性。

第十一章

国内外政治金融周期及其数量关系

中国存在显著的政治金融周期，那么国际上发达的市场经济国家是否也存在政治金融周期呢？本章对中国、美国、英国、法国、德国5个大国的政治金融周期进行计量验证，比较分析本国政治周期和大国货币政策对本国金融周期的作用，并计算大国之间金融周期的关联性和变化趋势，为实施独立的货币政策提供进一步的参考。

第一节　引言

政府换届及政策调整是影响本国经济运行路径的重要外生变量。同时，随着国际金融市场之间资金流动便利性的提高，国际金融风险传染效应也开始加剧，国际金融危机的周期频率趋升。当届政府如何把握本国及国际的金融周期规律，既利用好跨境资金积极作用又管理好其风险冲击是一个重要课题。此时有两个案例值得人们深思：一是理论方面“二元悖论”[①]（Rey，2015）替代“三元悖论”[②]对本国金融和国际金融的关系提出更有力也更“残酷”的解释，可能令人们试图通过浮动汇率缓冲国际经济金融风险、保持独立货币政策的意愿落空；二是现实方面美元加息引发的人民币汇率贬值和大量资金外逃令人们不得不思考本国金融波动和国际金融波动及经济大国货币政策之间的关系。

人们因此探索本国金融周期和国际金融周期是否高度相关，本国货币政策是否受主要经济体货币政策的左右而难以独立。探讨这一问题可分为两个步骤：一是本国政策当局调整及政策偏好变化是否对本国金融周期具

---

① “二元悖论”——资本自由流动与独立的货币政策只能二选其一。

② “三元悖论”——资本自由流动、汇率稳定、独立的货币政策只能三选其二。

有显著作用？相比较国际主要经济体的货币政策冲击，哪一个作用大？二是在本国政治周期和国际金融周期综合影响下，本国金融周期和国际金融周期的关联程度有多高？是否多数国家金融周期特征（波长、频率、时差）均趋于一致，或至少国际上经济大国的金融周期特征均趋于一致和高度关联？关于第一步骤的研究文献多集中在政治经济周期方面。Alesina（1997）对 OECD 18 个国家的实证发现，各国存在显著的“政治经济周期”“政治货币周期”和“政治财政周期”。但缺少本国政治周期影响与大国货币政策冲击两者对本国金融周期作用大小的比较分析。关于第二步骤，近期出现了一些研究文献认为，各国金融周期与全球金融周期及全球避险情绪指数具有高度的相关性，代表性文献如 Bekaert 等（2005）、Rey（2015）、伍戈和陆简（2016）等。但亦有研究表明，大国之间的利率周期、汇率周期、金融市场周期关联程度并不一致，至少在几个经济大国未出现金融周期趋同的趋势（苗文龙、周潮，2012）。

从严格意义上讲，近年来关于金融周期研究以及利用金融周期关系挖掘其内在规律的研究虽然并不丰富，但不乏真知灼见。美中不足的是，文献结论尚存在争议，而且从上面的分析逻辑上讲，也有需要完善和改进的地方。围绕这两点，本章力图从三个方面做出贡献：一是论证政治金融周期是否在不同类型的市场经济国家都显著存在，不论是资本主义市场经济还是社会主义市场经济；二是论证经济大国货币政策变化对本国金融波动是否具有显著影响，测算比较本国政治周期和国际大国货币政策这两者对本国金融周期作用的大小；三是验证经济大国之间的金融周期特征是否趋于一致，本国如何实施独立的货币政策。

第二节 政治周期与金融周期的表象关系：两类市场的比较

政治周期（政府换届周期）是导致经济波动的一个重要因素，金融是经济体系的重要指示器，所以政治周期会影响金融周期，出现“政治金融周期”规律。那么，这一规律在不同类型的市场经济国家是否都成立呢？我们观察两个经验事实：一是政治经济周期的普遍性，二是政治金融周期的实例。在第十章，相关研究文献已经充分论证，资本主义市场经济和社会主义市场经济都存在比较明显的政治经济周期，两者的政治措施及经济机制成为继续深入研究的切入点。

总体而言，两类市场经济国家的财政收入占 GDP 的比例相差并不悬殊，只是财政支出结构有明显不同：发达市场经济国家财政转移支付比例高，中国财政购买支出比例高。美国 2010—2015 年的购买性财政支出比重在 40%—50%，中国同时段的购买性财政支出比重在 60%—75%（见图 11-1）。这意味着政府实施经济扩张性政策时，财政政策空间不一样。购买性财政支出，特别是投资性政府支出，多与金融投资密切相关。此时，货币金融是否会因此而受到影响并表现出政治金融周期呢？我们可简单测算一下几个样本国家的金融周期，观察政治周期与金融周期拐点的契合性。银行信贷是衡量金融状况的重要指标（Rey，2015），为此选择私人部门信贷/GDP 这一指标，在 H-P 滤波法下，金融周期描述结果如图 11-2 所示。

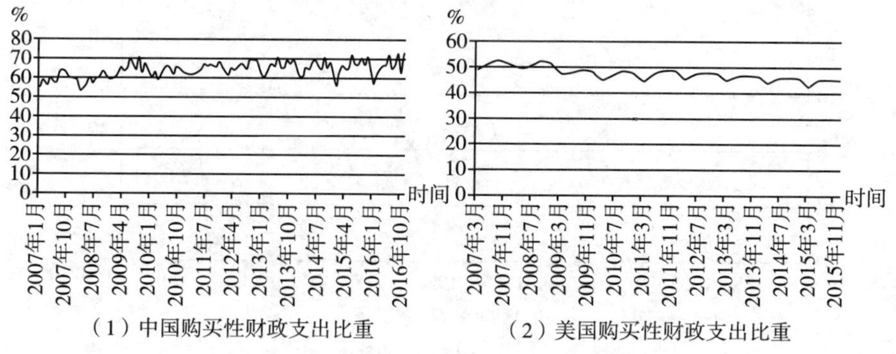

（1）中国购买性财政支出比重　　（2）美国购买性财政支出比重

图 11-1　中美购买性财政支出比重比较

注：中国购买性支出根据一般公共服务、教育、科学技术、文化体育与传媒、医疗卫生与计划生育、节能环保、城乡社区事务、农林水事务、交通运输、粮油物资储备等管理事务、资源勘探电力信息等事务、金融监管等项目加和得到，购买性财政支出比重＝购买性财政支出/全国财政支出。美国购买性财政支出包括联邦政府购买性支出和州政府购买性支出。

资料来源：Wind 数据库。

观察图 11-2 可以得出：资本主义市场经济表现出一定的“政治金融周期”，在历次总统（总理）换届①后，经过短期的信贷紧缩②，一般将开始持续的金融膨胀，随着执政时间的延长，金融膨胀值超过金融趋势值（与经济长期发展稳态路径相适应均衡的金融量）的正向缺口加剧，金融泡沫崩裂风险加大，政府后期执政阶段开始控制金融风险，金融变量进行

① 这里仅指换人的换届，一人连任两届总统在此不被视为换届。

② 给社会公众的印象是上届政府遗留下来的经济困难。

一段时间的紧缩。例如美国，考察时段内有 9 届总统，除去肯尼迪总统和乔治·H. W. 布什外，7 届总统换届都表现出这一特征。法国、德国的政治金融周期特征虽然较美国弱，但仍表现出这一规律。中国作为社会主义市场经济的代表，“政治金融周期”与美国相似。不同之处在于：本届政府金融膨胀的时间一般更长，金融风险多由下届政府来控制；20 世纪 90 年代以来，中国金融周期振幅低于美国。由此看来，两类市场经济国家都具有比较显著的“政治金融周期”。

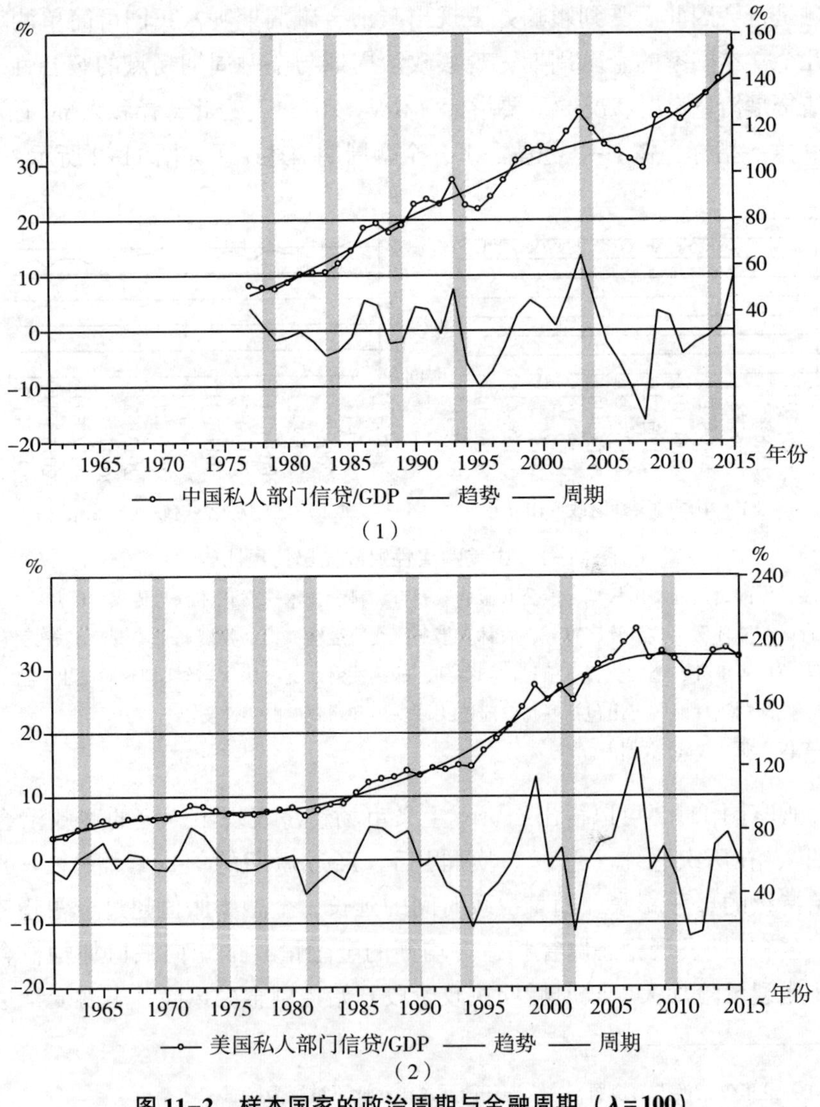

图 11-2 样本国家的政治周期与金融周期（λ=100）

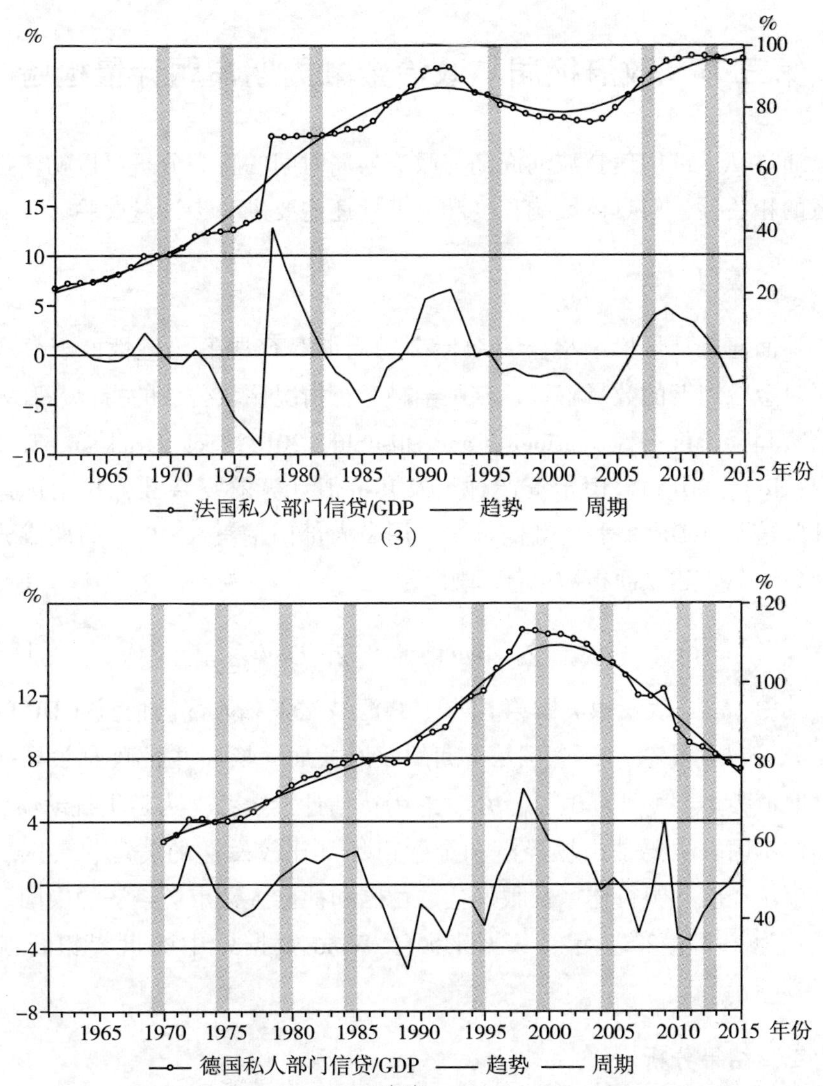

图 11-2　样本国家的政治周期与金融周期（λ=100）（续）

Alesina（1997）验证 18 个 OECD 国家的政治经济周期时得出，政府选举换届年份具有明显的货币膨胀特征——政治货币周期，换届完成后具有明显的财政支出增加、财政宽松迹象——政治预算周期。各国金融周期意味着，政府换届所引起的经济周期，不仅停留在财政支出和货币量层面，而且通过金融政策措施引发金融波动周期，政治金融周期可能是政治货币周期和政治预算周期的进一步深化和体现。

第三节 政府换届与政治金融周期命题计量检验

通过私人部门信贷波动周期与政府换届时间的直观分析可以初步得出两者的相关性，但具体影响程度和显著性还需要进一步计量检验。

一 模型

下面通过计量模型检验“政治金融周期”命题的普遍性，观察政府换届对金融周期的数量解释。刻画金融运行情况比较公认的指标是私人部门信贷和资产价格（Gourinchas and Obstfeld，2012；Schularick and Taylor，2012；Rey，2015），由于资产种类及其价值计算的复杂性，我们选择私人部门信贷/GDP 表示金融变量，并用私人部门信贷/GDP 的周期成分表示金融周期。建立面板数据模型如下：

$$bgc_{kt} = \beta_0 + \sum_{i=0}^{m} \beta_i bgc_{k(t-i)} + \sum_{j=0}^{n} \beta_j poli_{k(t-j)} + u_{kt} \tag{11-1}$$

其中，bgc_{kt} 表示第 k 国第 t 期 H-P 滤波法下私人部门信贷/GDP 的周期成分；$poli_{k(t-j)}$ 表示第 k 国第 t 期的政府换届，换届并且政府领导换人时，取值为 1，否则为 0；β_0、β_i、β_j 为待估计参数；u_{kt} 为随机扰动项。

样本国家主要是市场经济和金融市场都比较发达的美国、英国、法国，市场经济和银行体系都很发达的德国和社会主义市场经济的中国。数据区间为 1977—2015 年。数据来源于 Wind 数据库中的世界银行统计数据。

二 结果分析

分别在面板数据的混合效应、固定效应和随机效应模型下对式（11-1）进行回归估计，得到表 11-1。

根据表 11-1 可以重点观察到：政治周期变量滞后 1 期 $poli_{k(t-1)}$ 的解释系数具有 5%以上的显著性，表明政治金融周期命题成立；政治周期对金融周期的解释系数为负，表明政府换届后，一方面处理前届政府后期过度扩张引发的金融风险而不得不采取紧缩型金融政策，另一方面也为执政后期实施积极的金融政策奠定基础；政治周期发生变化时，引起金融周期（私人部门信贷/GDP）发生大约 3 个点的波动。

表 11-1　　政治周期与金融信贷周期的面板回归估计

变量	Ⅰ 混合效应	Ⅱ 固定效应	Ⅲ 随机效应
β_0	1.0107*** [1.6541]	9.2762* [5.1428]	1.0107*** [1.7671]
$bgc_{k(t-1)}$	0.9978* [105.28]	0.8042* [19.5937]	0.9978* [112.474]
$poli_{k(t-1)}$	-3.1281* [-2.6696]	-2.7587** [-2.5033]	-3.1281* [-2.8519]
截面随机效应	—	—	0.0000（0.0000）①
个体随机效应	—	—	4.8459（1.0000）
R^2	0.9867	0.9886	0.9867② 0.9867
调整的 R^2	0.9866	0.9882	0.9865
F 值	5545.72	2536.55	5545.71
D-W 值	1.9095	1.8006	1.9095 1.9095

注：①表示标准差，( ) 内为 P 值。②此行为加权统计下相关计量值，下一行为非加权统计下相关计量值。方括号内为 T 值。* 表示在 1%显著性水平下显著；** 表示在 5%显著性水平下显著；*** 表示在 10%显著性水平下显著。

此外，金融周期具有显著的惯性和平滑性特征，表现为 $bgc_{k(t-1)}$ 的系数在 0.804—0.998。这意味着金融变量尽管受到政治周期的影响，但仍然有显著的自身运行规律，并未成为政府控制的外生经济变量，也难以通过操控金融来实现逆周期的经济调控。

第四节　政治金融周期与核心国货币政策的数量关系

“政治金融周期”命题成立，那么一国金融周期受本国政治周期的影响大还是受国际上核心经济大国经济政策的影响大呢？这一问题关系到“三元悖论”抑或“二元悖论”下独立性货币政策的制定和实施成效。为分析这一问题，我们假定美国为国际核心经济大国，在式（11-1）的基础上引入美国实际利率变量代表美国货币政策的作用，并纳入全球避险情绪变量，考虑全球金融周期（Rey，2015）对本国金融周期的影响。

一 模型

构建面板数据模型如下：

$$bgc_{kt} = \beta_0 + \sum_{i=0}^{m} \beta_i bgc_{k(t-i)} + \sum_{j=0}^{n} \beta_j poli_{k(t-j)} + \sum_{l=0}^{p} \beta_l r_{ak(t-l)} + \sum_{f=0}^{q} \beta_f VIX_{k(t-f)} + u_{kt} \quad (11-2)$$

其中，bgc_{kt} 表示第 k 国第 t 期 H-P 滤波法下私人部门信贷/GDP 的周期成分；$poli_{k(t-j)}$ 表示第 k 国第 t 期的政府换届，换届并且政府领导换人时，取值为 1，否则为 0；$r_{ak(t-l)}$ 表示美国实际利率；$VIX_{k(t-f)}$ 表示全球避险情绪指数；β_0、β_i、β_j 、β_l、β_f 为待估计参数；u_{kt} 为随机扰动项。

二 结果分析

分别在面板数据的混合效应、固定效应和随机效应模型下对式（11-2）进行回归估计，得到表 11-2。

表 11-2 政治周期、核心国利率政策与金融信贷周期的面板回归估计

变量	Ⅰ 混合效应	Ⅱ 固定效应	Ⅲ 随机效应
β_0	—	5.7723 ** [2.3557]	-0.7085 [0.6825]
$bgc_{k(t-1)}$	1.0001 * [111.99]	0.9019 * [32.023]	1.0002 * [102.87]
$poli_{k(t-1)}$	-3.3538 ** [-2.2338]	-2.7889 *** [-1.9112]	-3.2851 ** [-2.2660]
$r_{ak(t-1)}$	0.6663 ** [2.5245]	0.3341 [1.1514]	0.7067 ** [2.5967]
$VIX_{k(t-1)}$	-0.0785 [-1.2206]	-0.0068 [-0.0883]	-0.0569 [-0.7455]
截面随机效应	—	—	0.4060① （0.0044）
个体随机效应	—	—	6.1334（0.9956）
R^2	0.9866	0.9880	0.9851② 0.9866
调整的 R^2	0.9864	0.9873	0.9847
F 值	—	1505.17	2477.86
D-W 值	1.5521	1.6057	1.5674 1.5621

注：①表示标准差，( ) 内为 P 值。②此行为加权统计下相关计量值，下一行为未加权统计下相关计量值。方括号内为 T 值。* 表示在 1%显著性水平下显著；** 表示在 5%显著性水平下显著；*** 表示在 10%显著性水平下显著。

根据表 11-2 可以观察出：金融周期的惯性特征及其政治周期的影响，仍然具有较高的显著性。混合效应模型和随机效应模型结果显示，国际核心经济大国的货币政策（美国实际利率）对其他样本国的金融周期具有显著的影响，美国实际利率变动 1 个点，其他国家私人部门信贷/GDP 的周期成分同方向变动 0.33—0.71 个点；核心国货币政策对其他经济大国金融周期的影响具有时滞效应，反映出现实经济当中政策传导、其他国家经济部门的行为调整具有一定滞后性。核心国货币政策（利率调整）主要通过两种途径对其他国家金融周期产生冲击：一是国际金融中心国家的利率大幅调整对其他有经济往来的国家利率变动具有显著的溢出效应，进而影响其他国家的金融周期，主要机制为：A 国利率波动→投资收益、经济预期、政策传染→B 国利率波动→B 国金融（信贷、资产价格）波动；二是国际金融中心国家的利率大幅调整对其他国家的金融行为直接具有显著的溢出效应，主要机制为：A 国利率波动→利率溢出、信贷溢出、股市溢出→B 国金融波动（何德旭、苗文龙，2015）。

值得注意的是，全球避险情绪指数对样本国金融周期影响并不显著。实证结果显示，无论是 VIX_{kt} 还是 $VIX_{k(t-1)}$，对各样本国的私人部门信贷/GDP 的周期成分数据没有显著的解释作用。这意味着，Bekaert 等（2012）、Rey（2015）验证全球避险情绪指数对全球金融周期的影响，更多体现在股票等资产价格方面，对银行信贷的作用还比较有限。

第五节　国际金融周期的数量关系

代表性经济大国的金融周期不仅受本国政治行为影响，而且受核心国货币政策的影响，那么各国金融信贷周期是否会因此而出现同步性或趋同性呢？我们分以下两个步骤进行分析：

一　相关性分析

计算样本国之间私人部门信贷/GDP 的相关系数和私人部门信贷/GDP 周期成分的相关系数分别如表 11-3、表 11-4 所示。通过相关系数分析可以得出：中国、美国、英国之间私人部门信贷/GDP 的相关性较高，相关系数分别为 0.8703（中英）、0.9195（英美）、0.9213（中美）；德国、法国与美国之间私人部门信贷/GDP 的相关性较低，相关系数为 0.5223、0.6632；样本国私人部门信贷/GDP 周期成分的相关系数都较低，多为 0.2 左右。综合来看，样本国金融发展趋势的相关性高一些，而金融周期的相关性很低。

表 11-3 样本国私人部门信贷/GDP 的相关系数

	BGC	*BGA*	*BGF*	*BGG*	*BGE*
BGC	1	0.9213	0.6632	0.5223	0.8703
BGA	0.9213	1	0.5713	0.5763	0.9159
BGF	0.6632	0.5713	1	0.1379	0.7486
BGG	0.5223	0.5764	0.1379	1	0.5167
BGE	0.8703	0.9159	0.7486	0.5167	1

表 11-4 样本国私人部门信贷/GDP 周期成分的相关系数

	CBGC	*CBGA*	*CBGF*	*CBGG*	*CBGE*
CBGC	1	0.0102	-0.2187	0.2906	-0.1986
CBGA	0.0102	1	-0.1195	0.1257	0.0487
CBGF	-0.2187	-0.1195	1	-0.2891	0.4115
CBGG	0.2906	0.1257	-0.2891	1	-0.4493
CBGE	-0.1986	0.0487	0.4115	-0.4493	1

二 金融周期的一致性与异步性

为进一步测算各国金融周期的数量关系，通过交叉谱分析法，计算出各国金融周期的一致性和相位谱，分别反映私人部门信贷/GDP 周期波的一致性和波动时滞，结果如图 11-3 所示。分析图 11-3 得出，不同国家之间，金融周期的一致性程度存在很大差别，例如中美金融周期的一致性在 0.7—0.95 波动，相位谱在-0.3—0.2；中法金融周期的一致性在 0.4—0.95 波动，相位谱在-0.4—0.1。在考察时段，部分国家之间金融周期的一致性由高震荡降低，例如英国和美国，部分国家之间金融周期的一致性由低震荡提升，例如中国和法国。综合来看，样本国之间金融周期并未出现统一变化的规律特征。即使在股票市场上，各国的周期波动也不尽一致。英国与美国股指波动的交叉谱周期一致性为 0.96，时差为-0.47 个月；中国与美国的周期一致性为 0.77，时差为-13.62 个月；德国与美国的周期一致性为 0.72，时差为-2.42 个月（苗文龙、周潮，2012）。这表明，各国的金融市场周期同步性程度也存在较大差别，而且具有明显的时滞，全球金融周期对国内金融周期的影响程度要小于政治周期因素。

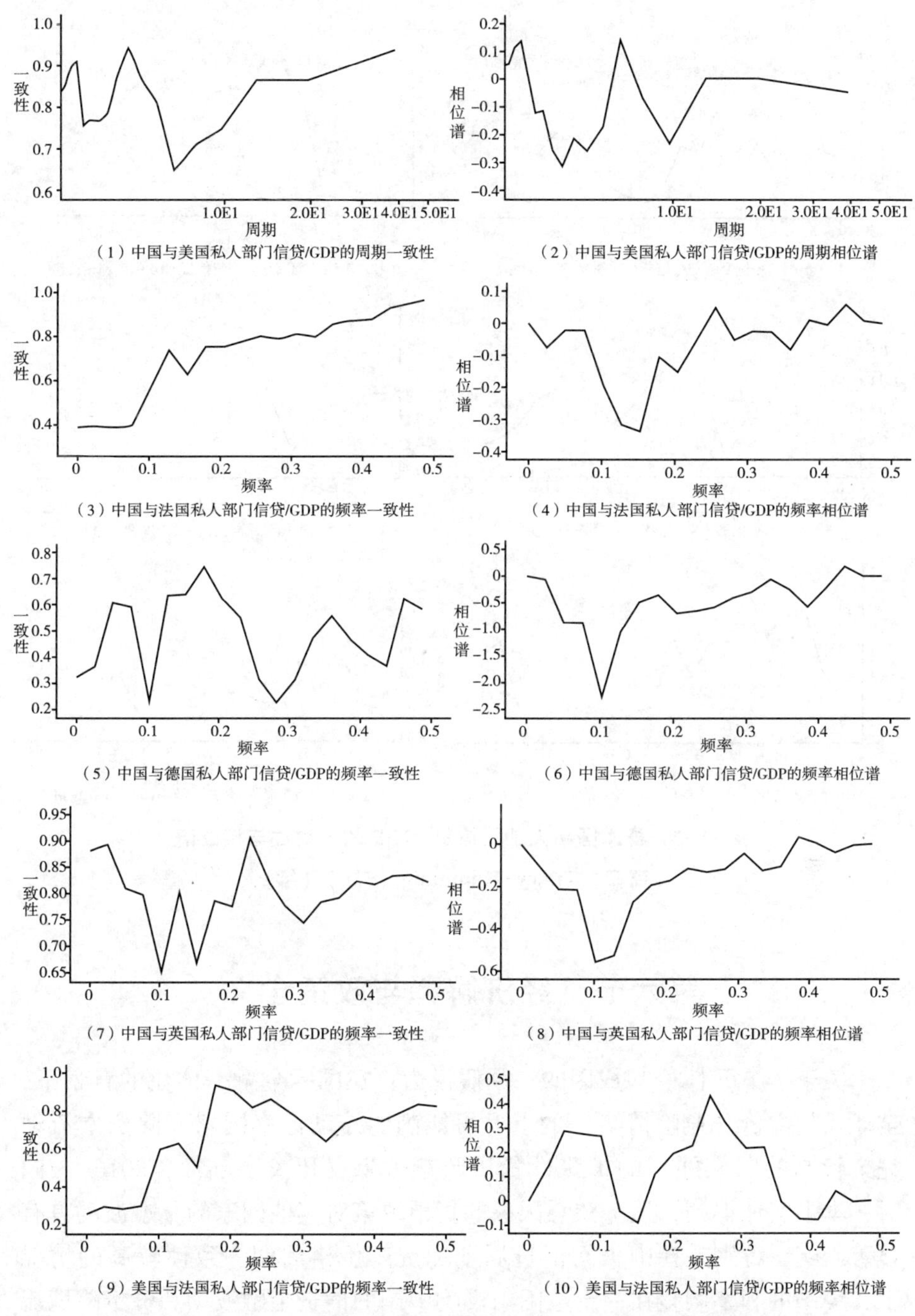

（1）中国与美国私人部门信贷/GDP的周期一致性

（2）中国与美国私人部门信贷/GDP的周期相位谱

（3）中国与法国私人部门信贷/GDP的频率一致性

（4）中国与法国私人部门信贷/GDP的频率相位谱

（5）中国与德国私人部门信贷/GDP的频率一致性

（6）中国与德国私人部门信贷/GDP的频率相位谱

（7）中国与英国私人部门信贷/GDP的频率一致性

（8）中国与英国私人部门信贷/GDP的频率相位谱

（9）美国与法国私人部门信贷/GDP的频率一致性

（10）美国与法国私人部门信贷/GDP的频率相位谱

图 11-3　样本国私人部门信贷/GDP 的一致性与相位谱

（窗口：Tukey-Hamming（5））

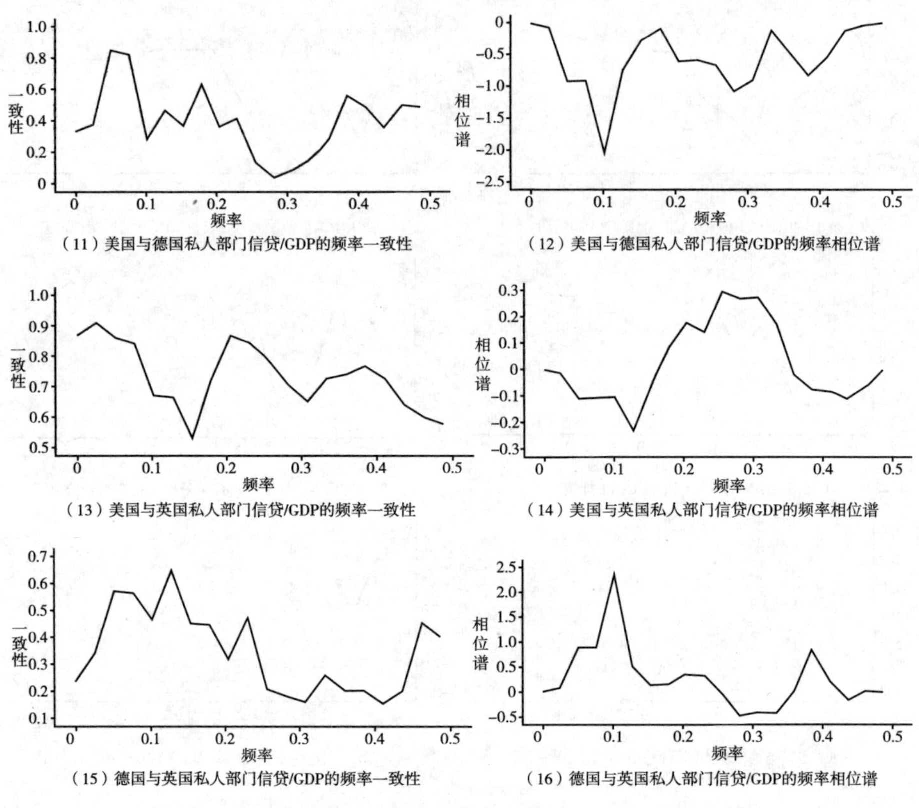

（11）美国与德国私人部门信贷/GDP的频率一致性

（12）美国与德国私人部门信贷/GDP的频率相位谱

（13）美国与英国私人部门信贷/GDP的频率一致性

（14）美国与英国私人部门信贷/GDP的频率相位谱

（15）德国与英国私人部门信贷/GDP的频率一致性

（16）德国与英国私人部门信贷/GDP的频率相位谱

图 11-3 样本国私人部门信贷/GDP 的一致性与相位谱

（窗口：Tukey-Hamming（5））（续）

第六节 经济解释与政策含义

关于“二元悖论”成因的一个假说为：在国际金融一体化的背景下，全球风险溢价（避险情绪）的上升可能削弱浮动汇率国家（除资本流动完全管制的国家外）的扩张性货币政策效果（伍戈、陆简，2016）。同时，本书实证得到，经济核心国家的货币政策对其他国家的金融波动具有显著影响。特别是在中美间信贷周期和资产价格周期一致性较高的情况下，美国的利率调整在一定范围内影响中国的信贷金融波动和资本跨境流动，2016 年下半年，中国的资本外流和外汇储备骤减实例又为此给出了一个有力的证明。值得注意的是，欧洲的核心经济国家的金融周期与美国金融周期的数量关联程度就较低，全球看似总体上有周期波动，但不同国家金融周期之间也具有不容忽视的异步性，而且这种异步性可以缓冲国际资本流动对本国货币政策独立性的冲击。综合来看，政治金融周期和国际金融周期关联性的政策含义包括以下几方面：

一　在保持货币政策独立性前提下实施适度的结构性资本管制

政治周期相比于核心国货币政策，对本国金融运行的影响力更大，这为主动实施独立的货币政策提供了空间。各国应根据本国经济结构，采取适度的结构性资本管制。

一是在保持货币政策自主性前提下，既允许一定的汇率波动和资本流动，又要实施一定的资本管制，防止汇率过度波动。当前的汇率波动，从内因上取决于本国经济发展的优劣态势，从外因上受离岸外汇市场投机行为影响。因此，需要在以推动本国经济平稳发展为主、保证本国货币政策利益自主性的同时，在汇率波动和资本流动之间进行平衡，短期内在汇率波动不超出警戒范围的情况下鼓励有利于各国实体经济发展的资本流动。

二是设计和实施结构性资本管制。根据结构性资本失衡，设计和采用结构性资本管制。此时着重考虑鼓励国内企业增加技术创新投资，实现产业结构升级，实现直接投资走出国门。资本市场完全放开对本国实体经济存在较大的负向冲击风险（Bhagwati，1998；Arteta 等，2003），这要归因于短期资本流动，特别是短期资本的突然反转或急停（Mendoza，2010；Korinek and Mendoza，2014）。因此，适度实施资本管制既可以防止国际短期资本冲击，又可以防止汇率过度波动。此时资本管制重点在于，鼓励有利于国内行业技术创新及升级的长期性技术资本流入和有利于双赢的直接投资走出国门，在汇率剧烈震荡时期管制股票及衍生品的短期性资本流动，甚至可以设计配合实施资本流动税（Bengui and Bianchi，2014）提高管制效果。

三是在非常时期，直接实施实质性公开干预，以稳定汇率市场和金融市场。Dominguez（1998）以 1977—1994 年德国马克和日元兑美元的实际汇率进行实证，得出中央银行的秘密干预会增加汇率的波动性，但长期较大的干预有助于稳定外汇市场。中央银行决定干预外汇市场时，相较于窗口指导之类的口头干预，采取实质性干预政策更为有效（Hu 等，2016）。因此，在本国汇率巨幅震荡时期，中央银行可实施公开实质性市场干预，引导正常经济资金的稳定流动，遏制肆意制造动荡的游资炒作。

二　测算和把握国际金融周期规律，实施主动的货币政策

在金融和经济全球化趋势下，可以把握利用两个方面的规律，为本国货币政策独立实施争取空间和提高政策效果。

一是测算和把握全球的金融周期规律。经验事实表明，在资本流动、资产价格和信贷增长方面存在一定的全球金融周期，而对全球金融周期具有决定性影响的是经济中心国家的货币政策（Rey，2015）。虽然国际上大国金融市场波动表现出显著的周期趋同性，但各类型金融市场的国际溢出效应却不相同，例如美、欧股指波动率对中国股指波动率的溢出效应趋于增强，特别是在2007年美国次贷危机后，但其利率波动率对中国利率波动率的溢出效应显著且影响程度较低（何德旭、苗文龙，2015），这为中国关注美、欧等主要经济体实施的货币政策的同时，根据本国经济情况采取独立的货币政策提供了一定操作空间。

二是把握国内对国际金融波动较为敏感的进出口行业的周期规律。这里主要关注三个问题：①判断行业总体上属于净进口行业还是属于净出口行业，据此进一步判断其对汇率波动的敏感度。在把握汇率升值趋势后，利用行业结构性货币政策、信贷政策和财政政策对此类行业的技术创新投资进行助推和补贴，提升此类行业的技术优势和行业收益。②测算各行业对国际资本的敏感度。测算不同行业的技术周期，测算汇率周期，进而测算汇率在不同行业不同周期阶段的波动状态和对具体行业的冲击影响。③测算本国支柱行业的创新规律及其在国际上的比较优势。这些问题，也正是笔者下一步具体研究的方向。

本章小结

本章通过实证分析得出，不同类型的市场经济国家都存在显著的政治金融周期，政治周期是影响金融周期的重要因素；核心国货币政策会影响到其他有经济往来国家的金融周期，但效应小于本国政治周期；国家之间金融周期存在一定的数量关系，密切程度高低不一，未出现统一变化的周期性规律。这意味着，中国可以在保持货币政策独立性前提下实施适度的结构性资本管制，同时通过测算和把握国际资本金融周期规律，实施更为主动有效的货币政策。

第十二章

结论与政策建议

一　初步结论

金融周期内生于经济波动，金融运行状况本质上反映了经济结构和总量的变化，金融稳态路径由经济稳态路径和长期延续的金融制度决定，金融稳态路径是经济稳态路径的反映，而经济体系内部不同集团经济势力的此消彼长导致了金融周期。如果经济保持在稳态路径上运行，需要的条件包括经济主体不具有经济人理性、长期有效且无漏洞的规则、准确估算经济稳态路径参数，这些条件在现实中都难以得到满足。因此，经济波动成为一种常态，金融作为经济的核心部分，其波动也在所难免。

中国金融制度应归于显性集权、隐性分权的类型。现实中存在一定的金融分权，但没有明晰的法律界定和划分，地方政府因此可以竞争扩张，在保证自己区域金融机构资源的基础上争夺国家金融资源。由于责任划分不明确，地方政府不承担相应的风险责任，区域性风险和系统性风险不断累积。同时，国家进行最终救助，与地方合力形成风险冲动、风险聚集、风险膨胀和风险化解的金融周期。

在金融显性集权、隐性分权条件下，不同部门的长期博弈策略均衡结果表明，面对政府的权力和决策，各部门的长期占优选择是服从政令、满足需求、保障现实利益。如果地方政府与中央政府政策发生冲突，中央银行、金融机构、监管机构等部门的分支机构占优选择是既要满足当地政府需求，又要执行中央规定，在中央与地方之间寻找平衡点。综合效应表现为：政府行为对金融周期波动产生至关重要的影响，随着银行风险积累与消除的周期波动，表现为现实中金融变量的周期波动，使金融周期具有显著的宏观经济政策效应。

银行经营不仅具有显著的周期性，而且与实体经济周期之间存在密切关系。具体表现在：银行信贷具有顺物价波动周期特征；随着体制转化、与国际接轨，银行资本水平波动周期的逆物价波动周期特征逐渐显著。

金融市场具有明显的周期性，而且国内不同的金融市场之间存在周期波动的传染性。一是金融部门通过同业拆借市场、证券市场、外汇市场等金融市场相互持有资产和负债，建立了复杂的网络关系，同时也形成了各种传染路径，风险事件通过传染路径迅速传导，造成金融部门连锁反应和金融市场动荡，金融市场之间也因此具有了显著的传染冲击效应。二是中国金融市场之间存在显著的传染冲击效应，但同业拆借市场、外汇市场与股票市场的正传—反馈冲击效应高于同业拆借市场与外汇市场的相互冲击效应。三是与市场主导型国家美国和银行主导型国家德国的金融市场体系相比，中国某些金融市场之间的传染效应甚至高于市场主导型国家美国，金融市场之间的传染冲击使不同金融市场之间波动周期趋于同步，而这又强化了金融市场之间的风险传染。四是中国金融市场之间的传染冲击效应受到其他经济强国金融波动的影响；与危机原发国相比，中国金融市场间冲击效应略低，但与其他非原发国金融市场传染效应相比，中国金融市场冲击效应显著。

金融市场的周期性及传染性还表现为国际上不同国家金融市场之间的联动与传染，使国际金融市场周期表现出一定的相关性或共振性。具体为：各国金融市场具有显著的周期性特征，金融市场波动周期呈现出较高的相关性或共振性；多数情况下，以美国的金融市场为核心，其波动周期领先于其他国家，同时也面临着其他国家的金融周期反馈，特别是在货币市场和外汇市场，部分国家金融波动成为美国金融波动之源。如果把研究焦点变为中国，其金融市场在美国金融危机和欧洲债务危机中都受到了显著冲击，但国内的政策调控使冲击系数降低；中国金融市场对其他国家也具有显著的溢出效应，特别是在货币市场和外汇市场。因此，金融全球化下，金融传染使各国金融周期波动趋于同步，而金融周期同步又便利了金融传染。金融周期同步与金融传染相互交织，加剧了世界性金融市场共振和系统性金融风险。

各金融变量周期不仅具有异步性，而且不同金融工具在经济收缩期和扩张期对行业创新的助推或抑制作用不尽相同。不同行业的企业具有创新密度高低不同的异质性差别。在繁荣阶段，金融市场和银行对技术创新行业具有正向推动作用，但金融市场对高密度技术创新行业的推动作用更为显著，银行对低密度技术创新行业的推动作用更为显著；在收缩阶段，金融市场对高密度技术创新行业的紧缩效应更为显著，银行却对低密度技术创新行业的下行起到缓解作用。根据这些事实和规律，可以利用各金融变量强化金融对具有发展前景的行业的技术创新助推作用，优化经济结构，提升效率。

中国的利率和货币供给量主要服务于产出增长，对金融稳定反应不足，体现为利率规则和货币供给量规则对通货膨胀的关注程度低于经济增长，而且对股市、房地产等市场反应不足，体现不出显著“关注”的政策态度。相比之下，货币政策对汇率比较关注。因此，货币政策对金融周期波动的冲击效应较低。利率传导机制是有效的，其通过调控存款规模和货币供给实现稳定物价的目标，管制利率对市场利率有显著作用，但并非通过这一传导机制调控经济，因为市场利率作用范围有限，仅限于同业拆借范畴，而同业拆借规模占银行总资产规模比重很小，同业拆借只是存贷款的一个补充。货币政策对经济稳定起到了显著作用，主要体现在对通货膨胀的反应和调控上，同时对汇率稳定反应积极有效。

金融周期波动中的财政政策效应。政府财政支出波动通过对基础货币变动、再贴现规模变动、公开市场拆借规模变动产生显著的冲击效应，进而对银行信贷、通货膨胀等产生显著影响。在政府常倾向于优先经济增长，其次控制通货膨胀的条件下，财政对金融的冲击表现为金融膨胀及通货膨胀。因此，财政支出波动与金融波动之间存在密切的周期联动关系，但具体对各金融变量的影响程度各不相同，财政政策对银行信贷的调控效应比较显著，既有短期效应，亦有长期作用，但对股指的长期走势影响较低。财政支出对金融运行具有明显的冲击效应，财政余额对金融运行虽然也有冲击效应，但低于财政支出，而且经济危机时期财政余额的冲击效应相比经济平稳期有所降低。其原因可能在于：经济危机时期财政收支规模亦受到冲击，因此调控力度有所下降。

金融周期波动中的政治周期效应。中国在 1950—2010 年，在一定程度上存在政治经济周期，具体表现为：人代会、党代会及中央政府换届与经济波动周期之间应存在较显著的正相关性；随中央政府换届而引致地方政府交流周期，经济政绩考核下的晋升机制诱使地方政府产生纵向、横向上的竞争，并产生周期性的经济发展举措，进而加大经济周期振幅；在中央政治行为周期影响下，财政政策具有一定的顺周期特征，具体表现为政治行为周期变化与财政政策指标的同步变动，以及财政政策与经济周期的同步变动；中央政府政治周期在一定程度上左右了央行货币政策选择，并使其产生顺周期特征，具体表现为政治周期与货币政策的同步变动以及货币供给、银行信贷的顺周期性；地方政府通过财政项目竞争、软预算以及货币信贷倒逼机制，放大了财政政策、货币政策的顺周期性；在受到国际经济危机异常冲击时，国内财政政策、货币政策表现出逆周期性。

不同类型的市场经济国家均存在显著的政治金融周期，政治周期是影响金融周期的重要因素；核心国货币政策会影响到其他有经济往来国家的金融周期，但效应小于本国政治周期；国家之间金融周期存在一定的数量关系，密切程度不一，未出现统一变化的周期性规律。这意味着，中国可以在保持货币政策独立性前提下实施适度的结构性资本管制，同时通过测算和把握国际资本周期规律，实施更为主动有效的货币政策。

宏观经济政策对金融周期具有不容忽视的影响，引出了两种截然不同的观点：以哈耶克为代表的经济自由主义流派认为，正是政府的政策调控和干预导致了金融经济波动（经济周期）；以凯恩斯为代表的凯恩斯主义认为，政府的政策调控和干预可以熨平金融经济波动。尽管明斯基将两者折中，提出大政府政策干预和中央银行最后贷款人职能对防止金融危机和通货紧缩有显著作用、后期可能引发通货膨胀的论断，但他显然忽略了金融风险周期的内在机制。金融风险具有内生性——金融的天然属性和业务性质是金融不稳定的根源，而政策干预虽然在短期内具有缓和金融危机的作用，但埋下了社会公众不公平地承担了高风险营利机构的成本、强化了金融机构冒险行为、增强了通货膨胀预期的隐患（苗文龙，2013），这种风险将不断积累，直至爆发金融危机，令政策制定者束手无策。因此，从短期看，宏观经济政策干预对缓解金融危机具有积极作用；从长期看，宏观经济政策却又成为强化金融不稳定风险、加剧金融周期波动的外在助力。

二 政策建议

金融在经济波动和金融体系风险行为调整过程中表现出周期性特征，人们如果试图熨平金融周期、缓和金融震荡、保持稳态发展，就必须想方设法使金融体系在业务扩张、产品创新过程中制造的金融风险与其自身的管理能力和承受能力相匹配。金融危机的爆发尽管存在多种原因，但金融内在原因是关键，最直接的导火索就是金融体系自身制造的金融风险超过了自身承受能力的限度。除了上文谈到的金融机构主动寻找可接受风险以获取风险利润之外，金融机构在进行金融产品设计和业务扩展交易中，也酝酿了一定的金融风险。创新性金融工具是随着社会经济的发展不断被设计产生的，在这一过程中产品设计漏洞会成为未来风险爆发的导火索。加强金融安全，就必须使金融扩张与其风险管理能力相匹配。具体体现在三个层面：

（一）金融机构加强对自身的风险监测、风险评估和风险管理

金融机构可对自身产品和业务投放市场后的风险状况进行及时监测，利用历史数据进行定量评估，利用相关数据进行模拟实验和压力测试，评价机构自身的金融风险存量、潜在金融风险和外来风险冲击时的危机发生概率，进而针对产品漏洞和业务条线风险，采取管理措施，或提高资本充足率，或增加风险拨备，或压缩高风险业务比重，从而实现公司扩张（创新）与风险管理相匹配。例如，中国债务杠杆率较高，而且近年来，非金融企业部门杠杆率快速提高，成为中国债务风险最为集中的部门。经济增速的放缓和融资成本下降缓慢，使企业债务风险面临较大挑战。相对而言，金融和家庭部门债务率偏低。这反映出一个问题：尽管金融部门债务率较低，但企业负债作为金融部门的资产，是金融机构重点管理的风险，企业杠杆率高则金融机构资产的风险就高，如果疏漏了后者，金融机构债务率低也可能会发生金融危机。

（二）政府采取措施使金融体系发展速度与其风险控制能力相匹配

金融具有内生的不稳定性特征，必须依赖政府外力（政策和制度设计）来保障这种匹配。政府通过政策制定能够“阻断导致经济不稳定的推动力”，即能够“稳定不稳定的经济”。明斯基（2015）认为，美国之所以没有进一步陷入危机和萧条，主要原因是政府的财政赤字和美联储最后贷款人的协调配合，大政府财政政策有助于稳定实体经济的产出、就业和利润，最后贷款人能够稳定资产价格和金融市场，二者分工协调，通力合作。但这种组合的问题在于，默许或纵容了金融机构不顾责任和承受能力的风险扩张行为。中国总的杠杆率、债务率、负债等都不是特别突出，但国企的杠杆率和地方政府债的问题却比较突出。国企去杠杆实质上需要加快国企改革、建立国企的创新发展机制和风险管理机制的步伐。马骏（2016）通过分解 M2/GDP 指标分析中国高杠杆率问题，将宏观杠杆率化

解成为微观杠杆率与（国民）资产回报率。微观杠杆率并不高，而宏观杠杆率高的原因在于资产回报率降低，资产回报率降低的原因在于资产规模扩张迅速。政府此时的政策措施不应是扩张的财政政策，而应是调整实体经济与资产资本的发展结构，核心内容之一就是压缩资产膨胀速度。

（三）提升金融风险管理能力

使金融风险与风险管理能力相匹配，从而达到温和金融周期震荡幅度、维护金融安全目的，集中在一点上就是要提升本国的金融风险管理能力。2017年中共中央政治局进行第四十次集体学习时，习近平总书记就维护金融安全提出6项任务（新华社，2017），实质上四项涉及风险管理能力。为深入解读和执行，本书将其归为以下三个层面：

一是金融机构针对自身金融业务的风险管理能力。微观金融机构对自身金融业务的风险管理能力水平，从根本上决定着各个机构的风险水平和整体的风险状况。有人认为，风险管理能力低未必就会影响金融安全，还需要观察风险管理能力与其风险状况是否匹配。但现实问题是，金融机构酝酿风险的速度往往快于管理能力提升的速度。因此，需要强调的就是风险管理能力提升问题。同时，决定单个机构这两者是否匹配或者能力提升情况的关键因素是机构的风险意识和经营理念。因此，深化金融改革，完善金融体系，首先要“推进金融业公司治理改革，强化审慎合规经营理念，推动金融机构切实承担起风险管理责任，完善市场规则，健全市场化、法治化违约处置机制”，在此基础上，鼓励金融机构加强自身风险管理能力，从根源上控制系统性金融风险和区域性金融风险。

二是监管机构针对金融体系和金融结构的风险监管能力。监管部门风险管理能力表现为行政能力与效率和金融体系风险的分析能力、评估监测能力、控制处理能力，如果涉及多个监管部门时，还包括监管协调与监管资源整合能力。同时，由于金融系统变化和金融创新不断产生，在分业监管模式下，中央各个监管部门之间、中央与地方监管部门之间，经常性地出现权限交叉，并在某些领域存在监管真空等。因此，从监管方面讲，维护金融安全就是“加强金融监管，统筹监管系统重要性金融机构，统筹监管金融控股公司和重要金融基础设施”；必须“统筹负责金融业综合统计”，及时掌握金融风险信息，“确保管理部门把住重点环节，确保风险防控耳聪目明”；监管部门之间应整合监管资源，形成金融发展和监管强大合力，既要避免监管空白、补齐监管短板，还要避免重复监管、浪费资源。

三是国家组织部门对金融安全维护的合力。这里具体分为两个层面：①地方政府领导层面。维护金融安全的条件之一就是“提高领导干部金融工作能力，领导干部特别是高级干部要努力学习金融知识，熟悉金融业务，把握金融规律，既要学会用金融手段促进经济社会发展，又要学会防范和化解金融风险，强化监管意识，提高监管效率”。这样才能转变地方政府原有的竞争金融资源、不担金融风险的观念，将利用金融资源和担当金融风险统一起来，促使地方金融风险与地方风险管理水平相匹配。②国家和中央层面。表现为“加强党对金融工作的领导，坚持党中央集中统一领导，完善党领导金融工作的体制机制，加强制度化建设，完善定期研究金融发展战略、分析金融形势、决定金融方针政策的工作机制，提高金融决策科学化水平”，意味着保持必要的金融集权，防止过度金融分权造成金融危机重演。同时，“金融部门要按照职能分工，负起责任。地方各级党委和政府要按照党中央决策部署，做好本地区金融发展和稳定工作，做到守土有责，形成全国一盘棋的金融风险防控格局”，要求中央各监管部门分工合作，地方按照国家政策控制区域风险。

参考文献

［1］ Alesina，A. and R. Perotti，“Fiscal Adjustments in OECD Countries：Composition and Macroeconomic Effects”，IMF Staff Papers，Vol. 44，1997，pp. 210-248.

［2］ Allen，F. and Gale，D.，“Financial Contagion”，*The Journal of Political Economy*，Vol. 108，No，1，2000，pp. 1-33.

［3］ Arteta，C.，Eichengreen，B.，Wyplosz，C.，“When Does Capital Account Liberalization Help More than It Hurts?”，In E. Helpman and E. Sadka (Ed.)，*Economic Policy in the International Economy：Essays in Honor of Assaf Razin*，Cambridge，UK：Cambridge University Press，2003.

［4］ Arthur，B. and W. Claire Mitchell，“Measuring Business Cycles”，NBER，1946，pp. 7-39.

［5］ Barberis，N.，M. Huang and T. Santos，Prospect Theory and Asset Prices，*Quarterly Journal of Economics*，No. 116，2001，pp. 1-53.

［6］ Barro，R. and Gordon，D.，“Rules，Discretion，and Reputation in a Model of Monetary Policy”，*Journal of Monetary Economics*，No. 12，1983，pp. 101-121.

［7］ Bartram，S. M.，Taylor，S. J.，Wang，Y. H.，“The Euro and European Financial Market Dependence”，*Journal of Banking and Finance*，No. 31，2007，pp. 1461-1481.

［8］ Basel Committee on Banking Supervision，“Range of Practice in Banks' Internal Ratings Systems”，Discussion Paper，No. 66，2000.

［9］ Bekaert，G.，Harvey，C. R. and Ng，A.，“Market Integration and Contagion”，*Journal of Business*，Vol. 78，No. 1，2005，pp. 39-69.

［10］ Bekaert，Geert，Marie Hoerova and Marco Lo Duca，“Risk，Uncertainty and Monetary Policy", *Working Paper*, *European Central Bank*, 2012.

[11] Bengui, J. and Bianchi, J., "Capital Flow Management When Capital Controls Leak", http: //www.ecb.europa.eu/events/pdf/conferences/140623/Bengui_ ShadowMP_ l.pdf? e57ee672701df1ead056d2aa4eff35d4, 2014.

[12] Bernanke, B. S., "No-Monetary Effects of the Financial Crisis in the Propagation of the Great Depression", *American Economic Review*, Vol. 73, 1983, pp. 257-276.

[13] Bernanke, B. S. and A. S. Blinder, "A Credit, Money, and Aggregate Demand", *The American Economic Review*, No. 78, 1988, pp. 435-439.

[14] Bernanke, B. S. and M. Gertler, "Agency Costs, Net Worth, and Business Fluctuations", *The American Economic Review*, Vol. 79, No. 1, 1989, pp. 14-31.

[15] Bernanke, B. S., M. Gertler and S. Gilchrist, "The Financial Accelerator in a Quantitative Business Cycle Framework", *NBER Working Paper*, 1999.

[16] Bernanke, B. and M. Gertler, "Should Central Banks Respond to in Volation in Asset Prices?", *American Economic Review*, No. 21, 2001, pp. 253-257.

[17] Bhagwati, J., "The Capital Myth", *Foreign Affairs*, Vol. 77, 1998, pp. 7-12.

[18] Blanchard, O. and A. Shleifer, "Federalism with and without Political Centralization: China vs Russia", *IMF Staff Papers*, No. 48, 2001, pp. 171-179.

[19] Bolton, P. and X. Freixas, "Equity, Bonds, and Debt: Capital Structure and Financial Market Equilibrium under Asymmetric Information", *Journal of Political Economy*, No. 2, 2000, pp. 324-351.

[20] Borio, C., "The Financial Cycle and Macroeconomics-What Have we Learnt?", *Journal of Banking and Finance*, Vol. 45, 2014, pp. 182-198.

[21] Brenner, T., W. Weidlichand, U. Witt, "International Co-Movements of Business Cycles in a 'Phase-Locking' Model", *Macroeconomic*, Vol. 53, 2002, p. 2.

[22] Buchanan, J. M., "Public Finance and Public Choice", *National Tax Journal*, Vol 28, No. 4, 1998, pp. 383-394.

[23] Burns, A. F. and Mitchell, W. C., "Measuring Business Cycles", *NBER Books*, Vol 78, No. 1, 1946, pp. 67-77.

[24] Cai Jun, "A Markov Model of Switching-Regime ARCH", *Journal of Business and Economic Statistics*, Vol 12, No. 3, 1994, pp. 309-316.

[25] Caldara, D., C. Fuentes-Albero, S. Gilchrist and E. Zakrajsek., "The Macroeconomic Impact of Financial and Uncertainty Shocks", *Unpublished Manuscript*, 2014.

[26] Castro, V., "Are Central Banks Following a Linear or Nonlinear (Augmented) Taylor Rule", NIPEW, 2008, p. 19.

[27] Cecchetti, Genberg, Lipsky and Wadhwani, "Asset Prices and Central Bank Policy", *London: International Center for Monetary and Banking Studies*, 2000.

[28] Christensen, I. and A. Dib, "Monetary Policy in an Estimated DSGE Model with a Financial Accelerator", *Review of Economic Dynamics*, No. 11, 2008, pp. 155-178.

[29] Christiano, L., R. Motto and M. Rostagno, "Financial Factors in Economic Fluctuations", *European Central Bank Working Paper*, 2010.

[30] Claessens, S., M. A. Kose and M. E. Terrones, "How Do Business and Financial Cycles Interact?", *Journal of International Economics*, Vol. 87, No. 1, 2012, pp. 178-190.

[31] Clarida, R., J. Gall and M. Gertler, "Monetary Policy Rules and Macroeconomic Stability: Evidence and Some Theory", *Quarterly Journal of Economics*, Vol. 115, 2000, pp. 147-180.

[32] Coase, R. H., "The Nature of the Firm", *Economical*, No. 4, 1937, pp. 386-405.

[33] Dimitris, K., Aristeidis, S., Nikos, P., "Financial Crises and Stock Market Contagion in a Multivariate Time-Varying Asymmetric Framework", *Journal of International Financial Markets, Institutions and Money*, No. 21, 2011, pp. 92-106.

[34] Dominguez, K. M., "Central Bank Intervention and Exchange

Rate Volatility", *Journal of International Money and Finance*, Vol. 17, No. 1, 1998, pp. 161-190.

[35] Dudley, W. and J. Hatzius, "The Goldman Sachs Financial Conditions Index: The Right Tool for a New Monetary Policy Regime", *Global Economics Paper*, No. 44, 2000.

[36] Eichengreen, B., Rose, A. and Wyplosz, C., "Contagious Currency Crises: First Tests", *Scandinavian Journal of Economics*, Vol. 98, No. 4, 1996, pp. 463-484.

[37] Eika, K. H., N. R. Ericsson and R. Nymoen, "Hazards in Implementing a Monetary Conditions Index", *Oxford Bulletin of Economics and Statistics*, Vol. 58, No. 4, 1996, 765-790.

[38] Engle, R. F., Ng, V. K., "Measuring and Testing the Impact of News on Volatility", *Journal of Finance*, Vol. 48, 1993, pp. 1749-1778.

[39] English, W., Tsatsaronis, K. and E. Zoli, "Assessing the Predictive Power of Measures of Financial Conditions for Macroeconomic Variables", *BIS Papers*, No. 22, 2005, pp. 228-252,.

[40] Ericsson, N., E. Jansen, N. Kerbeshian and R. Nymoen, "Interpreting a Monetary Conditions Index in Economic Policy", in *Bank for International Settlements*, *BIS Conference Papers*, Vol. 6, 1998.

[41] Eun, C. S. and Shim, S., "International Transmission of Stock Market Movements", *Journal of Financial and Quantitative Analysis*, Vol. 24, 1989, pp. 241-256.

[42] Smets, F., "Financial Asset Prices and Monetary Policy: Theory and Evidence", BIS Working Paper, No. 47, 1997.

[43] Forbes, K. and R. Rigobon, "*Measuring Contagion: Conceptual and Empirical Issues*", International Financial Contagion: How It Spreads and How It Can Be Stopped, Conference, 2001.

[44] Fratzscher, "What Causes Currency Crises: Sunspots, Contagion or Fundamentals?", EUI Working Paper, ECO No. 99/39 (Florence: European University Institute), November, 2000.

[45] Friedman, M. and A. J. Schwartz, "Money and Business Cycle", *Review of Economics and statistics*, Vol. 45, Supplement, 1963a, pp. 32-64.

[46] Friedman, M. and A. J. Schwartz, "A Monetary History of the United States", Princeton, N. J.: Princeton University Press, 1963b.

[47] Furfine, C. H. et al., "Interbank Exposures: Quantifying the Risk of Contagion", *Journal of Money, Credit and Banking*, Vol. 35, No. 1, 1999, pp. 111-129.

[48] Gerrits, R. J. and A. Yuce, "Short-and-Long-Term Links among European and U. S. Stock Markets", *Applied Financial Economics*, Vol. 9, No. 1, 1999, 1-9.

[49] Gertler, M., S. Gilchrist and F. Natalucci, "External Constraints on Monetary Policy and the Financial Accelerator", *Journal of Money, Credit and Banking*, Vol. 39, 2007, pp. 295-330.

[50] Glick, R. and Rose, A. R., "Contagion and Trade: Why Are Currency Crises Regional?", *Journal of International Money and Finance*, Vol. 18, No. 4, 1999, pp. 603-618.

[51] Glosten, R. T., R. Jagannathan, D. Runkle, "On the Relation between the Expected Value and the Volatility of the Nominal Excess Return on Stocks", *Journal of Finance*, Vol. 48, 1993, pp. 1779-1801.

[52] Goodhart, C. and B. Hofmann, "Asset Prices, Financial Conditions, and the Transmission of Monetary Policy", Paper Prepared for the Conference on Asset Price, Exchange Rates, and Monetary Policy, Stanford University, 2001.

[53] Goodhart, C., "What Weight Should Be Given to Asset Prices in the Measurement of Inflation ?", *Economic Journal*, Vol. 111, 2001, pp. 335-356.

[54] Gourinchas, P. O. and Maurice Obstfeld, "Stories of the Twentieth Century for the Twenty First", *American Economic Journal: Macroeconomics*, Vol. 4, No. 1, 2012, pp. 226-265.

[55] Guttentag, J. and R. Herring, "Credit Rationing and Financial Disorder", *The Journal of Finance*, Vol. 39, Nol. 5, 1984, pp. 1359-1382.

[56] Hafstead, M. and J. Smith, "Financial Shocks, Bank Intermediation and Monetary Policy in a DSGE Model", Unpublished Manuscript, 2012.

[57] Hamilton, J. D., "A New Approach to the Economic Analysis of No Stationary Time Series and the Business Cycle", *Econometrica*, Vol. 57,

No. 2, 1989, pp. 357-384.

[58] Rey, H., "Dilemma Not Trilemma: The Global Financial Cycle and Monetary Policy Independence", NBER Working Paper, No. 21162, 2015.

[59] Hu, M., Li, Y., Yang, J. et al., "Actual Intervention and Verbal Intervention in the Chinese RMB Exchange Rate", *International Reviews of Economics & Finance*, Vol. 43, 2016, pp. 499-508.

[60] Iacoviello, M., "Financial Business Cycles", *Review of Economic Dynamics*, Vol. 18, No. 1, 2015, pp. 140-163.

[61] Jin Hehui, Yingyi Qian and Berry Weingast, "Regional Decentralization and Fiscal Incentives: Federalism, Chinese Style", *Journal of Public Economics*, Vol. 89, 2005, pp. 1719-1742.

[62] Kahneman, D. and A. Tversky, "Prospect Theory: An Analysis of Decision under Risk", *Econometrica*, Vol. 47, 1979, pp. 263-291.

[63] Kaminsky, G. L., Reinhart, C. M., "The Twin Crises: The Causes of Banking and Balance-of-payments Problems", *The American Economic Review*, Vol. 89, No. 3, 1999, pp. 473-500.

[64] Kaminsky, G. L., Reinhart, C. M., "On Crises, Contagion and Confusion", *Journal of International Economics*, Vol. 51, No. 1, 2000, pp. 145-168.

[65] Kim, C. J., Nelson, C. R, "State-Space Models with Regime Switching", London: MIT Press, 1999.

[66] Kindleberger, C., "Manias, Panics and Crashes: A History of Financial Crises", *Wiley Investment Classics*, Vol. 84, No. 2, 1978, pp. 30-32.

[67] Kontonikas, A. and Montagnoli, A., "Optimal Monetary Policy and Asset Price Misalignments", *Scottish Journal of Political Economy*, Vol. 53, No. 5, 2006, pp. 636-654.

[68] Korinek, A. and E. G. Mendoza, "From Sudden Stops to Fisherian Deflation: Quantitative Theory and Policy Implications", *National Bureau of Economic Research*, 2014.

[69] Koutmos, G. and G. Booth, "Asymmetric Volatility Transmission in International Stock Markets", *Journal of International Money and Finance*,

Vol. 14, 1995, pp. 747-762.

[70] Kyaland, F. E. and E. C. Prescott, "Time to Build and Aggregate Fluctuation", *Econometrica*, Vol. 50, 1982, pp. 1345-1370.

[71] Maskin, Eric, Yingyi Qian, Chenggang Xu, "Incentives, Scale Economies, and Organization Forms", *Review of Economic Studies*, Vol. 67, 2000, pp. 359-378.

[72] McQueen, G., V. V. Roley, "Stock Prices, News, and Business Condition", *Review of Financial Studies*, No. 6, 1993, pp. 683-707.

[73] Mendoza, E. G., "Sudden Stops, Financial Crises, and Leverage", *American Economic Review*, Vol. 100, No. 5, 2010, pp. 1941-1966.

[74] Mishkin, F. S., "The Transmission Mechanism and the Role of Asset Prices in Monetary Policy", NBER Working Paper, No. 8617, 1998.

[75] Montagnoli, A. and O. Napolitano, "Financial Condition Index and Interest Rate Settings: A Comparative Analysis", University of Naples Working Paper, No. 8, 2005.

[76] Montinola, G., Yingyi Qian and Berry Weingast, "Federalism, Chinese Style: The Political Basis for Economic Success in China", *World Politics*, Vol. 48, 1995, pp. 50-81.

[77] Batini, N. and J. Pearlman, "Too Much Too Soon: Instability and Indeterminacy with Forward-Looking Rules", Unpublished Working Paper, Bank of England, July 2002.

[78] Naughton, B., "Macroeconomic Policy and Response in the Chinese Economy—The Impact of the Reform Process", *Journal of Comparative Economics*, No. 11, 1986, pp. 334-353.

[79] Nelson, C. R. and C. I. Plosser, "Trends and Random Walks in Macroeconomic Time Series: Some Evidence and Implications", *Journal of Monetary Economics*, No. 10, 1982, pp. 129-162.

[80] Nordhaus, W. D., "The Political Business Cycle", *Review of Economic Studies*, Vol. 42, 1975, pp. 169-190.

[81] Oates, W. E., "An Essay on Fiscal Federalism", *Journal of Economic Literature*, Vol. 37, No. 3, 1999, pp. 1120-1149.

[82] Patton, A. J., "Modeling Asymmetric Exchange Rate Dependence",

International Economic Review, Vol. 47, 2006, pp. 527–556.

[83] Pedersen, T. M., "The Hodrick – Prescott Filter, the Slutzky Effect, and the Distortionary Effect of Filters", *Journal of Economic and Dynamics and Control*, Vol. 25, 2001, pp. 1081–1101.

[84] Qian, Y. and G. Roland, "Federalism and the Soft Budget Constraint", *American Economic Review*, Vol. 88, No. 5, 1998, pp. 1143–1162.

[85] Qian, Yingyi and C. Xu, "China's Transition to Markets: The M-Form Hierarchy and Entry/Expansion of the Non-State Sector", *Economics of Transition*, No. 1, 1995, pp. 135–170.

[86] Rajan, R., "Is the Glass-Steagall Act Justified? A Study of the US Experience with Universal Banking Before 1933", *American Economic Review*, Vol. 84, No. 4, 1994, pp. 810–832.

[87] Ramchand, L. and R. Susmel, "Volatility and Cross Correlation across Major Stock Markets", *Journal of Empirical Finance*, Vol. 5, No. 4, 1998, pp. 397–416.

[88] Rigobon, B. and B. Sack., "Measuring the Reaction of Monetary Policy to the Stock Market", NBER Working Paper, No. 8350, 2001.

[89] Schularick, M. and A. M. Taylor, "Credit Booms Gone Bust: Monetary Policy, Leverage Cycles, and Financial Crises, 1870 – 2008", *American Economic Review*, Vol. 102, 2012, pp. 1029–1061.

[90] Schumpeter, J., "The Theory of Economic Development", Cambridge, MA: Harvard University Press, 1942.

[91] Shibuya, H., "Dynamic Equilibrium Price Index: Asset Price and Inflation. Monetary and Economic Studies", *Institute for Monetary and Economic Studies*, *Bank of Japan*, Vol. 10, No. 1, 1992, pp. 95–109.

[92] Stiglitz, J., "Stiglitz Says Bank Problems Bigger Than Pre-Lehman", http://www.bloomberg.com/ apps/ news? Pid = news archive & sid, 2009.

[93] Swiston, A., "An US Financial Conditions Index: Putting Credit Where Credit is Due", IMF Working Papers, No. 8, 2008.

[94] Tao Yi Feng, "Rationalization of Political Business Cycle in China", Working Paper, 2004.

[95] Vestin, D., "Price Level Targeting Versus Inflation Targeting in a Forward-Looking Model", Working Paper, 2000.

[96] Vonen, N. H., "A Financial Conditions Index for Noruny", Norges Bank Working Paper, 2011.

[97] Woodford, M., "Inflation Stabilization and Welfare", in *Interest and Prices*, Book Manuscript, 1999.

[98] Woodford, M. and C. Walsh, "Review of Interest and Prices: Foundations of a Theory of Monetary Policy", *Macroeconomic Dynamics*, 2005.

[99] Ye Chen, Hongbin Li and Li-An Zhou, "Relative Performance Evaluation and the Turnover of Provincial Leaders in China", *Economics Letters*, Vol. 88, 2005, pp. 421-425.

[100] 巴曙松、刘孝红、牛播坤：《转型时期中国金融体系中的地方治理与银行改革的互动研究》，《金融研究》2005 年第 5 期。

[101] 卞志村：《开放经济下的最优货币政策、MCI 及在中国的检验》，《数量经济技术经济研究》2008 年第 4 期。

[102] 曹永琴、李泽祥：《中国金融经济周期与真实经济周期的动态关联研究》，《统计研究》2009 年第 5 期。

[103] 陈雨露、马勇、阮卓阳：《金融周期和金融波动如何影响经济增长与金融稳定？》，《金融研究》2016 年第 2 期。

[104] 戴国强、张建华：《中国金融状况指数对货币政策传导作用研究》，《财经研究》2009 年第 7 期。

[105] 戴翔、张二震：《危机冲击、汇率波动与出口绩效》，《金融研究》2011 年第 8 期。

[106] 邓创、徐曼：《中国的金融周期波动及其宏观经济效应的时变特征研究》，《数量经济技术经济研究》2014 年第 9 期。

[107] 杜两省、刘勇、王悦：《西方政治性经济周期理论及其进展》，《东北财经大学学报》2003 年第 7 期。

[108] 范芳志、李海海、苏国强：《中国中央银行独立性与政治经济周期》，《社会科学》2005 年第 11 期。

[109] 封北麟、王贵民：《货币政策与金融形势指数 FC 基于 VAR 的实证分析》，《数量经济技术经济研究》2006 年第 11 期。

[110] 傅勇、张晏：《中国式分权与财政支出结构偏向：为增长而竞

争的代价》,《管理世界》2007 年第 3 期。

［111］龚强、张一林、林毅夫:《产业结构、风险特性与最优金融结构》,《经济研究》2014 年第 4 期。

［112］［英］哈耶克:《通往奴隶之路》,王明毅等译,中国社会科学出版社 1997 年版。

［113］海曼·P. 明斯基:《稳定不稳定的经济——一种金融不稳定视角》,石宝峰、张慧卉译,清华大学出版社 2015 年版。

［114］何德旭、苗文龙:《财政分权是否影响金融分权》,《经济研究》2016 年第 2 期。

［115］何德旭、苗文龙:《国际金融市场波动溢出效应与动态相关性》,《数量经济技术经济研究》2015 年第 11 期。

［116］何德旭、张捷:《后危机时代的货币政策选择:金融加速器视角》,《当代财经》2010 年第 12 期。

［117］何德旭、郑联盛:《影子银行体系与金融体系稳定性》,《经济管理》2009 年第 11 期。

［118］何东、王红林:《利率双轨制与中国货币政策实施》,《金融研究》2011 年第 12 期。

［119］洪正、胡勇锋:《中国式金融分权》,《经济学》(季刊)2017 年第 2 期。

［120］胡鞍钢:《中国政治周期与经济周期》,《中国社会科学季刊》(香港)1994 年第 8 期。

［121］胡书东:《经济发展中的中央与地方关系——中国财政制度变迁研究》,上海三联书店、上海人民出版社 2001 年版。

［122］滑静、肖庆宪:《我国商业银行顺周期性的实证研究》,《上海理工大学学报》2007 年第 6 期。

［123］黄达:《货币银行学》,中国人民大学出版社 1998 年版。

［124］黄险峰:《西方政治经济周期理论新发展》,《经济学家》2000 年第 2 期。

［125］蒋硕杰:《评适度货币供给论》,载科恩《金融约束与货币理论——蒋硕杰经济科学论文集》,范家骧译,北京大学出版社 1999 年版。

［126］［英］凯恩斯:《就业、利息和货币通论》,房树人、黄海明编译,北京出版社 2008 年版。

[127] [美] 卡尔·瓦什:《货币理论与政策》，中国人民大学出版社 2001 年版。

[128] 李成、王彬、黎克俊:《次贷危机前后中美利率联动机制的实证研究》,《国际金融研究》2010 年第 9 期。

[129] 李成、王彬、马文涛:《我国金融形势指数的构建及其与宏观经济的关联性研究》,《财贸经济》2010 年第 3 期。

[130] 李成、王彬、马文涛:《资产价格、汇率波动与最优利率规则》,《经济研究》2010 年第 3 期。

[131] 李成:《中国金融周期的基本特征与分析结论》，《金融论坛》2005 年第 1 期。

[132] 李红权、洪永淼、汪寿阳:《我国 A 股市场与美股、港股的互动关系研究：基于信息溢出视角》,《经济研究》2011 年第 8 期。

[133] 李晓广:《我国股票市场与国际市场的联动性研究——对次贷危机时期样本的分析》,《国际金融研究》2008 年第 11 期。

[134] 林毅夫:《市场经济新形势下如何启动经济增长》,《中国经贸导刊》1998 年第 16 期。

[135] 刘斌、张怀清:《我国产出缺口的估计》，《金融研究》2001 年第 10 期。

[136] 刘斌:《最优前瞻性货币政策规则的设计与应用》，《世界经济》2004 年第 4 期。

[137] 刘瑞明、白永秀:《晋升激励、宏观调控与经济周期：一个政治经济学框架》,《南开经济研究》2007 年第 5 期。

[138] 刘树成:《论中国经济周期波动的新阶段》,《经济研究》1996 年第 11 期。

[139] 马骏:《杠杆率问题》，“中国宏观经济分析与预测” 2016 年学术研讨会论文集，2016 年。

[140] 马勇、张靖岚、陈雨露:《金融周期与货币政策》，《金融研究》2017 年第 3 期。

[141] 苗文龙、冯涛:《金融中介、信息生产与金融风险膨胀新解》,《金融评论》2010 年第 2 期。

[142] 苗文龙、严复雷:《 MSI 构建及可行性研究》,《金融与经济》2011 年第 8 期。

[143] 苗文龙、周潮：《国际风险冲击与金融周期联动性分析》，《金融监管研究》2012 年第 12 期。

[144] 苗文龙、周潮：《金融周期同步性与世界系统性金融风险——基于谱分析和多元时变 Copula-GARCH 模型的实证》，《经济研究》（工作论文）2012 年第 9 期。

[145] 苗文龙：《地方偏好、银行信贷与金融稳定》，《经济评论》2008 年第 1 期。

[146] 苗文龙：《货币政策是否应关注资产价格——基于货币稳定的视角》，《当代财经》2010 年第 6 期。

[147] 苗文龙：《金融危机与金融市场间风险传染效应——以中、美、德三国为例》，《中国经济问题》2013 年第 5 期。

[148] 苗文龙：《金融稳定与货币稳定——基于信息约束经济中央行独立性的分析》，《金融研究》2007 年第 1 期。

[149] 苗文龙：《中国金融周期的特征分析》，《统计与信息论坛》2005 年第 5 期。

[150] 苗文龙：《中国金融周期波动与财政政策效应》，《制度经济学研究》2014 年第 1 期。

[151] 苗文龙：《中国银行体系顺周期特征与金融稳定政策》，《数量经济技术经济研究》2010 年第 1 期。

[152] 苗文龙：《中国转型期政府行为与通货膨胀》，中国金融出版社 2013 年版。

[153] 钱先航、曹廷求、李维安：《晋升压力、官员任期与城市商业银行的贷款行为》，《经济研究》2011 年第 12 期。

[154] 瞿强：《资产价格与货币政策》，《经济研究》2001 年第 7 期。

[155] 尚虎平：《“绩效”晋升下我国地方政府非绩效行为诱因——一个博弈论的解释》，《财经研究》2007 年第 12 期。

[156] 盛松成、童士清：《商业银行存贷利差：扩大还是缩小》，《金融研究》2007 年第 11 期。

[157] 石建勋、吴平：《沪深股市与香港股市一体化趋势的实证研究》，《财经问题研究》2008 年第 9 期。

[158] 石晓军、李孟娜：《中国商业银行盯住市场的资本充足率与宏观经济周期：1996—2004 年》，《数量经济技术经济研究》2007 年第

7 期。

[159] 宋玉华 、李泽祥：《麦克勒姆规则有效性在中国的实证研究》，《金融研究》2007 年第 5 期。

[160] 孙连友：《商业银行顺周期性与信用风险计量》，《上海金融》2005 年第 3 期。

[161] 谭劲松、简宇寅 、陈颖：《政府干预与不良贷款——以某国有商业银行 1988—2005 年的数据为例》，《管理世界》2012 年第 7 期。

[162] 唐齐鸣、熊洁敏：《中国资产价格与货币政策反应函数模拟》，《数量经济技术经济研究》2009 年第 11 期。

[163] 威廉怀特等：《金融体系中的顺周期性：我们是否需要一个新的宏观金融稳定框架?》，《金融研究》2008 年第 5 期。

[164] 万杰、苗文龙：《国内外商业银行操作风险现状比较及成因分析》，《国际金融研究》2007 年第 5 期。

[165] 万晓莉：《我国货币政策能减小宏观经济波动吗？——基于货币政策反应函数的分析》，《经济学》（季刊）2011 年第 1 期。

[166] 温信祥：《银行资本监管顺周期性及其对经济波动的影响》，《经济问题探索》2006 年第 4 期。

[167] 伍戈、陆简：《全球避险情绪与资本流动——“二元悖论”成因探析》，《金融研究》2016 年第 11 期。

[168] 谢平、罗雄：《泰勒规则及其在中国货币政策中的检验》，《经济研究》2002 年第 3 期。

[169] 新华社：《习近平主持中共中央政治局第四十次集体学习》，2017 年 4 月 26 日，http：//www.gov.cn/xinwen/2017-04/26/content_5189103.htm。

[170] 杨小凯：《经济改革和宪政转轨》，《经济学》（季刊）2000 年第 3 期。

[171] 杨洁：《政治控制、财政分权与国有银行信贷风险》，《地方财政研究》2010 年第 11 期。

[172] 伊楠、张斌：《度量中国的金融周期》，《国际金融研究》2016 年第 6 期。

[173] 殷波：《投资时机、资产价格与最优利率政策：对中国货币政策有效性的再解释》，《世界经济》2009 年第 3 期。

[174] 于长秋：《中国的股票价格波动及货币政策反应》，《中央财经大学学报》2006 年第 3 期。

[175] 余元全、余元玲：《股价与我国货币政策反应：基于泰勒规则的实证研究》，《经济评论》2008 年第 4 期。

[176] 张兵、范致镇、李心丹：《中美股票市场的联动性研究》，《经济研究》2010 年第 11 期。

[177] 张杰：《中国金融制度的结构与变迁》，中国人民大学出版社 2011 年版。

[178] 张杰：《金融分析的制度范式：制度金融学导论》，中国人民大学出版社 2017 年版。

[179] 张屹山、张代强：《包含货币因素的利率规则及其在我国的实证检验》，《经济研究》2008 年第 12 期。

[180] 赵会玉、苗文龙：《中国金融周期特征与货币政策效应》，《统计与预测》2008 年第 4 期。

[181] 赵进文、高辉：《资产价格波动对中国货币政策的影响——基于 1994—2006 年季度数据的实证分析》，《中国社会科学》2009 年第 2 期。

[182] 周好文：《“国家信誉”应从国有银行淡出》，《当代经济科学》2003 年第 1 期。

[183] 周黎安：《晋升博弈中政府官员的激励与合作》，《经济研究》2004 年第 6 期。

[184] 周小川：《保持金融稳定，防范道德风险》，《金融研究》2004 年第 4 期。

[185] 朱宏泉、卢祖帝、汪寿阳：《中国股市的 Granger 因果关系分析》，《管理科学学报》2001 年第 5 期。

[186] 祝青：《地方政府行为——资本深化和经济波动的另一种解释》，《经济科学》2006 年第 4 期。

[187] ［美］兹维·博迪等：《金融学》，中国人民大学出版社 2000 年版。

后　记

做研究，定位应该是用简明的语言把事物的规律或模式说清楚。经济学实质上是与哲学、社会学、法律、政治、生物学等有机地（非机械地）纵横交错的。事实证明，想要单纯从某一学科角度（例如数学）把经济规律刻画清楚是徒劳的，甚至是错误的或毫无意义的。从这个角度来说，我最佩服的是从法律、社会、哲学、心理等角度分析经济模式的哈耶克大师。本书之意也就不在于金融及经济走势的预测，而在于归纳出近期金融运行模式，寻找金融波动的原因，改进宏观经济政策达到熨平金融经济波动的效果。即便定位如此简单，掩卷深思，感觉自己在这一简单事情中所做贡献仍如此渺小。

一些专家学者或官员总强调预测，但就目前的研究文献来看，也似乎没有谁进行了准确的预测，否则 2008 年金融危机前后他的金融账户肯定大量做空、大捞了一笔了。经济学领域的泰斗级大师也很少将经济研究定位为预测。哈耶克（1988）认为，“扩展秩序并不是人类的设计或意图造成的结果，而是一个自发的产物：它是从无意之间遵守某些传统的、主要是道德方面的做法中产生的”，“扩展秩序中行为的大多数目标都不是自觉的或深思熟虑的”。这意味着人们的决策并非一概而论的“人精式”的理性，因此“人的大脑几乎根本不可能充分解释自身，就像它不可能说明或预测众多人类大脑相互作用的结果一样”。当前大而化之的“理性假设”只是简化社会复杂行为、使分析貌似更为科学的处理方法，但实际上摒弃了非常核心和关键的因素，给人以按照这一方法分析数据得出的预测多么可信的假象。如果真的那么可信，数学技术先进得多、对基因结构清楚得多的生物学家（胜过经济学家对人类行为和社会结构的认识）为何不预测物种进化路径呢？或者是预造出一种将来必然出现的新物种？化学家为什么不预测出一种新元素呢？

对相同定位的研究，我十分佩服那些平心静气、从容不迫地思考中国土生土长问题的实质，并且能用朴实无华的语言说出一番令人醒悟的道理的“土鳖”，不谈学术成就，仅他们对“善序事理，辩而不华，质而不俚”的矢志追求就令我愧叹和汗颜；我也十分佩服那些紧跟国际套路、工于技术并且能将中国的具体问题修补进主流模型的“海龟”，不谈数理技术，仅他们的“国际期刊大作”就令我难以望其项背。有时我也常常徘徊于两者之间，所幸自己有“分工下的独特性”：对国内外颇具影响力的经济学大家的成名专著略有拜读，虽未领略大师那难以企及的境界，但对其思想概要能窥探一二，结合中国问题有一些自己的观点；扮演了中国央行反洗钱监管中坚力量阶层一员十年有余，虽未对金融业务了如指掌，但对金融机构行为套路和业务流程懂其要义，说道理、建模型不会违背“常理”；不甘为金融领域的疑难杂症所惑，南北奔波拜求金融大师，虽未登堂入室，但也算个入门之徒，关键时候能少说外行话。更所幸自己一直不忘记“受人点水、报之涌泉”，领了国家让我活得比较安稳的工钱，虽未做出国际 top 之类的“牛”刊论文，但尽鲁钝之智说出了一点点有利于中国长远发展的想法。综合在一起，便产生了现在这个“四不像”。

老实交代，我所关注的经验事实主要集中在近 40 年的时间，分析的也主要是市场权力结构的制度原因和金融风险影响。当前市场上各部门主体的金融经济行为与中国沉淀了五千多年的文化意识有着骨子里的联系，虽然 2013 年出版的《中国转型期政府行为与通货膨胀》（陕西省金融研究成果一等奖）一书就有意无意地包含了这种历史沉淀下的“中国意识”，但未对此重点雕琢（可能是自己昧了学术良心，避开了“只可意会”的偏颇揣测），只建立了市场权力结构调整与财政金融扩张、金融风险、货币膨胀之间的逻辑机理和数量关系。反思拙稿，总感觉言之未尽，继而从财政分权、金融显性集权和隐性分权的视角研究金融体系发展，相关解释集合成《金融权力结构与金融体系发展》一书（国家社会科学基金项目资助），由格致出版社出版（我喜欢“格致”这个名字——格物致知乃研究之所求）。

在上述的思考过程中随时进行自我批判式验证，因此就内生了《中国金融周期与宏观经济政策效应》。2005 年 9 月，我在论文《中国金融周期的特征分析》（《统计与信息论坛》）中提出“金融周期”概念并计算中国的金融周期，当时这一概念还是空白，现在已经成为金融经济领域街头巷尾的话题。一个生肖轮回，我时常关注和思考这一问题，认为金融数据，特别是金融市场数据比国内生产总值、失业率、物价指数等更能真实地反映市场主体偏好及行为取向、经济状况和经济风险，其原因不仅是数据真伪问题，而且包括统计误差问题，特别是数据统计的法治机制非常薄弱。但本人难以释怀的是，未能做出国际“顶级”期刊的成果来，即便是国内“顶级”期刊成果也寥寥无几，实在有负“国恩”和诸位读者。如果这种静思与执着、想法与内容能够得到各位的认可，本书就不算太浪费社会资源了。本书的部分章节已经陆续发表在国家重要核心学术期刊上，主要有《中国金融周期特征与货币政策效应探讨》（《统计与决策》2008 年第 4 期封面文章）、《中国银行体系顺周期特征与金融稳定政策》（《数量经济技术经济研究》2010 年第 1 期）、《金融周期同步性与世界系统性金融风险——基于谱分析和多元时变 Copula-GARCH 模型的实证》（《经济研究》（工作论文）2012 年第 9 期）、《国际金融市场波动溢出效应与动态相关性》（《数量经济技术经济研究》2015 年第 11 期）、《中国金融周期波动与财政政策效应》（《制度经济学研究》2014 年第 1 期封面文章）、《国际风险冲击与金融周期联动性分析》（《金融监管研究》2012 年第 12 期封面文章）、《政府换届、经济政策与政治经济周期》（《经济经纬》2010 年第 4 期）等。现在，将其进一步系统化、条理化，构成有机整体的专著，前后衔接虽说达不到行云流水，但努力做到顺畅和自然。当然，我深深意识到，距离精确计算金融周期波长、振幅，预测金融走势，并应用于解决实际经济问题、指导实际经济活动，还有很遥远的路要走。我在讲课和讲座时常言，数学技术如果真能做到那么可信、精确，就来股票市场、期货市场验证一下，用高人一筹的数学技术获得高人一筹的投资收益。

在研究金融周期的 12 年里，我度过了人生的黄金时期。在紧张的工作之余，为学业辗转多地，从西安交通大学经济与金融学院金融学硕士，到西南财经大学中国金融研究中心金融学博士，继而到中国社会科学院做数量金融学博士后；从中国人民银行西安分行到陕西师范大学国际商学院，就是为了寻找一个能独立思考的空间，求真（规律）、求益（社会价值）。

感谢一路引导教育我的恩师——陈卫东副教授、刘锡良教授、何德旭研究员。中国人民银行张掖市中心支行周潮先生在本书写作过程中提供了大量的数据处理帮助，西南科技大学经济管理学院的严复雷副教授给予了大量无私的帮助，在此深表感谢。同时，借此机会感谢一路上支持我的朋友和同窗。

在本书出版过程中，中国社会科学出版社的编校人员进行了认真细致的编辑和多次校对，纠正了许多错误。她们那严谨的学术态度和执着的敬业精神令我敬佩，在此，对她们表示感谢。

感谢我的家人为我提供了一个安静平和的环境，让我能平心静气、享受思考。

苗文龙

2017 年秋西安碑林